中国文库
哲学社会科学类

朱执信集

（下）

广东省哲学社会科学研究所历史研究室　编

中国出版集团
中華書局

教训王揖唐[1]

我想教训王揖唐几句，我讲的说话，是我朱执信一个人负责任的，同旁的人丝毫没有相干。

我讲的话，你得耸起两个耳朵来听一听。

你不肯牺牲新国会，是你的好处呢？是你的坏处呢？听你自己说罢，我且不管。你不能够牺牲新国会一层，你是要承认的。你既然不能牺牲新国会，你想人家能牺牲旧国会么？那你讲什么法律问题呢？所以第一你应该承认这回来错了。

你在上海尽等，你以为人家不同你开议，是等着讲价，所以总有一天交易成功么？你们北方的内容，是早已看穿了的。人家非但不要向你面前讨总长督军做，并且明晓得你自己要做总长督军尚做不来，何况你许诺人家的东西！如果你做得来，你还来讲和么？他们要做总长督军，自己封自己，也未尝不可，又何必要你御口亲封的，才能够生填履历、死刻讣文！所以你发出的银票，是不通用的。那能够收买点什么货色，可想而知了。所以你来想同那一个人交易也错了。

---

① 南方护法政府与北京军阀政府，于一九一九年二月在上海开会议和。因北京政府并无议和诚意，到了五月中议和会议终于停顿，北京政府代表朱启钤也辞职。八月间北京政府又派王揖唐为代表，继续与南方护法政府议和。当时北京政府总统是徐世昌，而实权操在皖系军阀段祺瑞手里。王揖唐是皖系所操纵的新国会众议院的议长，又是皖系集团安福俱乐部的首领。孙中山主张恢复旧国会，王揖唐说“北方不能办到”。因此，王揖唐到达上海之后，受到各界人士的反对和斥责，南方代表也不和他开议。

上海骂你的人越多,你越高兴,以为人看得起你了。但是你这个荣光,不是自己有的,是无数的污秽不堪的事情,结晶在一个名义上。刚刚你背了这个名义,人家可怜你所受的骂一大半是替人受过,你也用不着高兴了。

你要想做好人,一定要把这个头脑搬过了才行。你要做坏人,你的本领也还不够。白耽了坏人的虚名,总是名过其实,算是一种罪恶,你还是回避一些为妙。社会上的好人,是人人都可以做的,至于社会上的坏人,是要社会做成他,也要他自己有些本领。如果象你这样本领,社会也不能造成你做一个恶人。流芳百世,遗臭万年,都轮不到你,你不要妄想。

拿起一张表,颠倒填上几个字,就铺张做吉林的遗爱。吃了饭看见水果,便吓了一跳当做毒药。这种头脑,要来上海充在行,总得先学习两三年说话、吃饭再讲。世界人类中长到蠢人出来,算是人类的晦气。不过如果稍为替人类藏一点拙,还是躲在你自己的同类里头倡和起来,不至于笑断人家的肚肠,也算积一点阴德,何苦一定来丢人类的架子。

以前如果告诉你,世界中有一种人,恭维是不受的,利益骗不来的,祸害他不怕的,只有一个主义,你从了他就有商量,不从他永无调和之日。你心里大概总不相信的。现在看见了,你以为你的本事不够骗不来么?让你再有三千倍的本领,还是不行。为什么呢?这一种人的主张,是多数人民的主张,是自然的合理的主张,是不会三翻四复的主张。你不能把世界人心变了,总变不了这一种人。所以妄想趁早打破了,于你总还有点益处。

你这回来,于国家人民,是花了钱财、花了工夫,有损无益的。不过你如果稍为有点知觉,就应晓得这回给你一个看出自己原形的机会,趁早收了妄想,打叠回去,再拜明师,不算迟的。这就是你最大的益处。你如果晓得这回来错了,想骗人不中用,想买人买不到。中用的人,晓得你自己也没有做恶人的本领,以后不再出来露丑,总算是有了好处。但是我恐怕你还把这种重要的"赐与"遗失了，所以教训你一下子，你应该拜谢我的恩惠。

原载于1919年9月28日《星期评论》第17号。

我们不攻击王揖唐个人[①]

有人劝我不必攻击王揖唐个人。但是我没有觉得我们攻击王揖唐是攻击个人。你们不信,只管看满街贴的,只见有“卖国代表耻与相见”的话头。他贴空头贴子的人,尚且晓得因为王揖唐代表了国民所痛恨的,叫做卖国的,那一部分的势力来上海讲话,所以耻与相见。难道我们堂堂正正说话负责任的人,就不晓得他是代表么。我们责备是要责备贤者的。如果看得起这个人,我们可以指出他不满的地方来攻击他,希望他的改正。这个时候,才会攻击个人。王揖唐不是我的朋友,我们何必责善。不是贤者,我们何必责备。所以攻击个人的话,不是我们说的。

但是我们仍旧不免要攻击代表的王揖唐,因为他做了这个代表,就当然预期我们的攻击。安福部同徐树铮一派在那里促成各种误国殃民的密约借款,是全国人民所共反对的,是我们从始初以来就宣明了没有调和的余地的。除非学古人尽去故方,重新来受持我的主张,我们可以有既往不咎的度量。但是国民能否同我一样宽恕不能,还是问题。如果还是代表着这一种势力,那当然代表他受骂,有什么可以推挡的呢。

王揖唐和他所【代】表的安福部一派根本上的误谬,就是不懂得人民的意力。本来人民的意力是【不】容易认识的,就是有常识的人,还往往看错了,怪不得那吃了饭看见水果也当有毒这种人物。

---

① 本文据朱秩如抄本《朱执信兄文稿》刊印,不知是否发表过。抄本未记写作日期。据内容推断,当与上文同时写作。

然而这几个人民的举动，要说完全不看见，他是不可能的。只管说不看见不看见，他曹、陆、章的好好肥缺到底丢了。事到头来，总要醒悟一点。却是我说他还是不懂得。不懂得人民的意力是怎样生成的，不懂得人民的意力在那一方面势力最大，不懂得人民的意力在什么时候会显现出来，所以他根本上免不了误谬。

人民的意力，是由人民的自觉生出来的。所以不是一两个人可以煽动得起；尤其不能由一二人不讲，可以止得住他；更不能用一个方法，带他向别一方面走了，便于某种坏人无碍。人民的意力，是在消极一方面效果最大。政府做了某一件事，于公安有损的，只要他给一般人民晓得了，要取消他、惩戒他，就没有方法压搁得下、抵挡得住。却是到他做一种积极的事情，就很无能、很迟慢的样子。人民的意力，却又要碰着同他对敌的势，或是想压服他，或是想收买他的时候，他的力量才显出来。如果没有人来压他、买他，只管顺从他、受他指导，那个时候常人只能看见政府顺从民意，决不晓得政府还是屈于民力。这几层的根本知识没有了，就一定要受人攻击的，没有那一个人可以埋怨。

王揖唐一辈人（不单是王揖唐如此），他总以为反对的气焰是几个【人】鼓动起来的，于是以为这几个人不讲便没有事体。又以为只要人民热心去研究公表密约，裁减军队，便不去闹卖国代表、耻与相见这种顽意了。这是一个根本大错。人民这种意力，既然成就，总会表现出来。表现有先有后，就象先讲的是煽动，后讲的是服从，其实人民完全是自觉了。这个意力，没有这个人先讲，还有那个人先讲。几个人去了，不见得没有讲的人。并且布约、裁兵等等事情，人民虽然赞成，却是他第一个要紧的，还是对于以前卖国行为，来问他的责任。所以人民的气，也没有方法可以令他转湾的。所有向这一方面用的工夫，都只可以算做白用。人民的意力既然是在那消极那一方面效果最强，所以做了坏事的人，受人民攻击，是没有躲避的地方。只有一条路，就是改悔。除了改悔之外，就是同人民战斗。不过同人民战斗一层，不特我们很反对，就是你们也没有这宗力量。

千万不要看不起人民,以为乌合之众没有真正势力才好。

如果用压制的方法,来禁止人的反对,那是象租界这宗地方,是很容易。人民也没有愿意在租界来同你倒蛋的。但是租界上的口头反对,也听不见的时候,恐怕内地的拳头反对,就要被你迫出来了。这是我绝对不愿意的事情,难道你愿意么。

你要人民不反对,只有正正堂堂的一条路,就是声明改悔,声明受纳人民的主张。这攻击的声音,自然没有了,也可以证明人家不是攻击个人了。临末另外声明一句:我做我的文字,我负我的责任。就是同我认得很久,谈话谈过很多次的,也用不着因为我做了这篇文字的缘故,就到哈同花园[1]负荆请罪。因为一熏一莸,只有熏染了我,不得舒服,我总不能变化了你,稍变面皮。他们也晓得你这样聪明的人,不拿一个的几百块钱(或者不止)换区区一个古板朋友的交情的,请你只管放心罢。

据朱秩如抄本《朱执信兄文稿》刊印。

---

① 王揖唐在上海时,住在哈同花园。

运动民党[1]

我几天病了，没有工夫写东西，却是常常有人来看我，说起外头有人议论，民党中某人不可以运动，某人还要运动的话。觉得很有点不快活。他这运动是什么呢？不消说是运动赞成王揖唐了。不过是那个人运动呢？我却没有碰见过来运动过我的人，也没有人告诉我运动者的姓名；几乎和伯有的鬼一般，只见人说他，没有人看见他的尊容。所以有人真来运动没有，也是问题。再讲是那一个人叫他来运动呢？是那个人给钱他来做这运动的工夫呢？更没有人晓得了。我们不能凭空说你来运动我，你出钱叫人运动我。这有什么方法呢？只有随着外头讲讲，等到真有人来运动我的时候，我才抓住他，到法庭告他，要他赔偿我这几天精神上不快活的损失，没有别的法子。

然而这个问题，不能这么就放下了。假如你来运动，你的钱从那里来的？你不会自己拿把锄头在地下掘出黄金来，也不会自己发明一个新机器，可以立刻把穷人变富。究竟你的钱财总有一个来源。所以如果真是要拿钱来运动我们的时候，这运动的人，无胆有识，把钱向四马路一丢，我们也不会晓得，出钱的人心事也完了。却是这个钱，终久是人民出汗出力撑来的，是国家卖路卖矿卖来的。我们尽管没有晓得人家要运动我，这人民膏血早已飞了去清和坊边去了，这叫做民困国危，我没有责任，可以说是；叫做于我无干，还说

---

① 本文据朱秩如抄本《朱执信兄文稿》刊印，抄本未记写作日期，据内容推断，当与前文同时写作。

不到。所以有了这个风说，我还是忠告这班要收买我们的人一声为妙。虽然现在人家运动我不运动我，是不可知；并有运动别人没有，也是不可知的。但我是忠告，不是骂，并且横竖没有运动我们的人，也与我现在所讲无干，所以大奔走家也尽可以放心听。

第一，我们不可以运动的缘故，大概要来运动的人，是不会明白的。我犯不着多讲，只告诉你一句：就是我们所以能有主张，能反对人，就因为不受运动。如果可以受运动，就从当初没有力量主张一件事，反对人一个主张了。你要运动我们，还是要我们主张第二件事，和不反对这一个人。其实如果我们是可以运动去的，那我们的主张有什么价值，我们的反对又有什么可怕呢？所以运动是无用。

第二，运动我们的大概总要讲代表不是人的问题。但是我们始终没有认代表是个人，只认代表是有机体里头一个组织罢了。那你们没有可以话说的了，还要运动，就会运动出不好的话来了。你晓得人家反对个人是因为说你有过去的罪恶，我们还没有指摘你的罪恶，却是因为我们主张的，比你个人的好坏，关系得大多了，没有多闲工夫去管个人的事。然而如果就事论事，现在有不合理的金钱运动发现出来，这同个人过去的罪恶不同，是同个人我们所议论的事有关涉的，我们也不会客气不讲公道话了。岂不是弄巧反拙。

第三，你以为民党总有可以运动的，这个运动不到，还有那个可以运动。自然，你是有根据的，且看袁世凯做筹安会，也可以找出四个同盟会中人来帮忙，何况现在。但是这种招罗，不过弄到他受运动的人倒运，于运动他的人实在毫无益处。现在比方真相有几个骗了去了，我们也只得望他叹一句："世上无如人欲险，几人到此误平生。"却毫不发生别种感想。因为他自己是不要这种人格，我们更觉得非加倍用力把应做的那一部分一起做完不可。那我们的主张，自然更要多加说明，更没有因此迁就的道理。再一方面，你纵然能谷带[1]把我们赶尽【杀】绝了，我们的道理不是我们几个人带来的，所以

① 广州方言"夹带"，意为连带，在中山县一带方言读为"谷带"。

也不是几个人能够带去的。道理在这里,总有人主张只有越激越出,那能够越压越平。所以你就运动了几个叫做民党的人,也断不能帮你的手。

第四,你想运动的人,你能直接见他么。他肯见你,你恐怕还要不见呢。横竖找人去说,说了什么不晓得一点。这种办法,叫做无论什么事情都不行的,只白花了钱便了,你还是少向百姓找几个钱。我们也可以当作侏儒一节来论,多少好呢。

究竟说,我们主张是有一定的,是那个人来赞成我们的主张,没有不欢迎的。要我们丢了主张来欢迎人,是万不能的。运动是无益有害的,愿讲运动人晓得。

据朱秩如抄本《朱执信兄文稿》刊印。

所谓实力派之和平[1]

近日王揖唐充总代表而来，南方复有逼走唐少川[2]使岑春煊自当代表之计画。使其互相承认实力，互牺牲其统一与合法之招牌，悍然成其和议，则所谓实力派之和平，某国军阀与一般政客之所最仰望者也。

实力二字，作何解释？所谓实力派，有何内容？实力派是否能结平和之约？与此约成后结果当如何？吾国人民都未研究。惟以政客之倡言，谓非得实力派同意，和议不能实行。遂亦有信此次和议代表更易，反为有望者。不可不有以解其惑。

如何是实力？今之所谓实力者，不过拥兵据地之谓。南方之岑、陆、唐，北方之段系，皆所谓有实力也。即殷纣有臣亿万之实力也，即苻坚投鞭断流之实力也，公孙瓒易京筑垒之实力也，秦始皇销兵徙豪之实力也。倒败在乎眉睫之上，而实力尚在齿颊之间，此种实力，虽可以引诱政客之奔走，何能决国家之命运。今日于南北和议，国人所希望者，岂非永久之和平乎。谋一国永久和平，而以旦夕倒坏之实力为根据，岂不大谬乎。天下又岂有立于民意之敌之地位，而可有实力者乎。国家之中最有力者为人民。人民所归向者，始谓之实力。若今之所谓有实力者，皆千人所指，无疾将死者也，何实力之足言。今不察者，以为拥兵者皆有恣睢凌虐之一时，当其乘

① 本文写作和发表日期均不知。据内容推断，可能与《教训王揖唐》一文同时或略早一些。

② 唐绍仪字少川，原为南方军政府的代表。

势,顺之则生,逆之则死,媚之则通显,诟之则放逐,于是以为其人虽反公理,犹有实力。所谓实力,若作如是解法,则天下之至变转无常者耳。试思昔日满洲二十四旗,何尝非彼所谓实力。袁世凯拥十余省之督军,亦何尝非彼所谓实力。张勋拥四十营之定武军以复辟,亦何尝非彼所谓实力。何以一遇抗拒,立见覆亡乎。若曰覆彼实力者,仍恃实力。则:(一)当问何故有实力者,反向有实力者为抵抗?(二)当问覆彼之实力,是否即彼实力之一部分?夫有实力者反招有实力者之抵抗,则不如无力之为愈也。覆彼之实力,即所谓彼之实力之一部分,则是实力愈多者,其溃灭之机会更多也,毫不足以说明实力当见尊重之理由者也。

凡以实力为门面而横行者,虽完全无支配之力,灭亡已届,而非至此无实力完全暴露之一瞬间,人人皆但见其为实力,不见其为败灭也。及其败灭之后,人人以既败灭者视之,又不忆其曾以实力为人所尊奉,而不旋踵已败灭也。袁世凯握兵六镇,则群归之;及其去职,送者一人,再出掌兵,则项城声满天下;身死旬日,而其人已奔走于段氏之门。凡此皆实力之现形,事至平常,惜乎人之不悟耳。

今之论者,但知拥兵者为实力。则试问兵之实力何在?必曰,在大炮、机关枪、子弹耳。则何不请大炮、机关枪、子弹派代表议和,何必王揖唐与岑春煊?如曰,枪炮、子弹固无自己意思。则试问今之所谓有实力者,果有自由之意思乎?军中士卒从其将校之命令否乎?司令统领从其总理督军之命令乎?如使充此论据,只应由下级士卒中选派代表议和,尚可谓之实力。若由所谓有实力之人,选出代表,则与令枪炮、子弹选出代表,有何分别,将来不能拘束横行之军人,亦有何分别哉。

所谓实力派者谁乎?今日彼辈所谓实力者,非真实力也。而所谓实力派者,又非以彼所谓有实力之人组成之者也。实力派实在不过为官僚政客之一结团,常假借彼所谓有实力之人以活动,及其将败,又舍去之。在满清时,倚官威以横行乡里,干谒取利,重令人民致怨清室者,此辈也。及清室既将崩溃,卖清室而自居开国有勋绩者，亦此辈也。当袁世凯时，交通把持，毁宪借债，缔约丧权，荼毒天下者，此辈也。及袁氏失势，宣言护国，宣言不赞帝制者，亦此辈也。段氏始出，联合多人，以卖唐少川而巩固段之地位，密嗾督军通电拥护段氏，以易其省长之地位者，此辈也。及府院争起，宣战案出，人心去段，首先离畔者，亦此辈也。凡此官僚政客纠结而成之团体，不待要约，不事教导，熙熙俱来，攘攘偕往，其于所谓有实力者，岂复有德有雠；不过今日奉此有力者，则有如许利益，即相率为之；明日此实力已变为败灭，则又落井下石焉，设使无此种实力派，天下事之坏，当不至于今日之甚；其不可救药，亦不至于今日之极也。彼实力派者，非特人民之仇敌，即亦彼所谓有实力者身中之寄生虫，吮其膏血，俟其倒毙，又求他人而寄生焉者也。是则今日某某俱乐部、某学会，蝇营狗苟者之通性也。

彼实力派口中之所谓和平，则拥兵者分配利益之和平也。公言不讳者也。其心中之和平，则依附拥兵者之诸政客，以其奔走煽动，沾丐余沥之和平也。卖某人以长某人之势力，而己取其回扣之和平也，心心相印者也。如是之和平，国民何苦仰望之，何苦促成之。彼拥兵者如真各就其势力所及，各为割据，名为统一，实自瓜分，则平和亦未尝不可以暂求，小民亦未尝不可少息。为彼拥兵横行者计，各保现状，以待国民之裁判，未尝非计之得者。自有实力派，而此种平和，亦不可求。何则？苟使拥兵者各据其地，各养其兵，不相侵扰，则所谓参谋顾问之辈，可以一扫空之；造法救民之假面，可以一齐撕脱。所谓实力派者，不特无利益可分，必且饔飧不给。今日四马路花天酒地之政客官僚，未必不反其吹箫给丧扫门待问之故态。此则人民之所甚愿，而实力派之所必不安者也。盖尝论之，罪莫大于负恩，行莫丑于卖友，此官僚政客，则必以此二者相矜相诏。何则？不负恩不能媚拥兵者使之欢。不卖友无以随拥兵者分其利。使今日之拥兵者，人人皆不以其现有之位置为满足，而思吞并其邻。今日握手，明日抽戈，今日同死生，明日争斗尺者，皆所谓实力者鼓舞之、挑扇之也。惟如此，然后彼官僚与政客，有献媚之机会，而负恩卖友之事可得而行。故南北而战，实力派亦以战之名，分其利益，卖其友，无南无北一也。南北而和，实力派亦因之于和平条件之中，分其利益，卖其友，无南无北又一也。惟因其必扇起一二武人、山贼之欲望，使进至惟我独尊之地位，始能满足，而他人复扇动余人。故拥兵者无不望得一省地盘，既得一省地盘，必望数省巡阅经略，由是而副总统、大总统。其欲望必无满足之日，即互相攻击，终无已时，而其需用官僚政客，以联某人、逼某人、抑某人，遂亦无已时。一拥兵者倒，众人争趋之，或为之友，或为之雠。为之雠者，则宰割其遗产，如孙秀利石崇之财。为之友者，则吸取其余资，欺以联络恢复，如郿人然董卓之脐。平日拥兵所致之脂膏，皆待此曹慕膻俱至耳。彼拥兵者既时时可倒，则官僚政客时时欲出其阴谋。所以中国永无安宁之日也。则实力派之和平，复何可望。

实力派能成和议乎？世人所想象者，以为非实力派之人来为代表，则不问有实力者之意见，不负实行之责任，其所议决之件，不可得实行。故惟实力派能成和议。又以为前此非完全实力派之议和，为法理所拘牵，国家利害所束缚，故南方主张复国会、改密约、废督军、治祸首，因之不见容于北方。今既完全剥弃护法假面，惟以实力为言，则但能各据一方，问题立即解决。解散国会，承认密约，皆非所难。盖日本人尝有以此为论者，而中国无识者，不知其说之何自而来，贸贸然而信奉之、愿望之。实则天下之愚，无有过于此者。彼所谓实力派者，非即所谓有实力之人，不过构扇利用之而已。故一人拥兵，从而利用之者可数百人，各有所谋，互不相容。其一人成功，则余人复更起他事，以为竞美，如不能两成，则必两败之。于是其拥兵者，今日动于甲之所陈，明日必复从乙所说。昧者以为负实行责任之人所发表意见，实施不至扞格。而不知彼所谓负责任者，意见本无一定，今日所欲，明日不欲，今日所以为满足者，明日又以为不满足，虽使其自发言，自决定，尚不可恃，何况其代表乎。须知实力派之人数至多，而皆以互相挤排为生命。取其中一人为代表，则必只计此一人之利益，其余皆不愿其有成。破坏实力派之计画者，即实力派中人，不待他求也。故实力派之议和，必较非实力派更难，更少结果，可断言也。至于法律问题，及外交、裁兵诸事，以为和议之阻者，不过表面云然。实则彼所谓实力派，何时不信使来往，要约频繁。使其作梗者仅为国会密约等问题，则彼等岂不能自行订约，单独媾和。彼如充为代表，尚敢于牺牲国会承认密约，岂有不敢推倒和会，另派代表。是知今日以前，和议不成之故，不在南方代表主张强硬，乃在所谓实力派者日事一人之利益，诱起同派嫉妒，自相乖谬；各方所欲俱奢，所允者均非实在；尔诈我虞，以成此局，而借和会停顿，以为和议不成之表面原因。论其实际，殊不如此也。今日以实力派充任代表，犹不过互派秘密代表之变形，其效果即亦相去不远。

如令实力派能成和议结果如何？依上所论列，实力派决不能一致，且挑起各武人之野心，造成纠纷，吾人无从属望之矣。即使万一真能成立和议，其结果亦可想而知。盖如此之议和，不外于现拥兵者之中各卖其一二人，以为他十数人之利。而其甘汁，则实力派各磨牙鼓颊以待之耳。此种被牺牲之人，必以不甘而生反动。牺牲他人之人，稍得所欲，其望更奢，其局面恰有似于民国五年军务院解散之日，名为和平，实则不定期之休战耳。而此不定期之休战，即在今日，岂非事实，何待和会媒合哉。北代表中，亦有倡言不和则不合，不合则不战者，可谓得其情矣。抑何其言之不讳也。使此辈作成和议，悬和平之名，博目前之利，待人民之不胜痛苦，起而改革，彼又将改头换面，自居优秀分子，复连结所谓有实力者，而劝其乘时吞并以得地位，分其利益矣。夫今日之拥兵者，有国家为附骨之疽。而在疽之自身，不过今日剜去，明日复生腐肉。方其长成，已有腐败坏灭之命运随之。若遇此等吮痈之辈，与之相随，则腐坏尤速。而历年之祸，无一不由此等拥兵者之坏灭以来。则由所谓实力派者造成之和议，能得几何时之和平，可想而知。决疣溃痈，自须真实民众之力，此种官僚政客，岂有一人可托者乎。

真正之实力。凡可得坏灭者，皆以其所拥之散卒为强，决非真正之实力。而其卒士,本非有附随若辈之必要,不过偶缘利害,暂时结合,绝无恩情可言。反之,则真正有实力者,乃以其主义主张,结合其徒众,但使其不以利益牺牲主义,不以私见诬真理,则与国民之觉醒同时,其主义必见光大,其实力则一主义之实力也,其人则一主义之人也。不以主义为一人之主义,不以实力为一人之实力,此则第一革命所以能成功之实力,又今后改革中国可恃之实力也。此固今日之实力派所深恶痛疾,而不肯认其力者也。

据《朱执信集》刊印。

拥护南方军阀之荒谬[①]

《中华新报》既揭开其护法之假面，而露其拥护南方军阀之真面目，尚力辩不必尊重两院联合会决议一层，而此层恰于同日为《逐日评论》记者所揭破，足征公论，不待吾更言。

尊重国会意思，必待其为法律之后乎？于未成为法律之先，设法破坏国会，以买收威胁等等使不足法定人数，军政府便可长据护法之名，而行其独裁政治之实乎？此真《中华新报》记者之迷梦也。吾以为《中华新报》中，当尚有明白事理之人，未必尽如此君。惜乎其匿名以答，使我亦惟有统以记者称之。军政府从何成立？即在国会。总裁从何选举？即在未足普通法定人数之非常国会。现在军政府代行大总统职权，亦由不足法定数之集会议决。军政府主张其受有正当委任，正以国会意思，虽不能履法定手续以宣布，犹当尊重之故。若以国会意思未经成为法律之形式，即不必尊重，则军政府自身已无存立之余地。

现在护法，明明欲恢复国会，使实行其约法上职权。而《中华新报》记者偏云："拥护约法之事，断难维持长久，护法前途惟一之希望，只在此正统之宪法，宪法不成，则护法之业终必零败。"究竟是否现在约法，不必拥护？如应拥护，则此等故意停搁国会所议决法案之军政府，是否为约法所不容？国会本于此种约法上义务，提议改组，即为护法事业中最重要之点。若纵其所委任之军政府，以蹂躏

---

① 本文写作与发表日期，均不知。据内容推断，可能与《所谓实力派之和平》一文同时写作。

约法上所与国会之权,则尚有何法可护?除此现存之约法,另求未可得成之宪法,未得宪法,先宣言难长久维持约法,此种暧昧之论调,将欲欺谁?究竟《中华新报》记者以为若宪法久未议成,军政府当自何时起,不维持约法?

《中华新报》又责议员纯讲理论,径情直行,而谓其须因势利导,曲折以求达其目的。请问议员代表民意,责任伊何?而可以因人民以外之势,以忘其本来之天职乎?今日所求于国会者,即在直白代表国民之意思,不许稍为曲折。如其不然,则只有因势曲折,何尝有利导,有达目的。试看向来利用某人,依附某人者,何尝能有一事为国利民福哉!

今日国会之缺点最大者,即在不能完全代表真正之民意。至于政争,岂有可避。既避政争,便当惟军阀之命是听,尚何须于国会乎?今者,国会议员基于民意,本其天职,以扫荡南方军阀。问其责任,正足以补年来缄默之过。何物记者,敢以瓦解诅国会乎?要之,国会为军政府之所自出,国会问军政府之责,而军政府敢于不尊重之,则显为背叛。主张军政府背叛国会者,皆为荒谬。《中华新报》记者或者向为军阀所豢养,不惜讴歌,国民尚有耳目,未可欺也。彼谓:"谓改组为对人乎?则西南衮衮,尽此数人。"不知我西南各省人民,肯承认堪任组织政府者,只有此三数军阀否?如使改组所求,仍不出岑、陆等脍肝越货杀人刳心之军阀以外,则尚有何价值?除《中华新报》记者外,又岂有尚欲以政权付托此残民以逞之军阀者哉!即议论改组军政府,眼光尚不出于军阀以外,可知彼报记者眼中,只有兵力,绝无民意。此种拥护军阀之论调,在今日上海报界中,实不数见,虽欲不谓之荒谬,不可得也。

该报曰:谁荒谬?吾则答之曰:拥护军阀,无视国会者,荒谬!

该报又谓吾言王揖唐类于国会为荒谬,不知伪国会之假冒国会,正无异猴之类人,亦无异该记者之类似主张平民政治。惟其不相同,故曰类耳。伪国会欲冒充国会,故言类。若国会本不冒充伪国会,何类可言?该报谓:"所谓真国会、真议员者,岂非亦相类于此。"则并类之所以为类而不解矣。张昌宗尚识莲花似六郎,异于六郎似莲花,该报记者之知识,又在此男妾下耶!

据《朱执信集》刊印。

谁为重要当局[①]

南方尊重国会之人，吾知其为不背民国立国精神者也。北方尊重新国会之人，尚有少数仍为误解新国会之性质，而以尊重真国会之心，用之于伪国会也。究竟中国是民国，不能不认国会代表人民。所以只问国会合法不合法，断无有可以号称当局者，而不尊重其认为合法之国会之理。抑且民国立国精神，即在以国会为当局者，且由国会生出其他当局者。当局者于约法之下，不尊重国会，即为谋叛，即为失其法律上存立之根据。

《中华新报》之言曰："南方各省当局，以事实上有共同维持军政府之必要，利害密切，故始终拥护。议员态度如何，与此无干。……南方重要当局，已决计对国会局面暂置不理。……一以知两院联合会之决议，南方当局无尊重之必要。"可见《中华新报》不特历数重要当局，不及国会，兼且以为南方当局，原可与议员无干，此其居心为何。

护法者，不外拥护约法国会，国会之存在，不在其能开议，而在其意见之被尊重。自去年军政府改组以来，国会名存实亡久矣。国会所议决之案，最重要者无不搁置，故讨伐令、护法政府改称、及上海和会条例诸案，无不为军政府所抑压不申。国会议员意思不必尊重一语，久已为南方军阀所默相传授，而《中华新报》记者，乃膺此丝纶之任耳。

---

① 本文写作与发表日期，均不知。据内容推断，可能与《拥护南方军阀之荒谬》一文同时或略晚。

吾人力攻北方军阀，深恶伪国会，原不外以其蔑视民意，敢行卖国，只知有一己利害，不知有国家利害。今《中华新报》既明认南方各省当局利害密切，始终拥护军政府，所以不必尊重国会。质言之，即南方军阀正谋牺牲国会，以得分赃和议之利益，所以不容国会议员改组成一能救国之军政府耳。其知有一己利害，不知有国家利害，与北方军阀有何分别乎。

军政府在今日，已为国民所反对，当然不能存在。护法为约法国会而兴，蔑视约法，不尊重国会，更无可以自立之余地。国会此次提议，实代表国民之公意而为之，断不容吠尧之犬，颠倒是非，甘带之蛆，移易香秽。《中华新报》记者，既不甘于国会政治，而讴歌南方军阀，吾等只可视为化外，不容其僭称约法政治下之中华民国人民而已。

废国会而别立新国会者，段祺瑞也。挟国会以令西南，而又不尊重国会之意思者，岑春煊也。皆军阀也，皆有对于民国约法为谋叛之罪者也。凡一切卖国行动，皆自此不尊重法律之军阀始之。吾望国民对于北方已卖国之军阀，斩钉截铁，不容其狡逞。尤望国民对于此南方已坏法而危及国家根本之军阀，履霜坚冰，勿悠忽视之。而逢军阀之恶，有此非人，亦上海报界之羞，不可无社会之制裁也。

据《朱执信集》刊印。

求学与办事[①]

从来的人,往往拿办事来做不求学问的口实。从他入社会的时候,已经是一个知识不足的人。到了他灯尽油干,半死不活的时候,他还是一个没有知识的人,他却说他办了许多事。

反一转来,我又看见许多人,拿学问做不办事的口实。他从在学校在试验室的时候,已经是不替社会做一点事。等到他自命有学问的时候,他却以为我拿学问来指导鼓吹就够了,我自己可以不用去出力担责任的做一件事。如果社会上有了什么好的结果,他自然就是指导有功;如果是坏了,学问家总可以不负责任。

这两种人,是社会上常有的。大概不止中国人有这个性质,不过现在中国人犯这种毛病的尤其多。这是什么缘故呢?就因为中国这几十年来,社会情况的变迁太急激了,中国人吸收真正知识的机会比较少;所以应于社会的要求,就发生两种不负责任的人出来。

第一,因为社会变迁急激,所以今天怕俄国,明天怕日本;今天要改革内政,明天要改革外交。主张越出愈多,头绪愈弄愈烦,办事的人也一天增加一天,不能等到人有学问才出来办事,所以就有无学的办事人。当其初出来的时候,决不是自认有知识的,但是也要有多少一点的知识,才能够晓得要办事。这个原始时代的办事人,的确是牺牲了学问来的。到了后来,办事的人有几个得志起来,就弄到要办事的人蜂拥而至,这个局面就变了。最初是拼着没有学问

---

① 本文写作和发表日期,均不知。文中说到马良杀害山东爱国人民,北京有请愿惩办马良事。据此推断,似为一九一九年九月间所写。

去办事,心里头总还是以为办完事还要学的。到这个时候,就有许多是办了事不想再学的了,成了一团,就有这办事不必学问的话头了。

第二,因为有新学问的人本来不多,自然有一部只讲求学不讲办事的人。而且他所学的东西,拿他的眼光来判断,是不合用于办事的,所以讲起办事来,他早已存了一个不是我的事务的念头。再看看这些办事的人,没有学问的多,有学问的少,更看轻了,不愿意插在里头,所以又成功了求学不办事的一派。

平心来论,没有学问的人办出来的事,不见得通有效果,更不能说成功多。却是他起头这一班人,总算是晓得自己不行的,不过没有人做,只可自己去做。然而到后来,成了这无知妄作的风气,就为中国的扰乱原因。这一班人不得意的时候,一定是在各地方扰乱。反转来,那只讲求学的,也成了一个讲风凉话袖手旁观的风气,到了不得意的时候,就要怨恨社会上养不起这班有学问的人,于是乎什么卖国、什么殃民的政府,他都不管,总要钻进去找碗【饭】吃。论起结果来令人厌弃,如果叫他自己说,他还说有不得已的苦衷呢。

这两种人,都是可以有益于社会的人,却弄到如此结果,这是一个对于求学和办事的误解生出来的。求学为什么?就是为办事,不是学了之后,就像从前的翰林进士,坐在那里,叫人养他。所以有一部分完全以学问为目的的人,他做学问,就算办事。大多数的人,只管有学问,仍旧不能不办他自己应办的事。本来人生的有益于社会的活动,通算办事。所以凡有求学,都是为办事求的。如果拿着学问不办事,就是对不住自己的学问。

办事的人,参一点没有学问的人进去,是一时的变例,不是应该的事情。但是办事的人,决其不能说没有时间去求学。大概所谓办事的人,除了认真紧急的时候,三五年间,碰着一回,非昼夜不息办事不可的场合以外,大概都是闲谈妄作过日子。上一点的就是围棋、象棋,下一点的就是扑克、麻雀,再差一点就是吸大烟、吃花酒。大概所有热心救国的人里头,每天为着这种无聊的事情,丢了大半的日子的,总有七八成。这个工夫,如果不拿来白花了,几年之间,没有学问的办事人,都成功了有学问的了;然而事实绝少做得到的。

这两个毛病,有一个共通的地方,就是认了在学校里头听讲考试的,才算求学。除此以外,都不容人算做有学问。所以一边把学问当做专利的东西,一边把学问当做我本无缘的东西,就隔断了。其实学问是人人都要求的,事是人人都要办的。既然求学的时间没有办事,那学成以后非加倍出力办事不可。如果没有求到学,先出来办事,那更非并力补习不可了。

然而这两层,我都可以暂时放下,我想把一面求学,一面办事的例先举出来。

这个例,第一先举出来的一定是学生的办事了。学生完全是为求学的,但是这半年来,就只见学生办事。旁的从来自称办事的人,都把办事的责任卸了,转给学生。所以现在的学生,就和十多年前的志士一样,明知自己还要求学,却是不能不暂时办事。赞成的人,都说他牺牲学业的精神可敬。反对他的,都说他抛弃学业的失策可怜。但是如果晓得不光是在学校里头听讲考试,才算做学问;就一定可以晓得,他抛荒了几天的学校里头的学课,却增益他自己将来理解学问、应用学问的力量不少。所以论将来的成绩,我敢相信出来办几个礼拜事的学生,一定比没有出来还听几个礼拜讲的好得多。

第二个我就想举办事的人求学的例。我本来是一个革命党,当然所晓得的是办革命事的人最少〔多〕。但是我举出革命党里头的吴稚晖先生来,大概无论是否革命党,都不会有什么异议的。吴先生是从二十年前就办事,他对于中国思想的开发,和革命的实行,两方面的功绩,都是绝伦的。然而这二十年里头,他先在日本,后在英国,他尽管做学界的泰山北斗,他的学问,还是一天增加一天。他并不靠着那一间大学的博士,那一个专门的赏金,来做他的招牌。究竟他的学问增加,是一个没有争议余地的。可以见得办事的人,断不至于没有工夫做学问。

无论你怎么忙做学问,不能说没有像此次学生所抽出的几礼拜的工夫来办事;无论你办事怎么样出力,总不能够说没有吴先生这么多的机会来求学。学问不是学校的专利,求学不是只靠听讲考试,这是要记着的。

照以上所说,我所求于办事的人的求学,自然不是念几句教科书,铺排一点外国掌故,来做大典筹备的资料。我所要求于办事的人的:第一,先是要他就于所办的事情,晓得是一件什么性质。比方你一个办请愿于徐世昌的事的人,他请愿罢免马良①,或者是赎回铁路②,或者是其他种种事情,都可以的。他总要先把以何原因要请愿这件事,和请愿得了允许有什么结果,如果得不到允许又有什么别的方法,这是一定要的。所以请愿赎路的人,一定要晓得济顺、高徐两条铁路,为什么失去了,和失去了有什么毛病两层。先讲失去的毛病,自然是经济政策上,一条路对于一个地方盛衰的关系要研究的。研究政策,自然不能不研究纯理经济学;要研究一般经济学,自然不能不学与经济学相关连的学问,都一起来了。再讲政治学和政治经济史,也是要研究的,如果不研究,就不晓得铁路属于他国经营的不妥当了。既然研究到政治学和政治史、经济史,那有关联的种种科学,也要研究了。再讲为什么失去了一层,自然归咎政府卖国,伪国会附和。但是伪国会和卖国政府,为什么能够成立存在呢,他这权力是那一个默认他服从他呢。自然也要讲到宪法问题、民主政治问题。既然知道原因,那又推想政府答应他,如何可以废约呢。不能只叫人做,不叫人如何做。如何做这个问题答应不来,还不是

---

① 马良当时为参战军第二师师长、济南镇守使。一九一九年七月二十五日济南戒严,马良又为戒严司令。马良是日本帝国主义的走狗,与爱国的人民为敌。七月二十二日率部捣毁济南回教救国后援会,并捕去会长马云亭、会员朱秀林、朱春祥二人。八月三日济南爱国学生向督军署举行爱国请愿,马良率部打伤学生,并逮捕学生十七人。八月五日,竟枪毙马云亭。因此,激起全国人民的愤怒。八月二十三日,直隶、山东和北京代表联合向徐世昌请愿,要求撤换马良。徐不见,拘捕代表三十八人。二十六、七、八,天津、北京代表、学生请愿,人数增至一千余人,与军警发生冲突。

② “五四”爱国运动之后,各地人民不断举行请愿,要求收回济顺、高徐等铁路建筑权。

白讲了。所以人家答应,你也要用学问来达你办事的目的。至于请愿不能得准许,或者像现在随口答应、随手拉倒的情形,你自己还有什么把握呢?这就要取第二种正当的手段,要从根本解决的了。所以社会学等等又不能不研究的了。碰了一个问题,就关联着这许多学问,虽然不能每一次办事,立刻就把这许多学问一时间都修习完了,然而把这相关的部分,于事前事后用过一回心,自然学问就增加了。

本来人做学问,是有两个办法的。一个是在学校里头,一定是顺的,教了一教二,教了二教三。然而别一个办法,在社会中间求学问,就一定是倒的,知道了三才找二,知道了二才找一。这种倒叙的研究法,虽然不如顺着教的井井有条,却是一定比他亲切有味。比方从青岛问题的中日关系,就会研究到中德关系。中德关系,就要推到三国干涉还辽,又可推到清政腐败,专制政府的弊害,更加可以联想到袁世凯帝制心急,弄到日本起野心。这几层差不多是全部政治学的注脚。研究的人,是用很少的力,可以了解很深的学理的。惟其办事,所以有这了解的机会。而且一度记忆以后,永远不忘。那么办事的人,如果不能同时求学,我可以断定他没有真心去办事,只是拿办事来做自己偷懒的护符。

因为不研究清楚一件事情,便去办,办得好不好,都算是不负责任的举动,万不能容许的。既然是没有学问的人,办事的时候,应该更加注意学问一点。

现在多数办事的人,都可以有照我上头所讲一面办事,一面求学的机会。但是很少人能够照我的说话来做,这是我所觉得最可惜的。然则转一方面来看,这些有学问的人,因为自己高自位置,不肯同人办事的缘故,弄出来的弊病,还要比前一项更大。

人的学问是断没有止境的。求学问的人,如果不是夸诞自欺的人,断没有能够自己说我的学问已经做完了。然而时于一个现实的社会,论断他所需要的知识,就有许多人的学问,是尽可以出来办事的资格了。这一部分人,对于社会也不能不负这个出来办事的责任。但是他不特自己不办事,还要干涉学问不如他的人,叫他不要办事,这已经是不合理的了。而听他的理由,尤其奇怪,他叫人不办事的理由,是要先行求学,得了学问再出来办事。我很想问他,他自己承认是有学问的呢,是没有学问的呢?如果是已有学问,还是不办事,那真不如不求学问的人,还肯去办事了。因为没有学问去办事,还有办得好的时候。得有学问不去办事,没有学问的又不准办事,那就永远没有办事的时候了。如果他自己承认还没有学问,那他如何有判断人应该办事不应办事的力量,他不是自己打消自己议论的价值么。学问家这种态度,是令人以后对于学问永远不再信用,永远把有学问的人当做坐着等饭吃的人,于学问没有一毫的益处,只有无穷的损处,不消说得的了。而因为他这一种态度,办事的人更以为学问不能够帮助办事,只能够阻碍办事,这办事的人不求学,也是自命有学问的一班人激成他的。所以我责备有学问的人,更要加重一点。

我们如果把现在所谓有学问而不办事的人撇开,只留极少数肯求学又肯办事的人,这个社会一定变一个样子。诚然少了许多叫做有学问的人,但是社会上看见有学问的人,都是肯牺牲自己来办事的,肯把自己的特别义务认定了,担在身上的,自然有许多办事的人,肯来求学。还有许多不曾办事的人,晓得办事先要求学,那社会所受的益处,就多了许多了。所以为社会计,我很望这般倚着有学问不肯办事的人,和军人、政客一齐绝迹。实在我最恨的,是拿着文凭学位当做学问的人。有学问的人,固然有有文凭、有学位的,也有没有文凭、没有学位的,但是总不靠他的文凭、不靠他的学位的。某大学的学士、某大学的博士,只可以骗没有知识的人,和从前拿举人、进士骗乡里人一样。真正的学问,是要同社会有脉络贯通的,同实际生活联为一气的。没有办事,他这学问就悬空了。所以这些在内国外国毕了业的人,不去尽他社会上应有的职务,那就是把所有学了的学问,都变做死的学问。真正学过的,也不能算数,何况文凭、学位,不一定代表学过学问的。

我所望于从前学过学问和现在正求学问的人,都晓得除了在学堂以外,还有求学问的方法。有了学校里的学问,不能就当做免除办事的护符。不然,就赶紧把学问的招牌收起来,钻进官僚政客当中,同受淘汰。至于有心在社会上办事的人,我对他实在有无穷的希望,然而还是请从一面办事,一面求学办起。

据《朱执信集》刊印。

请愿与民权[①]

请愿团近日已渐归沉寂矣。吾人所望者,请愿以上之活动,并非请愿为止。而现在之请愿者,因其请愿不得行,遂并其“固所愿”者不敢请。伤哉!虽然,吾不敢以责请愿诸人。何则?苟有一种请愿以外之办法,提示于公众,公众以为合理而不敢行,则责其勇气不足可也。今日尚未有一种办法提出,而先责人之不能为请愿以上之事,是则责其无知,又不使之知,不可也。且此次请愿之行为,虽出于爱国之热诚,而所请愿之事实,殊非根本解决之方法。故如不变更其请愿之目的,虽用他种手段固无效也。

即如请愿者解严,解严不过一时之事实,非永久之办法也。今日政府下令解严,明日又下令戒严。如此反复,人民不能日日请愿,而政府可以日日宣布戒严。此种请愿,就使有效,仍非根本解决方法也。则请愿不效之时,不可株守于此一事,明也。

又所请愿者为免马良之职。马良不过段氏爪牙之一人,初无所轻重。但以此次杀人祸鲁而论,自是罪魁。顾杀人多于马良数千百倍,祸国甚于马良数十百倍者,比比皆是。预备作此马良更恶辣荒谬数百倍之事者,亦正盈朝盈野,钻刺不休。免一马良,用一同于马良之人,或用一比马良更恶之人,实事势所必至。杀一马良,不能止鲁之祸,正无异杀上海数抢劫者,不能止上海之抢劫。故请愿不效之后,须寻别种手段,亦并不可不寻别一种更普遍之目的。

---

① 本文写作和发表日期,均不知。据内容推断。似在《求学与办事》一文写作之后不久。

吾为此言,绝非反对请愿团,谓其不应如此请愿。实际向徐世昌之类请愿,提到此等事件,已为绝顶。但强人既主张用请愿以外之手段,用请愿以上之手段,则其目的当然亦要在前两项以外,前两项以上,不能单以解山东戒严、免马良职为满足。必当求一方法可以使人民对于全国将来时时之戒严,处处之戒严,均可有方法抵抗之、解除之。可以使人民对于全国将来时时之马良、处处之马良,均可有方法免黜之、惩罚之。不止此也,凡类于戒严之事实,即一切之政务,皆当由人民意志以行动。凡类于马良之人,即一切官公吏,皆当从于人民之意志以任免。如此然后有全国人用请愿以上手段力争之之价值,如此然后可以一次之成功,抵千次万次之请愿成功。

请愿者,人民表示其政治上意见最平和、最合理之方法也。虽然,如何之请愿,始有效乎。彼徐世昌之代表,不肯令请愿者见徐世昌,即谓约法上无对总统请愿之规定。此种荒谬推拒之理由,世上无人能为之辩护。但若从法律上论,请愿者不能强受请愿者之绝对服从,自然徐世昌有自由裁量之余地。若任彼自由裁量,则即见矣、受矣,而不实行,仍然不能谓徐世昌违法。何则?法律上并未以必须遵从之规定与之也。即如前次之公民请愿团,何尝不带请愿之头衔,而吾人必以其强议员通过宣战案为一种不合法之举动,正以请愿纯然为不定是非之表示,不能以其只是请愿而诋为非民意,犹之其不能以只为请愿而指为民意。请愿团代表指戒严为骚扰,徐世昌代表即可指戒严为保全秩序。有公民团殴议员,亦可有各省团体力请勿战。此一是非,彼一是非,本无定着。如使徐世昌仿人民之办法,何难又组织戒严请愿团,挽留马良请愿团,于是乎是非混淆,一无可解决。至于不得已,则请愿否属请愿者自由,而执行否亦属于政府自由。究竟请愿之效力,微乎其微。人民真意,遂被蒙混。试思今日请愿不受,固属大悖民治原理。但若请愿必受必行,则袁世凯亦可使人民请愿帝制,又何以待之?是法律上定为请愿无强制效力者,未始无理由也。

然则必有辩者曰:民意有真有伪,以帝制请愿公民团围殴之伪民意,与真民意较,实最不伦,吾人但当主张服从真民意。此于理论,可谓完全矣。然而请愿者自命为真,自认为代表多数,仍是一面之主张,并无实证。究竟谁真谁伪,必待有判断之之人。则试问谁能判断之?委之于总统乎?委之于内阁乎?固不可矣。委之于国会,亦岂可恃乎?委之于袁世凯之参政代行立法院,安福部之新国会乎?固不可矣。委之于旧国会,亦岂可恃乎?即以最显著之事言之,毁弃廿一条款之惟一希望,在于旧国会之否认袁世凯时代不经国会之一切条约,此已为人民公意,而国会诸人至今不肯提议废约。试问若于紧要关头,委托之以判断孰为真民意,孰为伪民意,则将谓其可恃乎,不可恃乎?故从前约法及国会惯例,虽有国会受理请愿之规定,尚须经其议决。即经议决采用,效果仍不充分。则所谓判断真伪者,结局法律上不能解决,又甚明也。又若更进一步,以为中国之事,非此辈军人政客所能解决,而求人民自身实行其所主张。即凡真为民意所不容者,人民以自力排去之。人民所欲建立者,以自力建立之。此其理论,诚为贯彻矣。然而实行之将奈何?其结果仍为无组织之动乱,无常久性之爆发。而我用此手段以达我之主张,彼亦用此手段以达彼之主张,因此复起内乱,因之复有恃于武力之拥护,复有待于政客之牵率,堕入八年来之旧轨道,不可以复挽。是则所谓根本解决者,仍未尝解决也。即如此次之各界联合会国民大会之属,可以罢工、罢市为最后之手段。则人民之所真赞成者,自有多数人之附和,多数人反对者,决不能多数人与共进退。本为一种民意之真正表示,决无人敢于其为真诚,加一字疑问。虽然,此真一时的爆发,无组织之动乱,可用之于是非著明已久单简之事,而不可以决事态复杂之事;可用以为举一例百之举动,不能用为百试百验之方法。如曹、章之罢免,固是一种好结果。试问曾毓隽①庄景

---

① 曾毓隽,安福系分子,"五四"运动时期任北京政府交通部次长。交通部长汉奸曹汝霖在全国人民声讨下下台后,曾毓隽一度代理部务。

珂[①]又何以异于曹、章？此次警厅捕辱代表[②]，有甚于前，何以人民未能一致行动。如其以罢工罢市否，判断其民意之真伪者，岂不使人疑此次请愿之非真正民意也耶。盖此等手段，牺牲既大，效力未多，而政府之听否未可必，正与请愿相去无几。上海罢市而国贼去[③]，广州罢市而军阀自若[④]，一成一败，即或勉或缩，所以人民不能常采此手段，即亦不能以罢市与否决断请愿之真为民意与否也。

由此观之，主张凡请愿悉当照行，则有伪冒之弊矣。主张惟真民意始能适用，则判断之者难选其人。即最近于民治之国会尚不可恃，又如前所述矣。即欲事事以人民罢市、罢工之非常手段验之，固不可得也。然则试问若今日人民采一种最有效之手段，能使政府必允许吾所要求者，人民果将何所要求，始能谓之根本解决，始能望其一劳永逸，抵抗解除一切类于此次戒严之种种不良政治，罢黜一切类于马良之不合民志之官吏乎？不自先求一解决之方法，则其手段有效犹之无效，允许犹不允许也。

吾人今所主张者，即有强制力之请愿，不待罢市、罢工而可证明之真正民意表示，不由国会之多数决，即所谓直接民权是也。此种直接民权，为解决一切政治争论之最终形式，为人民自设法律以防止政府不良政治之手段，为人民取消不正当之法律，以免政府用恶法以毒害人民之手段，为排除一切不合民意之官吏之手段。人民能有此直接民权，始可以政府归之人民支配之下，复回国民原本应有之主权。故吾望人民以此直接民权为目的，以用其请愿以上之手段，不得此权，则虽万死不休也。

---

① 庄景珂，“五四”运动时期任北京政府的代理驻日公使。曾与日本帝国主义勾结，破坏中国留日学生的爱国活动。

② 见《求学与办事》页426注①。

③ “六三”运动以后，六月五日，上海罢市，同时各大城市都罢市、罢工。十日北京政府被迫将汉奸曹汝霖、章宗群、陆宗舆免职。

④ 一九一九年六月十二日桂系军阀莫荣新（时为广东督军）进一步控制广东、排斥异己之后，激起人民的义愤，广州人民随以罢市、罢工、罢课来反抗桂系军阀。但未能驱逐桂系，莫荣新仍然控制着广东。

所谓解决一切政治争论之最终形式者，即如民国元、二年间民党之责袁世凯，则曰无视国民代表。袁世凯之罪国会，则曰暴民专制。国会议员自以为人民代表，而袁世凯则谓之不代表人民。究竟代表不代表，不过以选举为断。而选举制度已属不尽可恃。至于袁世凯既事买收之后，则自民党言，代表者忽成不代表；而袁世凯向不认为代表者，居然又为代表以选出总统矣。口头人人皆奉民意，实际人人不顾民意，正由人民自无吐露意见之机关。托报纸代表，则报纸不可恃；托议员代表，则议员不可恃；托官吏代表，官吏更不可恃。彼对于人民而言民意，而人民竟不能知其是民意否。则除诉之武力外，尚有何种方法。八年来战乱不已者，民意之无从证实使之然也。故根本之解决，即为直接民权之国民投票办法。认一切成年之人有选举权，即同时有投票决定法律、任免官吏之权。凡有疑其为真民意否者，均可以此方法决之。投票之结果，是者即是，非者即非，丝毫无可假借。而于投票结果为少数寡助之人，即欲诉之武力，亦明归于失败。妄想可消，无谓之牺牲可免。故曰最终形式。

所谓自设法律以防政府者，向来共和国立法，除极少数之外，皆恃立法院。立法院虽选自人民，而立法院所立之法，固不必为人民所欲立；人民所欲立之法，亦不必为立法院所能立。即如英国之爱尔兰自治案，已得国民多数之同情，而屡为上院所格，即立法院不必与人民一致之一例。而美、法国会立法不满人民之意者，亦非罕例。人民对于所选代表者，本无指挥之之权，其代表在院中发言，又可标明代表全国选民，不代表一地方选民之门面语。实则全国人民意思如何，本无标准，各人自以其意决定，则无异言代表个人不代表选民而已。人民虽切齿痛恨，惟有于次期不再选出此人而已，无他法也。顾不选此人，总须选他人，政客始终同性质，则民所欲者终无采用之时。故直接民权者，即为救治此病。凡人民所欲立之法，只须人民自行起草，觅得选民百分之几签名提出，政府即须以付选民投票。选民既经投票多数赞成，则不待他种机关裁可，自然成为法律。故但得人民多数赞成，更不须他种机关帮助。事之易举，同于请愿。

而能强制政府以必行，非今日空言受理者可比。若非民意所向者，则无论如何设法掩蔽，终不能有实现之结果。所谓创制权者，此也。

所谓取消不正当之法律者，人民虽能以自己之意思设立法律，不能以自己之意思废止法律，则于制止立法府之专横，犹未足也。今使人民能设有益之法律，以保护公安。而立法府意不欲之，则无须以力打消人民创制之案也。惟须于其施行细则，别设一种规定制限之，则最善之法律，可变为最恶之法律矣。况立法府尚可于人民未及注意之前，定一不合民意之法律，即如今日之戒严令，惟便专制，无益民主。故行直接民权，则一切法律既经议定之后，在若干个月之内，选民可以全数百分之几署名，要求将全案再交国民重新投票，决定可否。如选民多数投票指为不可行，则此律当然废弃，而人民免恶法之害矣。所谓复决权者，此也。

所谓排除不合民意之官吏者，立法人员全部及行政官一部，在共和国皆由国民选举之。然选之之时，虽不必不良，而被选以后，不保其始终如一也。故人民不可不自有其排除之之手段，而行直接民权，则亦同前例，可以得百分之几赞成，提出弹劾之案。若经多数选民投票指为当罢，则不容更有留恋。通于人民所选政府所任之官吏，均受此种罢免，不能抵抗。是则所谓罢官权也。

假使中国宪法规定此项直接民权，则于山东戒严一事，人民直可以适用其创制权，以改正不适当之戒严法。使戒严不惟听命于彼三数军官，而须得人民之赞成，则山东之戒严无由更施矣。于罢免马良一事，不须请命于徐世昌，而人民可以自由提出弹劾之投票案，以地方多数选民驱逐之矣。不特戒严一事，不特马良一人，凡不合民意之法律与官吏，一切可以此防制黜去之矣。此一劳永逸之计，根本解决之法也。

然则吾人今日惟当致力使中国有一有效之宪法，而其中包含有直接民权之规定而已。此其目的，简单明了普遍，而一旦达之，不患其复有流弊。愿今之志愿者，进之为此目的奋斗也。

据《朱执信集》刊印。

权利与事实[①]

我看现在一般的论者,有一个共通的毛病,是拿权利来否认事实,就把代表事实的名称来嫌忌排斥。这个错误,是由中国人顾面子的几千年积习传下来的惰性。却是因这一个惰性,妨害国民了解真理的力量,弊病真是不少。

举一个例来讲:比方前两个月,外埠有两间报馆,因为争论劳动神圣的问题冲突起来了。一间报馆说劳动是神圣的,又说劳动者现在是奴隶。第二间报馆就攻他,说神圣就不是奴隶,既然是奴隶,怎么能够神圣?这是弄错了的,劳动的人,有受人尊敬的权利(于认权利的范围里头说),勉强说是神圣,未尝不可。但是他虽然有要求人尊敬的权利,人家尊敬他不尊敬他却是事实。事实上并没有尊敬劳动者,并且当他奴隶看待,所以能够说劳动者是在奴隶的境遇。权利同事实不相符合的时候,只有拿着应该的权利,来批评他现在不应该有的事实。如何能够说有了这个权利,便没有这个事实呢?这是那做批评的错了。

现在上海还有一种议论,就是说国会是法律上不能解散的,所以解散的命令是无效,现在不应该讲恢复。这个法理上是不错的。但是恢复国会四个字,是一个简称。本来恢复国会的意义,是使国会得自由完全行使职权。如何叫做自由?就是外面的违抗国会、压迫国会、有碍国会行动、不遵国会议决的一概行动,通要停止,等国

---

① 本文写作与发表时间,均不知。据内容推测,主要是争论国会问题,似为一九一九年秋季所写。

会行使职权不要顾虑。如何叫做完全？就是全国地方各阶级，没有不受约法上所给国会的权力支配的，等国会职权不受侵削。所以现在拿北方来论，两年多没有合法国会行使职权的余地了，不特是不能自由完全行使职权，并且是完全不能行使职权，这一种事实，是无可争论的。讲南方呢，国会所议决的案，没有一件照行的，不过一个月拿几万块钱养起议员们来做面子罢了，国会在南方也可以叫做完全不能行使职权。至到自由，更不消说了。这一种事实，又是无可争论的。然而偏要鼓起脸皮，说国会解散是无效的，不要恢复的，这就是只顾面子的话，蔑视了事实、嫌忌了指示事实的名称，替西南军阀做了辩护。这个受病的原因，也和上面所讲的敝同业相同的。

还有妇人问题里头，因为"解放"一个名字，便起了争端，也是一个顶显著的例。女子被社会束缚，是无可讳言的。既然指明他是束缚，就应该叫打破束缚的行动做解放了。偏偏要在这里头来争论，也是中国的"顾面子"的余毒传下来的。

因为有许多这种误解，弄到本来很简单的问题，都变成很复杂了。所以要把这种不合论理的地方豫先打破，才能够使人家的脑力，不冤枉花在不要紧的地方。我们先要认识我们所受的苦痛压迫，找到他真确的原因，才能讲救济的话。如果是这样讳疾忌医，就没有翻身的日子了。

据《朱执信集》刊印。

总商会长的世界知识

十月二号中午ABC联合俱乐部开幕,上海总商会的老会长朱葆三先生,在席间演说,发了许多淹通中外的议论。他说:

> “从前三国人士好尚不同,所以不能联合。现在一切渐归融洽,一方中国商人欢喜吃西菜喝洋酒,一方西商欢喜吃鱼翅燕窝;一方华商欢喜打扑克,一方西商又渐懂下中国棋;所以便可以联合了。”

你们且莫笑,上海的老商人,他们除了打扑克、喝洋酒而外,还有什么别的新知识呢!哼!只是太污辱ABC俱乐部了。

原载于1919年10月5日《民国日报》时评三,署名前进。

所有权的心理上基础[①]

前几天我看见英国煤矿调查委员会讯问贵族矿坑所有者的问答，里头有土地绝对所有权一层的论辩。大概英国人总是世界里头最尊重所有权的了。英国工人的代表，能够在调查会席上，公然把否认绝对所有权的见解，当做既定之事实主张起来。那世界的趋势，可想而知了（廿八日《星期评论》所载）[②]。不过“所有权不是从古以来有的”这一件事实，是早已由学者证明清楚的。现在社会经济虽然托根在所有权制度上面，到将来进步到一定的程度的时候，自然会把这个不必要的躯壳除去。这个也是无论急激、平和的人都要承认的。所有英国工人代表的主张，除了吃着贵族领地的好处这少数人以外，多数都是根本上赞成的。

但是赞成这个理论的人，是不是个个都已经觉得所有的事实，看做不合理，不去拥护他呢？多数不是的。他所相信的，是否认所有权的道理。他所实行的，就是承认所有权的行为。这一来，他的知识，转移不得他的感情，他的信服，支配不来他的行事。在主张所有权那一班人看见了，就说你这种主张，都是不彻底，有口无心，不能自践其言的。一回骂倒了，永远爬不起来。从此就归入人格破产那一类去了。

实在他一班人，都是冤枉的多。他对所有权的物质上历史上的

---

① 本文写作与发表时间，均不知。据文中谈到《星期评论》十七号的文章，可以知道是一九一九年十月上旬所写。

② 一九一九年九月二十八日《星期评论》第十七号载《矿山主的口供》一文。内记英国煤矿调查委员会开会时，煤矿工人同盟会会长斯米里和大矿山主达兰爵士的问答词。

基础,是研究过了。他对于所有的心理上基础,还是没有分别完全,最少总有一部分是不注意的。就从这不注意里头,给所有权支配去了,这是很不由自主的一件事情。

比方一个否认所有权人,碰着人家把一件在他支配底下的东西拿去(姑且不叫做所有),他心里头怎么样呢?他的情绪中间,你敢道他没有不愿意的分子夹在里头么?不过别种的感情,大过这种感情,所以就盖住了他,不现出来。再者纵然感情上盖不过来,他的理性弹压他下去,这就可以没有问题了。再如果他压不住,爆发出来,那就自然生出言行不符的现象了。

从这一层看起来,所有这一件事实,实在是心理上有一个很深的基础在那里。如果是没有把这个问题解决了,就没有方法可以否认所有权。

很小很小的小孩子,别的说话还不会讲,人家要把他的玩具取去,他就会说这是我的。难道这所有欲从父母遗传下来,这么小年纪,就会发现么?决不是的。这个不过是一个别种人主张所有权的反射。因为有别一个人主张过所有权,拿"我的"两个字来拒绝过他的侵犯,他怀着一股气,无可如何。所以他也摹仿着,拿"我的"两个字,来防守他的现在利益。这平常人喜欢所有一件东西的感情,差不多就由这里做成的。因为有许多东西,他不能得用益,所以对于这一部可以得用益的东西,就想独占起来。凡人的理性是有方向的,有适宜的对付的。至到感情这件东西,就像压榨在一个橡皮球里头的空气,只要在一方面碰着他,就向那一方面发生反抗。本来因为平常受人家所有权的压迫多了,所以如果有人触犯着他的别一方面,他这个感情就移向那一方面来了。感情是盲目的,是没有方向的,你不把酿成了他的根源除去,就没有可以绝灭他的日子。

所以所有欲虽是在人的心理上另有基础,不是拿两句理论上的说话,可以打得破的。却是他这个基础,还是因为有不正当的"所有"事实刺激出来的。所以把这个事实去了,这个感情将来也可以跟着消灭的。这些被人冤枉做言行不符的人，到那个时候，也可以恍然大悟，自己原没有错处。

据《朱执信集》刊印。

我们要一种什么样的宪法

中国自从第二次革命起，到现在整整过了六年有多。讲来讲去，都是立宪政治、民权政治。做出来的，到底没有民权政治一丝一毫的气味。就要一本宪法看看，摆摆样也没有。却是今天也说宪政，明天也说宪政，究竟那一个人在宪法上用的工夫？那一个想过中华民国应该要那一种的宪法？拿什么方法来运用宪法？跟什么主义去制定宪法？现在北京新国会也在那里商量制宪，南边旧国会也在那里商量制宪，他制的什么宪，总是没有人家看得着的。将来就想拿他几百人自己制定的宪法，勉强全国人去行么了？

拉萨列说得好："宪法就是威力！"国民现在已经完全自觉他有威力了，那就宪法应该把人民的威力，表现出来。除了能够把国里人民和他种势力的关系完全表现出来的，永远不能够成为有实用的宪法。你几百个人，关了门自己做的宪法，只配自己用，不要拿出来污蔑国民。

你以为你们议的宪法秘密到了不得，议论高远到了不得，所以只有你能了解，没有别一个了解。你们定了之后，就成了从前皇帝钦赐福字寿字的样子，四万万人每人赐他一份，要他摆个香案，写个公民某某恭承，供养在大堂中间，便算了事的么？或者以为你们的宪法，像龙虎山真人的符箓一样，只要挂在那里，便可保得过风调雨顺，国泰民安的么？北边捧着袁氏的改正约法，南边拿着汤氏的天坛草案，便当着除了你没有人晓得这行买卖。算算从民国二年到现在，你们明的暗的，领的赚的，花了中华民国几多千万银子？算起来，汉冶萍煤铁厂不晓得卖掉了几个，胶徐、济顺铁路，不晓得去了几条了。卖国的钱,军费去了十分之八,政客也分了十分之二。殃民的钱,不经过政客的什一而税,还不让军阀去花那十分之九,还是天天拿着宪法来骗我们小百姓。我们小百姓要这宪法来做什么?为什么养了强盗还不够,还要养你这一辈的姨太太、马夫、戏子的蜜蜂?

北京的议员们!你们看看欧美留学生回来最出名的王博士,就创出侵犯总统的特别规定。你们北京立法界的空气,可想而知。自然从前做宪法刍议那时候的意气,一定销归无何有之乡,却是恐怕不久还要恢复了打屁股的刑罚,不怕人请君入瓮。所以北京新国会,定不出好宪法来,是人人意料中的事。不过我不提你好不好,只问你行不行。你想拿着金钱买的议员,选出总统,便可以全知全能,全国受他支配么?人民一天一天觉醒了,你买了一回,他会后悔的。你想买他第二回,他会不上当的。你想他一次过承认了你国会同总统的权利,将来就算做打死狗讲价,人民无奈你何,你就错了。宪法是一个照相,一个缩图,你把人民的威力,表现在宪法上头,那就是按着宪法可以做得通,就同拿着一个照相,去找一个人,拿着一个缩图,去走一条路,没有找不着,去不通的。如果你自己描一个相,自己画一个图,硬说这是上海道台的相貌,上海街道的缩图,要人跟着相找人,跟着图找路,是不会成功。民主国家限制行政府的职权,破除优秀阶级的特等位置,不是因为宪法上定了出来才有效果。只是因为人民威力已经发达到这个程度,你不承认他,不遵照他,不把他这个威力缩写在宪法上,就是没有实行力的宪法,不可以羁束人民,而且还要闹出乱子,结局还是行政官政客受其不利。所以拉萨列这句"宪法就是威力"的话,不止指示真理,并且可救出许多无聊的牺牲。你们并这一句说话的益处也领不到,真是可怜。

南方的议员们,你们自信总比北方的智识进步一点了,营私利的行为少一点了。你这天坛草案,虽然拿着极旧的书来做蓝本,加上离奇鬼怪的孔教咧、解散权咧,种种规定,究竟还算是不遇明师,可以原谅你一点。不过是一层,我们如果原谅你无知,却不能不揭发你的差谬。他这宪法案上的根本错误，就是只有国会的最高权，没有人民的最高权。从前许多官僚袁党，拼命骂这宪法，说是暴民专制，话是错了一点。你们专制的并不是民，也不能暴，然而专制的思想却是有的，不过有袁世凯压在上面，发泄不来，才做出这种去势的国会万能宪法，面上挂着许多不清不楚的旧社会遗迹，承认自己没有主张。到得国民党解散的时候，还像是抱器奔周的样子，算做去国议员一件宝贝。至于一般小百姓，只晓得你是吃饭太多，消化不下，到东洋医胃肠病去了。那个晓得你是替他争什么民权，定什么宪法。却是假如完全随你们的意思，定出来一种你们理想的宪法，把那什么将就时局牺牲党见的条文删去，用你们一党所提出最进步的法案规定下来，这种宪法是否可以免了中国将来的祸乱，替人民造福呢？不能的。万万不能的。你们的宪法在政治史上，比北方的虽然进步了二千年，比方他们是想模仿纪元前的罗马政治，你们总可以算做十九世纪初期的宪法。但是不能表现人民威力的缺点，是同他一个样子。他们专制的办法，是要有一个开明首出的终身总统。你们专制的理想，就是八百个优秀分子的国会。口中是人民主权，法律上却是国会支配。人民选举议员，就像败家子弟卖田不过户。田是卖了的，租是不能收了，催粮的差役到了，还要把地丁两税尽数奉纳。他们举出了议员，所谓国民权利，是通通委任给人家了。却是国民的义务——当兵、纳税、守法、尊敬奴仆、供养游民等等。凡是国会讲了他有义务的事情，他没有一句话可以反抗，只有咬着牙根忍一下子，等第二回选举再算。你想中国人民现在是不是甘心这样的宪法？如果他甘心这个样子，他也可以放过满洲政府，可以放过洪宪皇帝，不管是民国国民，还是做外国顺民，只要一忍百忍，就可以一了百了，谁还来问你国会不国会。已经到了现在的地位，人民的力量是自己晓得的不，你想抢政权回来的时候，就不能不靠他。等到得了政权之后，还可以叫他回去睡着，听你的摆布么？自然不能。不能的结果，怎么样呢？就是国会成功那一天，人民立刻想法子倒你国会，把你当做仇敌！

你的本意,想同人民做仇敌么?不是的。你的力量能同人民做仇敌么?不能的。那就何不趁现在人家没有当你做仇敌的时候,想一个完全的方法,免得到那时候弄成吃力不讨好,叫一句没来由白花工夫呢!你们曾经想过这一层么?我不敢说没有人想过。然而可以断定那想过的人,自己总没有解决的方法提出来,就无济于事。而所以到没有方法提出来的缘故,还是因为你们没有看出你们代表制度的弊病,没有看出你们信条的错误地方。

你们总有一部分人,明白代议制不是理想的最善制度,却是没有人能够提出一个根本解决的案子。怕多数党专横,就用行政官箝制他。怕行政官跋扈,又用国会遏止他。究竟将来宪法定了之后,能够有什么方法运用他,比现在的约法更顺适、更少冲突?无论那一个,不敢答应说能够的。然而没有一人不说:“这是不得已。比较取较良的制度就是了。代表政治没有长处,就只能够拿不再选举给国民做武器。”这就是十九世纪初期的眼光,是现在不能制出表现人民威力的宪法的根源。我们就要打破这一个关头。

为什么不许人民直接参与政治呢?为什么要这代表制度呢?不过说四万万人不能在一个地方开会议事,所以请人代表。然则为什么不把别种方法使人民可以分别发表他的意思呢?这阻碍就在统一集权的迷想,同优秀分子的谬说上头。中国这几年来的灾祸,都是这两种谬说做成的。

为什么要集权?因为要统一。为什么要统一?因为要想外交军事便利。然则试问这回战争集权的效果在那里?统一效果在那里?集权集到俄国,总算极了。俄国并没有统一。统一到德国极了,还是没有集权。那集权和统一的不可分关系在那里呢?俄国军事上是失败了,德国外交上也没有成功,统一集权和外交军事有什么关系呢?你们一听见地方分权,便怕到要死。听见联邦政治,便几乎要洗耳逃尧。大概总以为没有集权政治,便不成其为国家。所以如果中国四万万人,只可以聚在一个地方,万不能各画为一区,各管各的政治。什么事情,都只要将到中央去办,就是好的,归到各省去办,就算危险,归到各县各乡自己去办,就以为会中国自己瓜分起来。这都是错的。中国人民除了分到各县的小区域以外,他的民权政治,无由发生。中国人民除了分县各自改良之外,也没有进步的机会。为什么呢?一县的事情,应该如何办法,一县的人很容易晓得清楚的。一县的议员官吏,某一个好,某一个坏,很容易晓得的。你找了乡里头一个人,问他本县的情形,和全国的情形。那一项懂得多,一定是本县情形懂得多。问他县里头这【那】个官坏,那个官好。他总讲得出的。问他全国的官那一个坏,那一个好,就回答不来了。这一个乡里头的人,他批评事情也许错的,批评人物也许错的,不过他总是自己有意见,能够批评。至于全国的事情,全国的官吏,他就没有意见了。所以无论用代表制度,不用代表制度,总要人民晓得是怎么一回子的事,才可以有选择、有主张。你叫他选举一个人,算是代表全国的,走到他眼睛看不见,耳朵听不着的地方去议事,去选定行政首长,去增课赋税,去强迫兵役,他代表成怎么样,始终都不晓得,那有方法去选择这个人,主张这一件事。弄到国民无用武之地,自然是优秀分子,把政治一门当做专制。人民选举,不过像一个把戏罢了。所以要选举不腐败,人民注意政事,非把地方的事情分开,各就各县办起来不可。不要讲集权到中央政府,就是集权到一省、一道,都不行的。从前讲宪法、讲政治的,把这个地方,通埋没了不讲,光是讲统一,讲集权。既然是统一到中央政府,集权到中央政府,那就人民权利,无从承认。就拿代表制度,当做无以复加了。如果不要统一,不要集权,那各县的事情,各县都拿人民的意思来决定。就可以于代表制以外,想一种方法,不必经议员议会,人民可以直接指挥政治。人民的威力,就可以表现在宪法里头了。那宪法就不是不适用的宪法了。各县人民,决定一地方的事情以外,关于国家大计,真是非全国一致不可的时候,那各县人民行使权利决定一县事情的机关制度方法,就可以移来决定国家的事情了。那个时候,何尝没有统一的机会,何尝不可以为全国谋福利。你去担忧他分裂做什么。

什么叫做优秀分子？社会上的优秀分子是不是选举选得出来？这种话大概略为有点政治知识,都可以明白的。不过世界上下流的人,偏欢喜自命是优秀分子。弄到一般老实的人,也去强充优秀分子,优秀分子从此便成了贻毒社会的一个名词。本来这一种无耻的优秀分子,在东西洋是不少的。他那个谬种,是很长远种下的。他还要骂民众的运动做众愚政治,他还要在国民里头凭空生出阶级。所以到今日,不把他尽情驱除了不可。本来如果社会上优秀分子,可以分得出来的时候,我们何尝不愿意把他分别了。不过这种分别,是万不能有的。大抵社会里头,真是天才,出类拔萃的,一两个是会有的,其余总是相差不远。拿社会的环境,弄成他某一部分有特长,某一部分有缺点,就不能笼统说某一个人优秀,某一个人不优秀,只可以说某人于这一事优秀,某人于这一事不优秀。并且还有人这一个时候优秀,那一个时候不优秀。所以要分别谁是优秀,先已不能决定。再讲你拿选举来决定一个人是否优秀。我试问一个人,自己弄到优秀容易呢？还是辨别这一个人优秀这一个人不优秀容易呢？自然是自己尽力较易,知人善任较难。所以辨别优秀分子的人,要比优秀分子更为优秀。不然,还是碰机会而决定,不是凭优秀来决定他。所以如果由不优秀人民选出来的,一定不是优秀分子。比方有人说:"一般人民智识未进,程度不足,不能由他直接参与国政,只有代表制度,决定于优秀分子,较为稳健。"就是他的自己不晓得社会上优秀分子是怎么的,又不晓得选出来的人是不是优秀分子的凭据。因为有一部人自称优秀分子,一般人又承认他是优秀分子,似乎国家的事情,非托他不可,所以人民自己不许有意见发表,发表出来也说他不稳健。只有所谓优秀分子,就可以舞文弄法,无所不为。实在如果讲起来,你国会里头的人,不过代表人民说话,就算你真是优秀,你不能代表人民的意思,想拿几个人的意见,来专行独断,在今日社会,还是万行不去的。人民的意思要这样做,你总得随顺他。只有想法子把民意转移,断不能硬把民意抹杀。所以国会里头的运动,没有一件不应该国民负责,受国民指导。断不能拿优秀分子来拒绝人民的监督。既然人民可以选举人来议政，又承认他应该受人民监督，就没有方法可以说人民不可以直接投票决定他自己的事情。

所以人民对于政治，直接指挥的权能，是万万不可以不承认的。人民虽然不能够事事躬亲来讨论议决，但是如果他自己想起要讨论议决的时候，总要使他有一个机会议论他自己的，决定他自己的事情。就像买货一样，买货的主人，可不能一件一件通拆开了来验过。不过如果他要看的时候，卖的人万不能说你不可以看的。人民可以选代表去国会议事，不是因为要统一，不许各地方人民多嘴。也不是因为要服从优秀分子，把身家性命交给他。不过因为人民没有多工夫做这琐细的事情，所以交给国会做去。所以有重大的事情，当然人民不出声的时候，你国会议决了，还要问过人民究竟同意不同意的。就算国会没有认为重大的事情，如果有相当人数，去要求政府再付人民票决，政府也不能不问的。投票的结果，说这事可行，自然没有话说。如果说这事不行，就国会议决一千次，也不中用，这叫做复决权。再如有重大的事情，国会老没有议决，人民只管希望他，他还不理会。那就人民当然可以提出一个案，得了若干人附议之后，政府便要把他付之表决。如果多数不赞成，自然没有说话。若是多数赞成了，就不问政府国会意见如何，当然应该认做法律。这叫做创制权。再如行政官、司法官以及议员有不合民意，不称职的，在他管辖区域选举区内的选民，有了相当人数之附议，便可以提出弹劾案，请求人民投票决定去留。只要人民多数说他该去，便没有方法可以蟠踞。这叫做罢官权。这三种权，都是人民直接参与政事，不靠代表的矫正代表的方法。故此通叫做直接民权。采用了这个直接民权，宪法上就没有冲突，没有专制，真能表现人民的威力。

为什么呢？宪法上如果立法府有立法的全权，行政府有行政的全权，你管不着我，我管不着你，那就一定生冲突。如果立法府说的话，行政府不能不听，行政府做的事，立法府无法阻止，那就一定是专制。因为怕他专制，所以有弹劾权来监督行政府，有解散权来监督立法府,结果又弄到他冲突。这就是只从人民所选的立法人员、行政首长里头打算,所以顾得这一头,落了那一头,到底没有妥当的方法。如果再进一步,从人民的威力着想,就可以晓得,把行政官、立法官的罢免权,都归在人民手里头,作最后决定,就没有解散的问题,没有弹劾的效果,也不会冲突了。把国会同行政官所决定的事项,再由人民有权更动,就不怕专制了。好好一条正当解决的路,就在面前,你不朝他走,却另外找路,岂不冤枉费力!

要晓得,你如果怕国民投票的结果,同国会政府的主张不同,来避去人民干涉,就是不顾民意,以现在人民的威力,对于此种不顾民意的立法,万不能容。始终要酿成革命,弄出惨酷的结果。你的优秀主张,还没有人原谅。如果你的主张,本来同人民一致,又何必怕人民有权来参与政治呢?你们制造宪法的如何,我不晓得。我所晓得的,就是人民要求制定一种包含直接民权规定的宪法,以人民为最高机关来运用的宪法。因为满洲是人民的威力推倒他,民国是人民的威力建立的。这几年的动乱,是因为没有认人民威力来的。所以你们如果不造出这种表现人民威力的宪法,就是辜负人民负托,引起国家危难,中国的祸乱还要不止。北方的议员,南方的议员,都有这罪恶负在背上,总要快一点洗去了才好。

原载于1919年10月10日《星期评论》纪念号,署名民意。▲

复查光佛函①

光佛先生：

你的来书，是把我们的议论再翻进一层，很佩服，很佩服。但是我的意思，以为海凯尔所讲的精神不灭，原是有个性，能知觉，要享乐，依托物质的那一种精神。这种精神，完全是人所拟造，各种宗教都认他有的，就是婆罗门教也不能免。佛教是蒙着婆罗门的影响，所以有六道轮回等等话头。其实过去现在未来这种时间观念，东西南北上下的空间观念，不特在佛教认为无明妄作分别，即在近代哲学者对之亦不免有所疑惑，而且个性的基础在于时间之联续，和空间之互相排斥性，当然不生一种不灭之问题。论那要享乐之性，本

---

① 《建设》杂志第一卷第四号载查光佛来函。转录如下：
记者先生：

读大月刊第二期古君所闻德学者海氏之《精神不灭论》，执信精神终归断灭。此为破除迷信遮拨上帝灵魂教义，作方便说则尔，若精研胜义，则精神当实有不灭之理。夫所谓精神者，当即为吾人之见闻觉知等诸现象。然此现象之本质，究竟为何为真为妄，为有为无。若其为真，云何有灭。若其为妄，则精神外何者为真。无则同于龟毛兔角。但有言说，都无实相。然今吾人之精神，皆可亲证不可云无。若承认为有，则此精神，为从质生，为依力现。质力既有不灭之理，何于精神反云有灭。若非由质力所成，则精神生自何来，灭向何去。又此精神，为自然生，为因缘生。假定有灭，自然灭耶，因缘灭耶。若以变化为灭，则如佛说人之身体，虽刹那刹那变迁无常，然童时观河之见，与耄时观河之见，元无有异。且盲者亦有见性，聋者亦有闻性，前尘有明暗动静之殊，而见闻性从无增减。六根可以互用，如阿那律陀无目而见，跋难陀龙无耳而听者。循此推求，则是吾人精神，可不依附肉体而能常住不坏也。第佛说之所谓不灭者，与西哲之所谓灭者，是一是二耶。凡此甚深了义，不知能依现今科学的唯物哲论，圆满解释否也。愿不弃浅学，详以教之。亦以使凡读者因此而得正确之人生观也。再因此问题，于孙先生学说，所谓行易知难，又得一证。则以人人皆有此精神，皆常用此精神，而不能知精神之本来及其究竟也。转质之先生以为何如。　光佛上。

来和个性相比附而来，如果灭去人我相，如何能够享乐？既然是依托物质，那死后精神当然应附枯骨，如何能够别有天堂地狱？如果本来不一定依附物质，那就应该连他以苦乐也可以离脱物质。那些拿有形有色，能报恩怨，来解释不灭精神的神话，当然不能成立了。来书注重无目而视，无耳而听一层，实在这个视听的工具，尽可以有别种东西替代他。这能视能听的神经，究竟总不能没有。所以佛学所谓见精，并不是常住不坏的东西。盲者、聋者虽然仍旧有见性、闻性，究竟闻见还要生存。生已经是无常，见闻性自然不能够常住。所以别种宗教所拟议的灵魂，固为海凯尔所排斥，而先生所讲的见闻性，也不是不生不灭的东西。此外先生又说质力既有不灭之理，何于精神反云有灭？我的意思质力是否永久，还不过是一个问题。就从现在科学家假定了一个质力不灭的原则，也只是宇宙间的质力不灭。而由质力成就这一个有限期间的连续，有限空间的占领排斥——就是所谓个性，就当然要灭了。在先生所讲是佛的不灭，他这个不灭原是不生，是超越于个性以上的。海凯尔所排斥的精神不灭，是具有个性的本为所作，故应无常。这一层我们把他分别清楚，就不会生出冲突来了。唯物哲学本来没有把所有问题解释完了，但是他这研究方法，是还可以在知识这一个范围内推行。至于康德所讲不可认识，只可思惟的地步，当然不在他所管。但是现在有一班人，想把神秘主义的东西来搀在知识里头，把世间有为的事神的现象，来跟随他的思惟，那就不敢赞成。再讲伍博士他们的鬼话，更是受低级知识影响的思惟闹出来的，稍有知识的人，大概总不会信服他的。拿海凯尔的话来对付他，已经是全力搏兔了。先生所讲精神的研究，也可以证行易知难，是不错的。但是现在所讲的精神，是自然的结果，要到精神的动作，才可算入行的范围。这一层我们也要特别注意的。我既不是哲学专门，佛学也很浅薄，但是我想得到的地方，姑且写出来，做大家的参考便了。　朱执信。十月十五日

原载于 1919 年 11 月《建设》第 1 卷第 4 号。▲

不合时宜之调和论[①]

近来反对调和的声音渐渐高起来了。章行严演说了一回调和,凡是有主张的人,都反对他。这个现象,是证明社会里头懒惰苟且之风气,渐渐要去,奋斗的精神,渐渐长大起来。在有民国以来,到现在,总要算这个时候最有光明,最能够鼓舞作事的人的兴会。

我对于这一个现象,有两个感想:一个是国民觉悟得太迟了;一个是国民这回觉悟,恐怕还不能彻底。所以我想对于过去的事情,同将来注意的地方,再说几句。

国民希望调和之心事,大概以为:"你们主张急进的,没有推翻旧势力的力量。你们主张保守的,也没有灭尽急进派的力量。两下如果争个不了,是我们受苦,我们也是不愿意的。但是要我帮一个打一个,我们先是分别不来谁是谁非,就算晓得谁是谁非,我们也不愿意牺牲了自己来替别人分别黑白。惟有调和的人,如果成功了,可以不用我们去做牺牲,并且可以安安乐乐来过我们的日子。"至于他们为什么争,调和的是否可以免了争,就不晓得了。

因为国民有这一种苟且的性质,所以"调和"两个字,成了骗人的秘诀。有一帮狗彘不如的政客,想去巴结官僚,又怕被国民攻击,免不得要敷衍一下子革新派,又恐旧派犯疑。横竖这"调和"两个字的旗帜,是随时随地可以打得出的,就把"好同恶异"四个字,轻加上

① 本文写作和发表时间,均不知。据《学者的良心》一文中说:"章行严九月间在上海寰球中学学生会演说过一次调和,跟着就受四面八方的攻击。"本文似作于一九一九年十月间。

有主张的人一个罪名。自己整日骂着暴民,希冀人家还他一个调和派的好处。这种人本来是应人民的需要来发生的,人民求调和,得调和是物常聚于所好的道理,不能专怪这一班人的了。

我讲到这里,我想起一件故事。二次革命失败以后,我亡命到日本东京,一天看见新闻上说:某区——恍惚是本乡区记不清楚了——从前有一个外国人很喜欢猫儿叫,附近的猫儿到那里叫一会,他总给猫吃一顿大菜,奖励他几句。附近的猫,都晓得他的脾气,没有一天不到他家里叫几声的。后来这外国人搬走了,别一个人搬进来。这猫不晓得屋里换了主人,脾气不同了,还成群逐队围着叫。这天晚上,新房主刚要休息一下子,忽然听得东边一个猫叫着调,西边一个猫也应声叫一声调,南边叫一声和,北边也跟着应一声和,推开这半洋式的窗一看,只见十对放暗蓝光的眼睛,在那里乱动。他究竟莫名其妙,赶也赶不动,打也打不去,没有法子,受他吵了一晚,明天赶快退了房子,不敢再领教了。然而每天晚上房子附近的猫,还在那里调和调和的叫(这段新闻我还记得是日本大正三年春间《万朝报》上所载,不过现在没有地方可查)。我想国民爱听这两字,自然有这种人来主张他,就同这外国人的有猫癖一样。所以主张调和的,也就源源而来,没有什么稀奇的。猫尚能够投合时代的要求。何况人类,何况有逻辑头脑的优秀分子呢。

但是这个调和的结果,曾经令人民达到希望没有呢?人民希望的是新派同旧派没有冲突,令他过安乐的日子。不过这个不争,是永远没有的。旧的势力终归要失败,反动的现象总不能长久。而且我们现在似乎很急激,恐怕不久也变了陈腐了,另外还有一班新的来。一去一来,这个争斗,是永远没有了期的。不过争的人变换了,争的目的变换了,争的方法变换了就是了。世界的人类,没有可以坐享其成的道理。如果自己不出来力争上游,也是没有安乐日子过的。希望调和,没有不失望的。那一班标榜调和的人,不过是在新派、旧派两边,都挂一个号,将来那一边得胜就附在那一边,向着那失败一边再踢两脚,口里还说道可怜你总没有听我的话。回来这一边势力大起来,他又来说我本来主张调和的,你失败的时候我也很有同情,你不可以忘记了我。到得两头落空的时候,他还要自明不得已的苦衷。所以这班调和的人物,不是因为要把两边的争息了来主张调和,实在是明晓得新的是,旧的非,新的可以适应,旧的终归淘汰,然而不愿意帮着正当的去冒危险,所以不能不依附在旧的势力底下,等他倒灭了再钻过来又怕路封断了,所以把调和两字做一个引线。他的讲调和,现在攻击章行严的,如东荪、曲江两位先生,大概对于这一种调和议论,是久怀不满,不过到今日发表出来。他从来何以不发表呢?就是因为社会上对于调和的迷信太深了,讲了出去,就会被人家疑心是过激,结果就不免受人迫害。而且觉悟的人太少,讲了也没有好几个人晓得。这种苦衷与我们虽然不尽相同,却是总可以想象得到。然而现在居然四面响应,这就可见社会的潜移默化的势力,我们万万不可以无视他。国民醒悟了调和的不行,才有这种现象。以后的社会,不是可以拿调和骗他的,这是定了。我们想起来,不由得不喜欢。但是我想如果国民早日没有希望调和了局的心事,袁世凯没有定二十一条款以前,已经把革新的主张实现起来,人民自己拿着自己权力,来决定这件事,那二十一条款有什么方法可以成立?就是这一回内乱,也就无从发生,卖国密约也没有方法定了。人民自己不努力,去希望调和,就会得这种结果,现在后悔也来不及,所以我说觉悟太迟。

不过觉悟是要有失败才能够发生。以前的过失,虽然无可挽回,如果以后所有事情,都由国民自己出力去做,拿着采葑采菲的例,还可以要章行严自决的下半截,来供国民公用一下子,所谓收之桑榆。从前的失败,就算买这个觉悟的代价,虽然代价贵了一点,也很甘心的。不过现在看这个局面,恐怕没有到这个程度。自决的精神,平等的组织,自由合意的运动,把所有好名词都拢在一起,他的实行机会,究竟在那一天,我还没有敢决定。他要达这个目的,从那里做起,大多数还没有想到。我想胡适之教授所讲"少谈些主义多研究些问题"差不多,就针对现在一般思想界的毛病来发的。因为逐个问题没有一定的主张，那所谓自决的怎样决法，也是空洞洞的。你不能告诉人家某件事情应该怎样做，那旧的终久不会自己让位，等你来临渴掘井。况且这空漠主张，没有具体的逐件问题的解决方法，一时间人心虽然摇动了，终久人民要厌怠下来，还是回复了几年前的状态，把这无聊的牺牲，再演一回，那就真真不值了。所以反对调和，主张自决，最要紧的还是把新的旧的逐件问题同他解释清楚，利弊所在，如何才能够着手改良。有了这一步工夫，这个觉悟才有内容，这个自决才有把握。如果把这一截工夫通忘记了，那不坚固，不明晰的主张，一碰了挫折，一回试验没有成功，就是根本上动摇起来，免不得还再有希望调和感谢调和的日子。这一层或者是我的过虑，但是我不能以为或者是过虑就不说出来。至于主张调和的，现在有什么目的，本不在这范围里头。关于新旧进化的理论，别的人讲了也不少了，我可以不必再说。我的目的也不在乎这一层，只望国民能够离了等别人调和的理想，进入自己活动的门路。

据《朱执信集》刊印。

朝鲜代表在和会之请愿

此次朝鲜代表金奎植氏，在巴黎和会，提出请愿书，请求离日本之束缚，改造朝鲜为一独立国家。其事不特耸动世界耳目，兼与东方受侮民族，以最大之刺激教训，实为一重要事实。我国研究者不可忽略者也。朝鲜之亡国，在中国几视为既定事实，而一朝突受世界潮流之感动，乃演此空前之悲剧。人种苟存，其力量可得麻醉，而不可得消亡，于此益可证之。而对于此请愿，欧洲人之态度，正亦在可研究之列。日本国民对于此之应付如何，为朝鲜人计，当采如何之方针，均属吾人所应知者。故略述其事实，加以论评。

其请愿书（由英文译出）全文如下：

敬启

（一）高丽民族有一定之国民生活及文化者，四千二百余年，为亚洲历史的一国家。此四十二世纪之中，大部分之时期，高丽享有国家独立（案高丽历史推源于檀君兄弟，谓其建国在中国古代唐尧之二十六年）。

经承认之高丽独立

（二）以日本、英国、美国、其他国家与高丽政府所定修好通商条约中，已经承认高丽之继续存在，为一独立主权国。在一八八二年五月二十二日，高丽与美国在汉城所订条约，切实声明有云："万一两国中有一国受别国不平或压迫，则以通知于缔约他一国，其国当以其尽力，使该事项解决有利，以示友谊。"又在一八九五年四月十七日之马关条约，日本要求中国确认："高丽之完全独立自治。"在第一次英日同盟（一九〇二年正月订定)协定,日、英两国承认且允保护高丽之独立。最后高丽、日本间一九〇四年之攻守同盟条约,日本特别保证高丽之独立与保全。

高丽独立为国际的信认

(三)此等条约,不仅承认保证高丽之独立存在为一主权国也。实依于国际之权威与公认以为基础,而有一国家欲凌蔑之者,实难逃他国之干涉矫正之也。

日本侵犯高丽独立

(四)而日本实侵犯高丽之独立。当时日本政府——依于欺诈与胁迫——强逼缔结一九一〇年八月二十二日之条约。以此条约,当时高丽皇帝称言以高丽全国主权并当时一千五百余万人民,完全永远让与"日本皇帝陛下"。

高丽人之反抗

(五)以其侵犯高丽主权,而以此一国并为日本之一省,故高丽人民曾经极力反抗,现尚不休。

(六)此种反对,日增日烈,以日本统治高丽所用方法使之然也。此其方法,实仿效普国之治东边诸省,及修列斯维、何伦斯坦(案此为德国前夺自丹麦者)暨阿尔萨斯、鹿林者而行之,无所宽容,不遗余力。日本于名义、于实际,均决定变高丽为日本之一省。其达此目的,则以惨酷之待遇,图灭绝爱国主义之根柢——爱国心、国语、国史。又独揽教育及财富二事,而资之以扑灭高丽人爱国心。

日本之独揽高丽教育及财富

(七)不论何种现代教育,苟超过一定程度,足以鼓舞寺内伯爵——合并高丽之日本统监——所谓"危险思想"者,或则全被禁止,或则于日本政府监理之下,为糟粕之教授。而高丽学生即以自费欲求往学于欧美者,亦概被禁止。

(八)一切高丽富人,殆皆被逼用一日本支配人在其家中,理其财产及其收支。而高丽人存款于银行者(其银行皆日本所设），设非将用钱目的报告银行，则一时不能提回存款中之巨额。

日本与基督教

（九）日本当局设种种方法，使基督教会在高丽之传道事业失败断望，以为此实反对日本在此半岛之根本利益者也。而用警察力以为之者尤多。即此岂不足见日本人在高丽所为，实际视基督教为一大力，能阻日本在此邦政治系统之成功乎？

日本人之高丽

（十）日本当局自称已加改良于高丽。然当记忆“改良之大多数，以其价值论，可以于改良流刑殖民地见之”（纽约“高丽迫害事件”）。而其全数，固皆以高丽人工，及高丽纳税人之财力，为日本人之利益，及日本之便利为之。而日当局则为此辈，囊括高丽，以为消容此辈之殖民地也。

（十一）日本之统治管理高丽，全为宗主国的统治，如谓为私利的国民统治则尤明切矣。除却以畜牧者主人视其奴隶、家畜为其财产而爱护之之感情以外，高丽之公安，未尝入日本政治之计划也。

反对全世界之日本

（十二）在高丽人民之困厄，固为要求高丽分离，解除日本对其人民之束缚之直接理由。而又以世界重要利益有关（此中法国亚洲之利益，与英、美两国在亚洲及太平洋之利为尤），益使其有理由矣。

（十三）关于商业贸易，日本排斥西人在高丽之商贾。收从来高丽与外国订立修好通商条约所与之利益，尽归日本商人手中。其排斥西方竞争商人也，日本实继续甚久。而在昔时，彼固僵守孤立。在今日，彼犹以此胁威，将排除西人在东亚之势力，而以污渎之远东门罗主义适用焉。

日本之大陆政策

（十四）此固为日本甚长远之政治计画，而触及法国及英美重要利益者也（而其继续并合高丽实为之显示）。日本以外之国家之危险（英美法均在其内），无不在于日本之无际限大陆政策实行一事。此种政策计画：第一，在统辖管理中国之人力富源，以攫取亚洲霸权（以日本之保有高丽为大陆上根据地使之可能）。第二，则支配太平洋以为惟一手段，以求日本移民入澳洲、美国无限之门户。

实现之政策

（十五）日本之大陆政策，已于事实现出如下：

（甲）以其两次战争成功，使彼成为亚洲最大陆军国，恰似普国再战再胜，而为欧洲最大陆军国。

（乙）以其并合高丽。

（丙）以其在南满、东内蒙，以日本代中国施其威权。

（丁）以其企图在和会中，求得承继德国所有及特权在中国山东省中者，青岛亦包在其内。

（戊）以其逐渐支配中国，并其未开发之人力富源，归于日本管辖。一切循用从前所施于高丽之方法，其名则曰"政治必要"。

（己）又以其赤道北南洋诸岛归日本领有，使日本离澳洲更近二千里，而以根据地与海军，实际统辖太平洋全地区者也。

高丽之革命

（十六）以高丽人民对于日本之合并其国，及其天皇所委官吏政治压制进行，为抗拒与反对，遂有此次高丽革命出现。三月一日午后一时，高丽人民及国家宣言独立。此种独立，以国民独立协会之形行之。此协会含有高丽人三百万，而代表一千八百七十万在高丽本土暨中国、西伯利、夏威彝及美国之高丽人，达其愿望与意志。宣言中有曰："求得自由权，与吾人自身国民性格之不绝进展。以吾人置诸改造世界之主义之下,求吾人之独立,拭去污损,驱除现在为患者。贻吾人子孙以永久自由,而勿予以苦痛及羞辱之遗产。此吾人之神圣义务也。"

革命之进行

(十七)高丽代表——以高丽国民独立协会及其他为高丽独立而组织之各团联合而成之"新高丽青年结合"所派遣者——屡接海电通知,报告革命之进行,与国民独立运动。在巴黎于去七日,接经上海来之高丽国民独立协会通知,其中一部如下:"吾人以三月念六日开大示威运动于京城,吾人国旗悬于城中山上。日本政府拘引参加者二百人。两方各有死伤。三南(即京城以南各省)逐日奋起。于东西伯利及满洲,亦行高丽人示威运动。"

高丽民国

(十八)同电又报告高丽临时政府之组织,其中包有总统、副总统、国务卿、内务、财政、司法、军务各总长。政府中有朴泳孝公及李承晚、安昌浩、李东晖各氏。朴泳孝者,高丽史中一八八四年急进党运动五领袖中之一也。一八八四年之急进党,推彼为首,以促进高丽现代之改革。合并以前,曾一为内务大臣。李承晚者,美国哈华大学之学士,布令斯顿大学之哲学博士也。自一八九四年,彼已为旧高丽独立俱乐部(独立协会)之首领。其为政治上工作也,已曾入狱,且被械系。安昌浩为新人会之创设者,自一九〇五年,已为青年高丽国民党(青年爱国党)之魁首,现为国民会中央总会长。李东晖为故高丽陆军参领,为满洲及西伯利高丽国民党公认之首领,亦曾被日本政府械系者也。

日本之压迫

(十九)四月十日,高丽代表复接一通知,内言:"自三月一日起,以至该日,主动的独立运动之示威运动,偏于各地,指挥如意。代表者(案指高丽本土之代表)以演说及宣言为之,采受动的革命，女孩尤为剧烈。敌人（日本）之工场仓库等皆见罢工。吾人之教堂、学校、仓库，所至皆被闭锁。男女被囚者三万二千人，重伤者十万人，其中有老人及妇稚。内地运输杜绝，敌人（日本）采残虐之行动。教会现正以真相布告天下。”四月十一日，高丽代表续接通知，备述日本人之残酷云：“日本三月廿八日开始大虐杀于高丽。在京城三时间之示威运动之际，人民无武装而被杀者过千人。鞭打、枪击、钩刺之施诸人民者，通于全高丽，惨不忍言。教堂、学校首领之家屋，均被破坏。妇人被裸鞭打于群众之间，而首领家族之妇女尤甚。其囚者皆加桎梏。医生视察伤者，亦被禁止。吾人求外国红十字会急来相助。吾人已决心战至高丽人尽死而后已。吾人信上帝之能相佑也。”关于此项一切消息，已见欧美各报，吾人惟引最近伦敦泰晤士之东京通信，即已足矣。此通信载于去四月十七日纸上，其题目为《高丽之权利》。内言：“当人认高丽骚动为仅能出于同一根源之时，日本政府之决定增加驻高丽陆军定员，诱起新闻之批评。在一般议论，均谓遇有机会，以文官总督易武官总督一事，必不能免。《日日新闻》以此骚动归于民族自决主义之误用，及宣教师之煽动。《时事新报》则证言高丽须改良之处甚多。又有其他新闻杂志，论高丽人决非劣等民族。……”

取消条约合并

（二十）高丽人民要求宣布一九一〇年八月二十二日所缔结合并条约无效，不复行用。或由和议以此请愿书及附属说明书之所述理由，宣告取消之。其理由之尤重要者如左：

（第一）该合并条约以诈欺胁迫缔结之，在其为法律与为国际记录之有效性，已经灭失。不待计当时高丽皇帝有无权利，可将一千五百万之人民，与为独立主权国四千二百年之国土，让与“日本皇帝陛下”也。

（第二）高丽人民及国家，否认傀儡高丽皇帝有权缔该约。关涉及于彼等，人非畜类，其允诺始终为该条约有效之贵重条件。而此种允诺，固从来未尝与之也。

（第三）该合并条约为日本直接侵犯国际的保证。此保证由日本政府与高丽及他国订约，认高丽人独立自主而来。

（第四）在高丽与日本其他各国所定多数条约，及日本与中、英、俄所订关于高丽各约，高丽之为独立主权国，已经于每一约中明晰承认。而其政治上独立，及领土保全，亦有多数明白保证。其条项实根据于无有一国能侵害人，而不受列席于今日和会等之万国会议之各国所干涉之国际公法基础者，而日本尤不能免。

（第五）和会开会，所以求依威尔逊总统所提十四条之主义，以决定会中各国事项也。而此主义根据于一种见地，即一九一八年一月八日，总统在国会所朗诵之教书所陈也。该教书谓："不问强弱，对于一切人民国民及其权利，以公道使相与生存于自由安全之均等条件中。"夫日本在战时，以为联军之一员计，已经接受此根于公道主义之十四条项矣。而此公道主义，已为日本天皇继续试其"所有高丽全国主权"，不待高丽人民国家允诺，且反对其抵抗一事，蹂躏无余。所以宣言废弃，或布告取消此合并条约一层，成为和会权利，且成为义务矣。

（第六）以国际法上权利，与救正各国误谬之"新公道"之功效，高丽人民正当主张其改造高丽为一独立国家。除非此种已经实施以改造分割并合经一世纪半之波兰，及分离普鲁西统治下经五十年之间尔萨斯、罗林之一主义之范围，并不包含高丽在内耳。日本实行并合高丽以来，至今日不及十年。而当欧战初起，未发露日本与中欧一国结同盟之一事（曾受德国训练之各天皇顾问所常显露之一种政治联合），不足以为高丽人民应受损害于和会，仍在于彼打消一切法境喋血而争之主义之武人政治之下为生活之理由也。

此请愿书以高丽临时民国政府，并住居高丽本土、中国、西伯利、夏威彝、美国及世界各地，其中有五千余人在“布列斯特力多斯夫克”条约前，在东方战场为协约国效力者，合计一千八百七十余万之高丽人（统称高丽人民及国家）之名义及责任。经下面签名之“新高丽青年结合”等等所选任高丽代表适当人员金奎植提出之。

新高丽青年结合代表

高丽国民协会代表

高丽民国临时政府其他代表

金奎植

一九一九年四月于巴黎

此请愿书之不能发生直接效果，固为人所豫期。然此请愿书之得出现于巴黎，已使高丽人增加无数之勇气，希冀将来更有诉于国际联盟之机会也。

对于高丽之同情，自以英美为多，然其所拟议之解决，恐未必能如高丽人之所预期。当六月间，《字林西报》有《今日高丽》一篇，正足以窥英人之意向，且资事实之参考，故并录诸左方（此篇由蔡君慕真译，寄建设社，并于此表感谢之意。原文见《字林西报》六月十一日）：

日本向自称待高丽平允，今欲以诚意实行之，非择以下所述三种办法之一行之不可：

一　完全独立。

二　内政自治。

三　有参议立法、行法、司法之权。

如能用第一条，乃最豪之举。将来历史上，为日本添无限光荣。若日本政治家之眼光见不及此，不以此宽大之政策为然，则亦须给高丽人内政自治，此高丽人应有之权利也。若恐高丽现在之程度不足以自治，则归日本监督亦无伤。但日本能实行此法，则可步今日最大、最有成效英国植民政策之后尘。若日政府即以此策为不足取，必欲实行其同化政策。此策已行之数年而无效。吾敢言之，以后亦万无可行之理，则惟有试吾所举最下之一策耳。即高丽应有实行参与立法、司法、行政之权也。日本政治家，须知“有纳税权而无参政权，是为虐政”一言，已成今日之公理。若反背之，日本虽强，不能使高丽人有效忠之心也。

吾今试举日本人及高丽人对此问题之眼光如左：

当日本未成世界强权时，以习知西方各强国所行之帝国主义所最令人可怖者，则吸取未开化国之利源，及奴隶其人民，而美其名曰：“轻白人之担负。”日本人既欲执东方之牛耳，不得不防此可惧之白祸。欲防此白祸，非强大不能为力。日本今日生产之速率，每年加增八十万。此速率惟德国与此战前差堪比伦。但日本人民既有此非常之增加，则推广其土地，成一最急之问题。南北美洲为门罗主义所阻，不得染指。非、澳两洲又为欧罗巴人之势力范围。亚洲之各小国，亦为白人蚕食殆尽。所余者，则为高丽与中国耳。故日本不得不以全力经营此二处，以为彼之殖民地。

自俄罗斯称雄东亚，高丽即成一附庸国。其所以不急就灭亡者，得中、日、俄三国之均势耳。但不久，中、俄先后为日所败，而均势遂失。当时最欢迎日本称霸高丽者，莫若彼之同盟国英吉利，因欲利用日本以抵制俄、德之势焰也。美国虽与高丽有互相协助之条约，然当时亦承认日本之并吞高丽。

日本战胜中、俄而吞高丽，为彼有史以来莫大之荣。自以为彼之占朝鲜，乃战胜国应享之权利，与当时欧洲所持主义相同。但今日则不然，美总统威尔逊之宣言曰：当今之世，譬一棋局。不能以棋中之兵卒，待今日之弱国，可以自由割让。又曰：一国之民族，若不愿归他国管理，不能以武力压服之。此种论调，与从前之主义大相径庭，而为国际法开一新纪元。

日本之治高丽，颇有可称者，如治河、修路、推广邮政、电报及研究卫生等是也。但作工之人，皆逼高丽人为之。所用之地，则夺之于民。钱则加重税而取之。韩人之意，以为日本之尽力于以上所述之善政，非为高丽也，为日本军事上行动计耳。然吾人不论日人有无别种用意，要之皆有益于社会，故不得不赞美之。然有一问题，吾人须研究者，即如韩人所得以上之利益，能偿所失数千年来一国之政治经济文化及历史乎？今日高丽之情形，乃一最可怜者，虽自归日管后，一国之财政，较前为优，然百姓则较前更苦矣。高丽归并后，一百五十余万人迁至中国及西比利亚一带，非避日本之强暴，盖无可聊生耳。高丽有地八万方英里，人民一千七百万。所有之地，向分四种：

一　私家之田地。

二　皇室之田地，时有租与平民耕种者，可自由转租，或传之子孙。

三　地方公地，然亦多名为公有，实为私人之地者。

四　庙宇之地。

私家之地，年须纳税于政府。皇室田地所入则归皇室。私人之地出地方之名者，则纳税于该地方官。僧人之地，则免税。至高丽归日后，日政府将皇室之田地、地方之田地及庙宇所有者，皆充公。彼之理由，以该田地既非私产，应归政府。此法一行，无数高丽中等人家，皆流于沟壑矣。而所充公之地，皆分卖或租之于日人，高丽人不与焉。

东京之政策，欲诱多数日人往高丽，以补军力之不足。以为若一旦有事，则日人尽兵也，韩人何能为？今日已有三十万日人在韩，现尚日有加增。此政策乃毕土麦欲同化波兰，而未收实效者。今日本再加改良，而行之于朝鲜。日政府既欲实行此毒计，遂设一东方殖民公司，政府每年津贴五十万元。其宗旨以鼓励高丽殖民，每一日人之愿往者，给以盘费；到韩后，则给以田产、粮食及耕种所需之器械。三四年后，再偿还该公司。

前篇已述日人将高丽之公产充公。今更述日人夺取私产之法。高丽以农立国，向来习惯，谷田所须之水，皆由一发源之处流入田中，然后转注他田。源源不绝，以滋灌溉。日本农民则将水所必经之田，出重价购而塞之，则他田皆枯槁，不能不一并卖之于东方殖民公司或日本农民，其价则由日人定之，而高丽农民无奈何也。若诉之于公堂，则日人置之不理。因此，高丽三分之一之私产，已入日人手矣。

日人及祖日人之著作家，常赞扬日人改良高丽之币制，不遗余力。吾对此不得不一言之。自一千九百一十年，朝鲜银行起而替日本第一国家银行代理高丽国库。高丽财政部，成一有名无实之机关。朝鲜银行对日所处之地位，即如伦敦银行对英政府所处之地位也。日本国家第一银行与朝鲜银行前后发出纸币数百万，而原有之铜币、银币，则运至日本镕化之，至今未有再运金银往高丽，以代从前运出之货，而作纸币之准备金。今日高丽无一现金币，即银币亦少见。最可异者，高丽通行之纸币，尚不能通行于日本。此可证明高丽之纸币，实不能兑现之纸币矣。日政府每发表其对韩之宽厚，谓高丽百姓所缴之税，较日本人在本国所纳之税为轻。殊不知高丽人今日所纳之税，已四倍于高丽政府时代。当时只征田地税，今则无物不税，即畜一猪，亦须缴税。高丽政府时代，买卖自由。今则不然，无论物之多少，卖主须交税，然后可将物件出卖。例如农夫携鸡蛋十枚入币，亦须领一牌照及纳税后，始可出卖，其他可知。

此不过对于高丽之财政权而言，至若其对待私产，更有可怖之处。例如每富室须雇一日本支配人，该日人有全权管理一切出入款项，虽高丽雇主不能自由使用一钱。若不听彼约束，该日人可告之于日官，则为祸不浅。故前王李氏，虽名为得日政府年俸一百五十万元，实则彼之财力，犹不及高丽一工人。一千九百十五年，有一高丽富室曹（译音）中佐，设一学校于北京，以培植高丽青年。日政府将其一切财产充公。其理由，则谓高丽中佐谋叛政府。中政府因领事裁判权故,不能助焉。再有一法,可以缚束韩人私产者,则无论何人,虽得日支配人之许可,每次亦不得支过五百元。盖恐高丽人作非法行为,谋叛政府。此举最足摧残韩人商务,因既不能支取巨款,则不能经营大商业,而至微之商业,亦难与日人抗衡矣。故高丽富人至经济窘迫时,不得不将田地售之于东方殖民公司,以应其急。惟此一法,幸可免日本支配人之干涉耳。当高丽独立时,各国商民受同等待遇。高丽第一条铁道,汉城至仁川,为美国所有。第一电灯厂及自来水厂,皆属于美商。关税则归一英人管理。今则不然,种种商务,均为日人所夺。其势力雄厚,如英美烟公司者,亦为日公司排挤而去之。从前高丽,尚有发达之希望,今则全国无生机矣。一千九百〇八年,高丽被吞之前二年,有一高丽富商,欲与一意大利公司订立合同,办出入口货。该意公司派一经理来韩,调查情形。日人告以种种苛例,该意人竟为骇走,因此商务不能与日商争衡。即最下等者,均给日人优先权。高丽人则小贩亦须领照抽税以剥之。若高丽人欲向日人押款或借款,则须年息七分。此不过略举日人抢夺高丽人财产之法而已。

朝鲜为亚洲古国之一,其四千年之历史,足以证明之。日本一切之文学、陶器制造法、宗教等,皆传自高丽,至今高丽人犹自信其文化高出日本。高丽人今日虽受日本政治及经济之窘迫,然其心则始终不变。日人亦知历史、文字、言语三者,足以唤起韩人爱国之心,乃集高丽文章、历史而毁之,以愚其民。较之中国秦始皇之焚书坑儒,同一比例耳。此种野蛮举动,不知损失多少高丽最可宝贵之物,国可复,而此国粹不可复得矣。吁!可慨也夫!

日本既将高丽文字、历史焚毁殆尽后,乃又封禁一切报纸杂志。欲博西人之美誉,政府乃出一种英文汉城报,所载者皆政府许可之新闻。每年复出一朝鲜维新及进步报告书,此报告书专载高丽人对日政府如何满意,及地方兴旺。此书分送于各国图书馆及有名人物。殊不知高丽今日并无所谓言论自由、出版自由、集会自由。耶教会每星期三集会一次,亦须警厅许可。赞美诗中之"向前进,我基督教之军人",亦不准唱,恐唤起爱国尚武之精神也。各地侦探密布,高丽游人到一城,必须注册。邮信亦严查不怠。

日人既欲同化高丽,不得不从禁止高丽言语着手。虽教会学堂素用高丽语言,现在亦须用英文,由高丽总督派一翻译员译成日语,以教授生徒,其不便可知。又日人恶耶教会在高丽有碍一切进行,思有以伤之而未发。寺内总督乃于一千九百十二年,实行其摧残手段,羁各高丽有名之耶教徒及学问家于狱,诬以欲行刺高丽总督。即美国教士,亦不能免。其证据,或捏造之于日人,或买韩之无赖者以实之,或暗用酷刑使各教士承认之。种种不法行为,令人发指。有奇耳(译音)牧师在平壤,劝其生徒勿吃卷烟,亦为执去,而定以大逆之罪。谓烟为国家专卖之品,反对吸烟,即反对国家。日本之苛政,于此可见一斑。

日本破坏高丽教育,尤不遗余力。名为统一及改良,实则严加防范。历史、地理及高丽语言,不得教授。惟日皇像及国旗须敬礼之。高丽学生之求学日本者,亦只令其学工艺,而法律、历史、政治、经济等,不得学焉。游学欧美,更无论矣。此与日本在欧和会所求之黄白平等之宗旨,正相反矣。

高丽今日所处之地位,乃一被征服国之地位也。与欧战前之波兰希米同。而其所受之苦况,则非世人所得知。日本知世界舆论之可贵也,乃思出种种方法,发表其对待高丽手段之和平,及抚治之得法,且厚颜以其对待高丽、中国,比美之治小吕宋、古巴。美其名曰东方之门罗主义。日本既自比如美国之宽厚,吾请将二国对待殖民地之特点,一比较之。

高丽被灭后,即归日本军阀所管辖。自总督以至于下等官吏,皆以武人任之,高丽人不得置身其间。美国之待小吕宋则不然。除总督、副总督、正副查帐员为总统所派外,六部总长(即小吕宋内阁)皆选之于菲列滨人之得议会许可者。议会分参众两院,亦由菲列滨人选举,并有驳回总督之否认权。高丽人则议院亦无之,欲置镇中之小吏,亦须得该地方日武官许可。至菲列滨人所享之选举权、内政自治权,更为高丽人所未闻矣。间或亦有派高丽人为各省长官者,然不过作傀儡以掩他人之耳目,其实权皆在日本顾问手中,稍不听命,即可革换。日人尚自赞其治绩精善,如但由日人一方面观之,诚无愧也。

高丽人素爱和平,在专制时代,虽治不得法,然较之今日,已有天壤之差别。朝鲜人今日所受之苦,乃世界有史以来所未有,此皆素号文明国所赐也。世人不察,反赞美之,岂天下真无公理耶?高丽人真忍无可忍,受不能受,自知手无寸铁,何能抗一世界称强之国。然义旗一举,四方响应,可见人心未死,尚可为也。今日虽败,然有一可喜者,则令世人知高丽人之不服日本也。由此观之,日本之治高丽,可称完全失败。其失败理由,则日本自私自利心使之也。世界不乏明理之强国,岂任日人之鱼肉,而置高丽于不顾耶?

今日英美之同情,固集于高丽。然英国自不能解决爱兰问题,又何以能使日本解决朝鲜问题。美国不能助一独立国以抗一独立国,又岂能助一被征服国以抗一征服国。斯固理之显著者,不俟多证。即如前举之第三办法,英可以主张日本施之朝鲜者,日本未尝不可主张英国施之印度。即此一节,已为朝鲜之独立运动外交上之致命伤,岂待多言。故今日对于朝鲜代表在和会之请愿,豫决其无效者必中。既定之事实,无可挽回矣。前数日(十月初)报载欧电拒绝朝鲜请愿,其详情虽不可知,要无可容疑之余地也。

朝鲜此次请愿,不过独立运动中之一部分。然其独立运动进行中,有大属望于外交,固无可疑。则此独立运动,将因外交之失败而遂中止乎,抑将继续为一东方未解决之问题,以待日本国中之根本改革乎,大有研究之余地者也。以现在朝鲜代表之所陈述,分别言之:则一为证明日本合并朝鲜之不合法。二为日本对于朝鲜人之迫害。三为日本并合朝鲜之不利益于世界各国。此殆其外交上立论不得不然。以余观之,则其所陈说,虽皆有其事实,毫无过溢之词。而朝鲜人所以要求解放之真因,决不止此。故即令合并朝鲜全为合法,对于朝鲜人未见迫害,且使世界各国并不受损,高丽人仍可有其主张独立分离之理由。

此种理由,固包含所谓民族自决,与资本阶级压制对抗二事实而言。强加压迫以合并,苛政以穷其民者,固有分离之理由。即以合意而成为一国,对于人民本无歧视者,以两民族理想之殊,亦常使生不得不分离之理由。此固无可如何者也。欧洲、美洲之利害,非即黄人之利害,尤其非即世界人类之利害。欧美经营商业于东方之少数资本家利害,又非欧美人民之利害。在朝鲜人举事,岂但计欧美在东亚之特权如何。但使于自己民族有益,于世界人类无损(因之即为有益),则当尽其力以为之耳。故吾人眼光,当注于使朝鲜独立为必要之原因。苟其原因存在,则独立运动无从销灭。朝鲜问题遂将为解决日本自身问题之钥,有如波兰、芬兰等人种种在俄罗斯所已见者,可豫言也。

对于朝鲜人之攻击,日本先后发表多数辩解之文。即如对于朝鲜人之失业流亡一层,即摘举日本移住人民数目之少,以证其非压迫朝鲜。据其所述,则"朝鲜面积略与日本本岛相等,而人口仅一千七百万人,皆觉其土旷人稀。而并合以来,内地(日本)人移住朝鲜者,仅十五万人,不过沧海一粟"(匿名一官吏,在四月《中外公论》投稿)。于此一点,日本人以为可以解免侵略之恶名。而自吾人观之,此尤足为朝鲜应独立之最大理由。盖以朝鲜全国国权之牺牲,人民百余万之流出,日俄战役以来十五年间之苦痛,仅易此日本十五万人之利益,则日本统治之为朝鲜大祸,为东亚不靖之根源,已甚明矣。朝鲜独立之第一理由,为其民族之自由意志,不待言。而其第二理由,则明为对抗日本之资本的帝国主义。此项理由,在朝鲜虽为后起,在世界实为最重要。而吾人所以赞成朝鲜独立者,宁以此为尤深切之理由。彼日本之十五万移住人，能使朝鲜全国茹此无穷惨痛者，正足以说明日本之资本的略夺而有余也。

如使日本来住朝鲜之人，仅有与朝鲜人均等之权利，为均等之生活，以开发朝鲜天然利源，为其衣食所资，绝无掠夺他人劳动结果之事，则岂特十五万人不为多，虽千五百万人可也。试观中国对于来住之五十万朝鲜人，何尝有丝粟之不平哉。今所患者，即在竭朝鲜八十八万方里之天然力，与一千五百万人工之余剩价值，仅足以养此十五万人，且富此十五万人中之少数人耳。以吾所知日本平常之农工，对于乡土，眷恋至深，不肯轻为移住。所谓台湾移民、朝鲜移民者，皆希望以征服者之资格，一攫万金归而为安闲怠惰之生活。持此不良之野心以出国门，而所谓"亲方"者，则结托军阀以得知政治上趋向；勾连诸大会社，以得资助。而所谓"子方"者，则供其敲髓吸血之耳目爪牙，为产业征服之侦探，为奴隶工作之监督。故十五万人者，什九为此懒怠乖谬，不容于乡里，被迫"出稼"之不良人民。其什一则不能置身于本国之会社员、投机师、欺诈者、卖淫附属业者也。若而人者，惟以不能于本国自力求食之故，而出为移民，则岂有能于朝鲜产业增丝粟之益！惟有压榨取得朝鲜人向来所有之利益，以入私囊。于是朝鲜所损者十，日本人所得者不过一。而朝鲜人口千七百万，养此十五万寄食之人，犹日苦其不足。此无他，来住之十五万人，以侵略论，亦非健者，特倚此五千余万人之势力，以强取其所欲得。既满所欲，即任意狼籍其余。所以移民止于十五万人也。

为日本资本家计，今后对于朝鲜，必更选精于掠取劳动余剩价值之人，以代今之不良移民。一面尽朝鲜半岛天然利源而枯竭之；一面使用朝鲜工人于较有利之途，增其体力与生产力，而余剩价值亦由之可以增大。当是时，日本之移民必愈少，各会社之利益必愈多，而阶级斗争自此始入于正常之轨。若今日者，尚未进步至此也。惟尚未进步，故朝鲜已甚困，而日本之资本家所得尚甚少。亦惟未进步，故其掠夺余剩价值之证迹，尤为显著。

顾为朝鲜计，今日如此之资本家压制，已不可不反对。则异日更进步之组织的掠夺，尤不可不反对。如使日本一日不放弃其政治上、经济上之优越，则朝鲜一日不能不为日本少数资本家所牺牲。朝鲜独立，于此固有打破亚东资本阶级统治之意味，同时为世界社会革命之一部。朝鲜独立，亦至少含有此种意味，始能成就也。

日本自为辩解之词曰："攻击日本之专为日本人利益开拓朝鲜，不顾对朝鲜人责务之辈，不外表示其为缺现代殖民政策知识之一种不平者。彼等若研究欧美诸国之殖民政策向来施行如何，则不难知日本对朝鲜殖民政策，有较之甚优之处"（桑原册次郎在十月《中外新论》著论）。此言以之对抗欧美人，决非无理。日本之殖民政策，较之一世纪以前英、法、西、葡、荷等所施者，孰优孰劣，吾亦信其为一问题。然即较英、法、西、葡、荷等国昔日之殖民为优，初无以自解其在东亚为劣，而亦不能以人之曾劣，遂可禁人不言。即如人类生息以来，已百数十万年。吾人仅有四千余年之历史，又何能保吾之先祖非食人种族？然吾人决不以此是认食人之习惯。即在今日，亚洲民族有与朝鲜等其苦痛者，吾亦认之。然而此可以谓之日本与欧人同其罪，未可主张其特邀宽典也。然在日本自计，此等论议，初不期人谓为叶理。但使英美自悟其曾为两印度人之日本，则对于此现为朝鲜之英美者，常有有瑕不可戮人之心事。即日本之外交无所惧，而朝鲜人巴黎和会之请愿自归无效。日本之政策既在此，则于巴黎和会中之所持以抗英美者，亦可由此而决定之。人种差别废止之提案，世以为日本持以胁英美，使容其东方优越权主张，实为豫定之交换退让条件。其实所谓交换退让者，仍是名义上之事。论其实际，所谓交换者，固非仅移民美、澳之制限而已，又有亚洲、非洲殖民地、欧洲新割地之问题，在于其中。两国相互了然于其所持武器之力量，遂不显出而终矣。

然则此为英美之失败乎？非也。英美人之热心于朝鲜问题者，不过在东亚之少数人。其他之谈朝鲜问题者，自始以为一种手段而已。大战将近结末之际，日德已有交通，甚者至言其有密约。密约既无所征，姑置不论。其在媾和席上，日本若不能独占南洋群岛，若受联盟束缚，即可引德为重，以抗英美，此则无复容疑者也。日本非为德国计也，将以德之利益为牺牲，而易取其在南洋群岛较多之权利。而英美亦即逆用此术，先以山东问题、朝鲜问题挟持日人，使自就调和不为阻碍。此五强会议中，日本发言之事，所以限于东亚；而结局一切决定，所以卒由三强定之，不由五强定之也。故朝鲜问题，亦与日本主人种差别废止问题相同，亦为豫定之牺牲。即中国问题，又何独不然。英美有此朝鲜问题，已可使日本所要求消减于无形，此英美之大成功也。

然而为朝鲜请愿代表者何如？彼其挟持千七百余万人代表之名义，往巴黎一为请愿，以待日人之见其拒绝，而拊掌快心也，果谁为为之乎？朝鲜之请愿，果以今兹见拒之故，而成为全无效果者乎？如在彼朝鲜之独立政府中，热心希望于友邦之赞助者，必以失望而视此行为毫无结果无疑。即如去年王、顾在和议发言之际，中国之最大多数人，何尝不信青岛可由对德宣战参与和会而得；及其闻英法以中国对德宣战之故，许日本占领青岛，其失望后悔之情何如？以己度人，可知朝鲜代表之伤心矣。然若平心论之，则此次之请愿决不能谓之失败。

顾此请愿，非徒请愿也。有十余年之死丧流离，以为之前导。有三月之役千余人之血，以为之背景。虽不战斗，效且与战斗等。以如此之请愿，英美始得挟以制日本于和会中，使不能有所发舒。然则此一请愿，于朝鲜所求者，虽无丝粟之益；于日本所望者，已有邱山之损。此固朝鲜人所不能以武力得之者也。夫传有之："时日盍丧，予及女偕亡。"夫今日之朝鲜，则立于无可复亡之境者也。请愿而不得，则朝鲜所失者，一希望而已。除希望以外，朝鲜人民更无可失者矣。而使朝鲜请愿不接受之一事实，竟成为日本四年苦心作成之和会位置之代价之一部，是则朝鲜以其所希望者，易日本所已握有者，视"及汝偕亡"为尤胜也。夫今日朝鲜人之心理，但求其为日本之害，不必其为朝鲜之益也。且视日本之害，犹朝鲜之益也。今日朝鲜之人凡为国民所当有者，悉献之日本宪兵长剑绹绳之下。

所有者惟有希望,而其希望则待日本人之害而实现。然则请愿之失败,请愿之成功也。朝鲜人可以无馁。计朝鲜之力,如欲独当日本,则不能敌,甚明。欲倚外国,则英美既已若是矣。将忍之耶,则日本人今日之所事于高丽者,犹之合众国及南美诸国未独立前,英、西所以待美洲土人者也,其灭亡可待也。夫此无可奈何之况,为日本人所认。故日人敢于鱼肉朝鲜。岛田三郎之言曰;"朝鲜人自称有四千年之历史,……不论何代,皆纯然之专制政治也。朝鲜人常于专制治下保屈从之生活。……半岛之民,内苦于苛敛诛求,外胁于大陆之强国,皆不免于苦患。有时为蒙古向导而与日本争,有时为日本所侵而为中日战场,朝鲜遂不能保持纯然独立之体面。挟于中日之间,为防一方强压,而至不得已为他方附庸国。事实朝鲜者,以为国则无为纯然独立国之自信;以为民,则不能养毅然之独立气象。"此以为朝鲜向来无反抗强权之历史与能力也。又曰:"计画此事变(三月一日之事)者,当亦非真知世界形势、察大局、有确信而企之者。乃不满绝望之极,自暴自弃,乘机为此无谋之举耳。……朝鲜人自从暗杀寺内之大疑狱以来,一切武器,均被收没,更无可以为暴举者。又缺组织的抵抗力,所谓暴动者,不过男女老幼狂跃之示威运动耳。为日本官者,拱手待之,自无如此之惨事。乃徒周章狼狈,诱起【激】烈之冲突,冀直压伏之而用武力,感情所激,使朝鲜人出于投石抵抗之举。我又以平生视同无物之朝鲜人骤为此抵抗,而发铳击之。……如是一朝之失策,至通半岛出千五百乃至二千之死伤者,烧失数多家屋。"此日本人眼中朝鲜独立运动之效力也。其卒曰:"暴力不可以得幸福,是吾等告朝鲜人民之警告也。"则明示于朝鲜独立运动绝无畏缩让步者也(十一月《大观》杂志所载,岛田者,前国会议长,宪政党一首领也)。又桑原册次郎论在美朝鲜人曰:"彼等依美国移民法欲归故国娶妇,殆不可能。是故彼等现有之妻女,皆白种妇人也。……在美国热心独立运动之朝鲜人,其后继者必杂种儿也。不然,则将失其血嗣。彼既不能得纯血之朝鲜人为后继者矣,则不出二三十年,彼等独立党有殆不能不一切死灭之命运。……其独立运动,亦不得无废灭。”盖以为独立思想所以流传,只倚此国外少数人之手。此少数人若死,则日本人可以安枕而卧也。大抵非亡国人民,决不能知亡国人民政治运动之真相。而日本之号称研究中国、研究朝鲜者,皆以武断为出发点。近年来日本人漫游中国,归而著书者多矣。其未能著书,而发为言论宣之报纸者尤多。然大抵到中国不过会晤数人,转徙数旅馆,多者两月,少一礼拜耳。此其人皆先有断案,而后至中国、朝鲜觅证据以实之。其武断,非武断于观察之后,乃武断于未观察之先。其于朝鲜之独立运动,无从了解,固无足怪。

顾在朝鲜人视此无可如何之状况,将何所感乎?朝鲜人于日本之统治,果无幸免之期,而此独立运动,果如岛田所言,为不满绝望之结果乎?日本遂可以拱手对付此朝鲜独立运动乎?决不然也。朝鲜于历史上不示其反抗侵略之能力,固也。而同时朝鲜历史上亦无有如今兹之资本的略夺之行,亦无有如今兹世界的阶级斗争之剧烈。今兹惟日本以其资本的略夺,施之朝鲜,而后朝鲜人之反抗力,有其根源,朝鲜人之结合力,亦从此而大矣。往昔之朝鲜,无论其为独立国、为附庸、为郡县,尝有以中国之民,往夺其业而以为已业,用其势力,而使其衣食不给者乎?固无有也。惟然,故朝鲜之人,初无反抗之必要也。今之日本,既使朝鲜人不得安其业,不特置之于政治的隶属之地位,且强迫置之于经济的隶属地位,使其有同受侵略之感觉,自能使其生同为反抗之意志。日人以为当并合之时,尚不见有丝毫之反抗,十年以外,岂复有此反抗之可能。及今兹之事变,世界人人以为意中事者,日人乃以为出之意外。实则政治的侵略,感其痛苦者,尚是少数向来与闻国政之人。必待经济的侵略,而后人民一般有深刻之感动。然则日本统治之日愈长,朝鲜人反抗之心必愈盛,团结之力必愈强。

在日本人固曰,朝鲜人初无可以暴动之武器,又无组织的能力,示威运动可以拱手待之。然而事实固在。今次之独方宣言,已令日本在和会发言,有所顾虑。将来朝鲜人独不能继续行如此之示威运动，为如此无武力之宣言乎？日本人不用铳弹毙之，而投之于监狱，毙之以绞绳，任其意可也。朝鲜人固当知其不可而为之。虽然，经一度之压服，则朝鲜人反对之心愈强，而世界上日本之敌人，利用之以为日本不利之机会愈多。夫日本对待朝鲜之能事，尽于压服。而朝鲜之起革命，即望其压服，望其失败。以其失败，以其死亡，为日本之不利。如是者，无组织将终于有组织，而无武器转胜于有武器也。夫日本固不能得侵略主义之国家为友者也。日本之所已占有者，与所将占有者，皆为此余各国所共欲故也。而非侵略主义之国，固已不愿日本为之友，抑且每有朝鲜问题起，则攻击集而外交又随之有所丧矣。朝鲜之独立运动，独患其无嗣响耳。不然者，日本固不能使之失败也。朝鲜独立，以被压服为成功者也。

日本人之见事，通常太迟。俄国革命已在目前，而负责任之外务大臣，尚力证俄国地位之巩固。中国张勋复辟之际，公使馆某电东京曰："支那复辟，帝国万岁。"夫其旁观尚不能清，则当局之迷，亦何足怪。今日朝鲜独立之原动力，已由日本之资本家，逐日以压榨形成之。而日本所恃以为经济的侵略之武力，固由无产阶级组织而成，其旦晚了解自身位置，与行为结果，而不复受人利用，可坐而待也。而日本尚欲以此终古，其愚又安可及也。

夫朝鲜人固无暴动之武器，而朝鲜人之革命，既由今日之日本资本家，赋与以经济的革命之性质，则亦无须乎暴动之武器。朝鲜人之不具反抗之武器，犹之俄国之犹太人、波兰人，犹之英国治下之印度人。日本所谓通晓俄事者，于俄国革命已起之日，尚不信波斯、犹太人有解放之日者也。而今则何如？凡此种不持武器之民族的运动，固豫期其不得胜利，不惟不得胜利，又有无数惨剧随之。然而此失败与惨剧，即所以使朝鲜人永远不忘朝鲜，所以使他国人认识朝鲜人之团结之能力，与不挠之意志，认识日本人无制驭朝鲜、同化朝鲜之能力，认识日本之统治朝鲜、拥有朝鲜，反为日本之一弱点，而时时利用之。夫日本已为朝鲜再为倾国之战矣，其死者、伤者数十万，负十数万万之债。而全国人呻吟于此重税之下，以求偿其本息,今廿余年而未能清也。所以自慰者,不过曰,领有朝鲜。而领有朝鲜之后,方复劳国民守之。守之不已,又分担其因朝鲜而起之不利。则将来之日本一般国民,不得与其经济的略夺之利益者,必皆废然思反。然则失败与惨剧,不为朝鲜之不利,而为日本资本阶级政府之不利,明也。于此二十世纪,一民族中之少数人,尚欲倚其与之反对之劳农所组成之武力为后援,以拥护其握有他民族奴隶使之之特权,真犹燕巢幕上,决无长久理矣。

朝鲜人不患其无抵抗之武力,而患其无抵抗之意志。不患其无联结之许可,而患其不感联结之必要。夫其意志感觉,既不能以言论宣传得之,则惟有以血得之。吾以为巴黎请愿之成功,非向红髯绿眼人七日夜哭之为有力也,乃恃有此千万人之敢于牺牲生命也。朝鲜之将来所能为者,皆此等儿戏的示威,可怜之呼吁,无谋之反抗耳。朝鲜独立前途尚辽远,然而惟有遵此无谋可怜儿戏,可以达之。惟有恃此因无谋可怜儿戏而发生之惨痛历史,以培养之。抵抗之意志,必要联结之感觉,非可以成功奖励之,而只可以失败激起之者也。朝鲜独立,多一次之失败,则近于成功一步。日本人梦想,以为在美朝鲜人老死无后,而朝鲜革命之种绝,日本可以长治久安。但今试想象日本人能逐次使美国引渡此诸人于日本,一一快心诛戮之。只见朝鲜之革命党骤增,决不见其减少,可断言也。

朝鲜之革命,世界革命之一部也。今日朝鲜人尚揭民族自决之名义以呼号,然吾知其使有此革命者,固经济上之理由也。且晚朝鲜农人尽丧失其土地,则往昔之自作农,皆变而为受雇之工人,得奴隶之生活,则此感觉必日激烈。夫以有四千年历史之民族之全部,置之于奴隶的位置而欲得安,固无其理也。以今日世界之资本劳动对抗,而尚容此奴隶的工作,介在其间,不蒙影响,亦无其理也。世界革命,既在进行之途中,日本将何由避之?日本自身尚不保,何以保高丽。

如使朝鲜之状态,永远消沉,则朝鲜之不幸,亦日本人民之不幸也。世界革命是一事,朝鲜独立又是一事。即无朝鲜独立运动,世界革命犹当进行。而朝鲜独立运动之缺乏,同时为日本人民觉悟机会之减少。将来日本与朝鲜将俱为此世界革命之牺牲,受更多之痛苦艰危,虽欲避之,无由避矣。

朝鲜之有日本,犹印度之有英国。英国之待印度,尚容其自设名义上之代表院,约定逐渐还其本有之权。日本则并此无有。然日本人犹时时议印度之革命。观其议论,若忘其为何国人所言。未尝不可击节叹赏。吾今姑介绍鹿子木员信之一文(《东方时论》八年十二月号)。

鹿子木之言曰:

> 在印度之英国权力,有如不倒翁。苟大英帝国而存者,无论如何推倒之,必以其广大无边之武力富力,粉碎革命的权力,依然确立此旧英国权力,毫无所难。在印度言革命,非革命也。国民的战争也。非一国内新旧二势力之冲突与交替,而印度国民与英帝国民之战争也。而印度国民于种种方面,绝对缺少此国际的战争之准备,则愈言之愈觉无聊。如此,就新旧之二势力言,就印度之革命主义者,与在印度之英国权力之关系言,印度之革命为无谋矣。不止无谋,又无意味也。
>
> 虽然,一切希望之中,含有失望,固也。而一切之失望,又各于其暗云之中,含有希望之曙光。夫印度之革命,若单就英印二国之关系见之,则无论如何,无意味也。但世界上成为国者,不止英与印,此二国以外,自有若干之权力中心对立存在。夫一国中可有革命,世界内何独不然。吾人以与一国之革命对比而言,则可称之为世界革命。世界革命者,对于私有过大之领土富源权力之旧大国,与横暴擅越之新国勃兴冲突与战争也。彼新条顿尼(德)对旧不列丹尼(英)之世界革命战,以其新者太为旧者习惯感情所拘,而徒梦想大英帝国霸权之空位,有意取而代之。又以彼等之自觉其战争所藏意义过薄,而终于失败。然条顿尼之世界革命战虽败,世界革命战,不自此终也,只见其日日发展而已。吾人当以深甚感兴之注意,注视于此雄浑无比之

世界革命之经过(此所谓世界革命,与吾人所用异义,当注意)。如是,印度革命必待与此世界革命相结合。而此革命即为在印英国权力后援之大英帝国霸权胁威者,夫然后有微渺之曙光可见。即世界革命者,印度革命实现之外的条件也。……

印度革命,待世界的革命而始可能。世界革命,实印度革命之外的条件也。然而此固外的条件也。将使世界革命,得为印度革命之外的条件,必先具备其内的条件。印度革命之内的条件者何耶?印度固无有遂行革命所必要之资金,亦无武器与弹药,乃并不识用一切武器。顾余不以此为印度革命之内的条件。印度革命之内的条件,真内的条件也,内的精神的条件也。……至少勇敢诚实之德,为革命遂行所不可缺者,不待言。如欲以怯懦不信之精神,变为勇敢诚实之精神,先须有魂之内的革命,乃可能也。印度当面之革命,非炸弹短刀暴动之革命也,深藏于精魂之中之性格精神之革命也。……世界革命,于其根本性质上,以人类之中所生最新之思想感情信仰,为其精神,撤废人种差别,打破阶级精神,黜去宗教僻见者,其所最致力也。……印度革命,若欲真有意义,则不可不自其内的革命始。……若其不可能,则彼等之革命希望为虚。革命之希望为虚,则彼等惟有与英国共其破灭之命运。不然,则必于英国统治之下,渐次堕落衰亡以往,彻底沉沦于国民的奴隶之渊。无论如何,彼等之前途待之者,殆皆悲惨之末路矣。印度革命者,于一切革命之中,最深又最难之精神革命也。印度之民果能招其祖考之勇敢诚实高贵之魂,而复之以成就此有光荣之使命否乎?真一大问题也。不特印度之问题,又世界之问题也。鹿子木之为其同盟国之反叛者谋,可谓忠矣,然而真理也。

顾吾惜其言之不以朝鲜代印度,日本代英国。夫朝鲜之无战争准备,犹印度之无准备也。朝鲜独立之无谋无意味,犹印度革命之无谋无意味也。然而世有为印度设之世界革命,独无有为朝鲜设之东亚革命乎?朝鲜人之精神革命,今正在其进程之中。日本之经济上侵略，已使全朝鲜人民化为不识政权之无产阶级者，正所以隐括朝鲜人民，使具有革命之精神耳。夫革命精神之故乡，在于面包缺乏之所。冬暖号寒，年丰啼饥，即朝鲜人革命授课之钟声也。朝鲜独立之内的条件，既以日本财阀之力成就之矣。其外的条件，将于何时以何如人力之成就之乎，非吾所敢知也。其必有此朝鲜复活之一日，则易知也。日本其奈此同文同种之朝鲜何哉！

原载于1919年11月《建设》第1卷第4号与1920年3月第2卷第2号，署名民意。▲

伯达铁路之过去及将来

第一节 导论

伯达铁路者，自土耳其之君士但丁堡对岸之一点起，以迄于的格里河岸之伯达 Bagdad[①]，又延长以及于同河下游近海之巴士拉 Basra，暨其他枝线之总称也。此铁路自身既已横于最富历史之小亚细亚之上，而又益之以自伯林至君士但丁堡（巴山丁）之铁路，与相连续，因之生所谓德国之三 B 政策者。而此次欧战虽不以此铁路为构成之直接原因，而其日前驱使英、德、俄、法、奥各国感情日恶之效果，与其不绝对于英国制伏波斯保存印度独占利益之计划，加以威吓，皆使战争为不可免。英国帝国主义之实现，与俄国南下，德奥东渐之三政策，于此一铁路生不可避之冲突。故此铁路实为使英、俄、德、奥终不得不战之事实，而其祸胎则土耳其人自召之也。

自土耳其占领君士但丁堡以后，欧洲人与东方交通之路骤绝，于是始有多数人民热心求达印度之航路，因之引起新大陆之发现，驯至为世界的大变动。此数百年间，小亚细亚之情况，殆与文明国人隔绝，不相关涉。虽然，当君士但丁堡未陷落以前，小亚细亚固为历史上最重要之地，世界一切文明之所自出。凡所谓巴比伦、西里

① 伯达，今译巴格达。

亚、亚西里亚、埃及等古代文明国，昔发祥此地。降而为波斯、阿拉伯等。一方其支流遍于全世界，即吾中国民族，人亦认为自小亚细亚来者也。古代亚历山大之东征，其所经由之路线，即为此伯达铁路计划师导。此铁路所经地区，大半为亚历山大所曾经者。而中国古代与欧亚交通，常以波斯为中介，其所经之路，当亦即与此铁路同符，否亦必为平行相近之线也。总之，自君士但丁堡以至波斯，为欧亚交通之孔道，而塞于四百六十余年以前，欧亚之交通，始由陆而移于海。其在当日，交通海迟而陆速，海难而陆易，不得已而求通路于海者，土耳其人使之然也。此四百余年之间，海上交通日益加速且易，而在土耳其丸泥所塞关门之内，往日通衢，今乃几为世人念虑所不及。盖自小亚细亚入土耳其人之手，而其进步完全停滞。六百年前最繁盛之区，今不复留其影。是则土耳其对于世界之一大过误，为人类之一大损失。而吾中国所以数百年间不能与欧洲共进步，亦有由土耳其闭塞此关门致使然者。使印度及中国与欧洲交通不绝，文明可以互换，则东方之衰落或可免，而世界为公道而战之力，亦可大为节省。盖凡罪无大于以独占阻碍世界进步者。土耳其所占之地尤要，故其影响弥多，而其自身受祸亦弥惨也。

自此一点而言，则伯达铁路可谓为世界通路之再开，可谓之今后小亚细亚文明反老还童之机会，可谓之土耳其之补过，不特无害而有大益者矣。

然而凡公之而以为世界之大利者，一加以独占之性质，遂成为世界之大害。德、奥两国以其生齿之繁，四境之蹙，强邻四逼，惟有巴尔干半岛在土耳其及其它小国势力之下，有日耳曼人发展之余地，故“向东走”一语，为德、奥人共同标揭之训条，实其经济状况迫使之然也。同时俄国又以其一亿有余之人口，需得一通公海不结冰之港，以为其输出人之咽管。故其始则求得制达达尼海峡，继欲出于波斯湾，又欲伸之于黄海。及失败于日俄之战，遂又反求之于君士但丁堡与波斯湾。要之，南进之计划，为寒地人民所必有；通公海之港，又为大陆国所必须。俄国之南出小亚细亚，兼窥波斯者，又必不可免之数也。英之帝国主义托根于印度，于英国而除去印度，则等于去势。故英国为保护印度计，无微不至。在印度之东北，则为中国西藏诸地，正北则为阿富汗斯坦等，西北则为波斯。英国既得握有缅甸，而圈西藏入其势力范围，东北可以无忧矣。而帕米尔高原以西，则英国势不能不为印度设为门户。而此种门户固又引起他国竞争，在波斯湾附近则为尤要。何则？英国之帝国主义，以其所谓三C政策者表现之。三C者，一加里吉打Calcutta①，二开罗Cairo三吉当Cape Town（即好望角）也。英国既决以直贯非洲之铁路联结吉当与开罗，又拟引长之而保开罗与加里吉打之联络，此联络当然跨有苏彝士运河、阿拉伯及幼发拉底斯河流域，以及波斯湾。故英国兰斯当公然演说（一九〇三年时为外交总长）谓："波斯湾当视为印度国境之一部，无论何国，有欲在波斯湾设海军根据地及要港者，即为无视英国之重大利益，英国不得不断然反对之。"不特此也，土耳其对于近波斯湾之幼发拉底斯、的格里斯两河下游诸地，久失其支配能力。印度总督乘之以与其土酋结约，而为之保护。凡此诸地区，皆为英国遂行其帝国主义所不可缺者。故三C政策与三B政策为性质上不能不冲突者。俄国之南下，又为此两政策所惧与不相容者。论其引起世界纷扰之罪，三种政策，当均尸之。而伯达铁路问题为最后起，又其经营此路，实有绝大之陆海军力在其后，所以尤易引起人之注目，而为众谤所归。重开世界通路之功，遂不能敌其独占世界通路之怨，故知专欲为难成也。

伯达铁路既有如是之性质，故自土耳其视之，所谓含珠怀璧，无益有损。而自德人言之，亦不无罪均而祸独之感。但当知凡独占地球上之利益者，皆有其必至之殃。而独占之后，又不能尽其力，使稍有以为人类益者，其殃弥重。即以伯达铁路为鉴，足以深儆中国主张囚锢天然利源一辈，及欲以其智力巧诈占取中国利源而独享之之人矣。况此问题之经过，与其将来之趋势，均与东亚有大关系，而为

① 加里吉打，今译加尔各答。

中国人民所不留意者，则详述而论评之，非无益也已。

第二节　开战前之伯达铁路问题

战前伯达铁路之历史，略可分为三期。即：

第一期　自安那多利鉃路公司之组织，至伯达铁路契约之公布；

第二期　自契约公布至俄德间妥协之成立；

第三期　自俄德妥协成立至开战；

是也。第一期主由英、俄冲突之结果，而使伯达铁路增加政治的意味。第二期由英、法协商已成而合力以防制德国，使伯达铁路进行中止。第三期主由英、俄各有亲德之计划，而德国亦允让，故铁路之建筑得迅速进行。各时期皆有特色，犁然不相混杂。

第一期起于一八八八年，是安那多利 Anatolia 铁路公司，得土耳其政府许可，建筑自喜打巴沙 Haidar Pasha（君士但丁堡对岸）以迄安哥拉 Angora（土耳其前首府）之铁路。此路共长五百七十六基罗米突，由土耳其政府担保其每年每基罗米突获利一万五千法郎。此铁路公司之资本，初有属英人所出者，而其后亦为德国银团所买收，于是全为德国公司矣。其路以一八八九年始建，至一八九三年而完成。次又由此路之一点依士基雪 Eskisehir 引一枝线至康尼亚 Konia，其担保为每年每基罗米突一万三千八百余法郎，以一八九三年结约，而以一八九六年竣工。是时土政府又许此公司，将安哥拉线延长，经开沙里 Caesarea 至地亚碧 Dearbekr 及伯达。而未几德皇自访土耳其之苏丹，乃改择自康尼亚，横绝太劳斯 Taurus 山脉，经有名之西力先隘口 Cilician Gate 再过阿马奴斯 Amanus 山脉，东至摩色而 Mosul，又折而南，以达伯达。此线几经踏查之后，遂于一八九九年订立草约，至一九〇二年更正式订约公布。而安那多利公司以资本未充故,另组织一伯达铁路公司,而悉以所有权利付之。据约,伯达铁路公司不仅有权筑至伯达,且可展筑至伯达下游五百余基罗米突之巴士拉 Basra 地方。此外另有重要之枝路三条:一条与通波斯之铁路相接,直达达希兰 Teheran[①](波斯京城);一条至打马斯加斯、麦地拿、麦加等地;一条通波斯湾海边之一点。此铁路全长三千基罗米突,另有八百基罗米突枝线。故其铁路虽仅以伯达为名,而实为自君士但丁堡对海,直达波斯湾。又与波斯之铁路相联之,将来可由中亚细亚铁路系统与东亚铁路相联接,其重要已可见矣。

当时德国之经营此铁路,本拟采迤北一线,即自安哥拉延长者。此线于经济上减少穿两重峻岭之困难工事,固当采用。即以政治论,以北边一线归德人手中,而留南方一线,起自地中海岸之亚历山大湾,经亚利宝 Aleppo,沿幼发拉底斯河,以达伯达者,以待英国,则争端可息。而伯达铁路将有大益而无小害。然而卒至变更者,则英俄两国,各不能辞其责也。

英国在德国未着手以前,久有经营横贯幼发拉底斯流域铁路之计划,一八七二年已在国会委员会中审查此计划矣。以是时苏彝士运河权为法人所握,好望角之航路已不能继续,乃思自地中海设一铁路达波斯湾,以为英国商业之通路。计划既已略定矣,而苏彝士运河忽离法而入英国之手,铁路之迫切需要既已消灭,则其计划亦束之高阁。以为既有支配此苏彝士运河欧亚捷径之全权,已为安堵无虞矣。所以德国经营小亚细亚铁路之际,英国仅能主张的格里斯、幼发拉底斯两河之优越权,而于铁路自身,英国本无所谓既得权也。

在他一方面,俄国以其欲得海口于波斯湾之故,先须于小亚细亚之东部北部,立一根据。故德国公司所计划延长安哥拉之线,即侵入此种地带。更恐有事之时,土国利用铁路以运输军队,威胁及于俄人,俄之在亚美尼势力范围将见摇动,故竭力反对此案。使不

---

① 达希兰,今译德黑兰。

经由地亚碧，而采延长康尼拉之迤南一线。明知此线在德权力更增，必招英之反对，顾斯时俄人憎英过于憎德，而又思驱德敌英，己能坐收其利，故力破坏其北线也。

在当时英人亦非无引入德人以敌俄国之意，一八九五年六月，英之沙土布雷首相向德帝谋瓜分土耳其。次年又向俄国协商，拟允俄占君士但丁堡，而使俄承认英国在埃及之主张。此即以君士但丁堡为饵，而斗俄、德之策也。而此两提议俱不见容，德国遭俄反对，不与之争，反徇俄之意，改其铁路，侵入幼发拉底斯流域，此固英国豫计之所不及者也。即草约未定时，英国人视之，犹以为不过一普通铁路，不逾伯达而南下，则一日不达波斯湾，终不能摇动英国之地位。何则？以铁路载货至伯达，易船运至波斯湾，又换大船出海，换装两次之烦难，及水程之不利，可使印度贸易不经此路，英国独占之权自在，政治上、经济上皆无忧也。及夫草约发表，始知所谓伯达铁路者，不特延长至于巴士拉，且有一路线直至波斯湾海边，则英国地位之危险立见，而举国反对之。然而晚矣。

以英俄互角之结果，各思以德国为制御他人之具。而结局使本为以经济理由而建筑之伯达铁路，今变为政治的意味。彼土耳其自身之思料，又以为德人可信，英人可疑，于是益使德国之计划易于遂行。盖是时，英国已以沿海酋长置之英国势力之下，而迫土认其自治权。所以土人心目中，以为英国地中海波斯湾间铁路若成，不啻尽划自西里亚以至米梭波打迷①之区域，离土耳其之手中，因之不愿其实现。益以英国沙士布雷两次对德、俄提议处置土耳其，更害土人之感情，而德帝因之自诩为三万万回回教徒之良友矣。故伯达铁路之有此结果，由于土耳其对英感情之恶，与主权丧失之实例，逼迫而成。至一九〇二年正约发表，而英国始悟，乃着手于其沮止之运动。

自正约公布伯达铁路公司成立以后，入于此问题之第二期，而

---

① 米梭波打迷，今译美索不达米亚。

其显然使工事进步迟延者,则归于伯达公司建筑所需之资金问题,与土政府担保财源之加税问题。

自康尼亚至巴士拉之干线,分为十二段,每段约二百基罗米突。当时伯达铁路公司资本,定额为一千五百万法郎,而只交半股,所有建造资金,皆取之债券。其初德国豫计全路须用三万五千万法郎,决非德国财力之所能独支,故声言以为国际的事业,请求英、法资本家共成其事。然德国本已以此公司为不容外人操纵者,依其所规定,德国常能占董事局中多数,然则英、法之资本虽参加,而实权自在德人之手。所以英、法两国皆不满意,而两国之下院,直以此攻击政府。其时英相巴科已有应德国请加入该企业之意,而议会反对,迫使不敢有所为。法国下院更提议禁止以伯达铁路债券在法兰西交易所定价。当初德国提议,英、法、德各出十分之三,其余十分之一则求之他国。及英国不就,又与法国议各出十分之四,而留十分之二以待他国。意盖期之俄国也,然其计划亦不见容。其后久之,法国人民始自由投资占有资本十分之三,其时德人占十分之四,其余则瑞士、奥大利资本家及银行共出之。盖伯达铁路之顿挫,直接受英、法反对者在于资金调达一点,明也。

而此铁路之建筑,更有其他资金上之困难存在。盖当时约中所定,每段二百基罗米突,限发行五千四百万法郎债券,而每次只能发行一段之债。所以第一段虽能如期竣功,而第二段即生困难。盖第二、第三两段,为穿过太劳斯山脉之工事,第二段需费七千五百万法郎,第三段需费四千万法郎。故以第二段论,实不敷二千一百万法郎之巨额。即加以第一段盈余之额,所欠尚多。而债券发行,又不能得等于额面之数。所以无从着手建筑,乃要求土政府更改分段计划。除已成二百基罗米突一段以外,从距康尼亚二百基罗米突之布尔孤利 Bulgurlu 起,至距摩色而不远之依而希里夫 Al-Hillah 全长约八百四十基罗米突为一段;又自依而希里夫至伯达约六百基罗米突为一段;如是则可以一时卖出多额之债券,以应所需。土政府卒至一九〇八年六月,始允伯达铁路公司之请。而工事仍未进行,则以土政府担保之财源,求诸国债监理(外国投资者所要求监督土耳其财政、保护债权者利益而设之制度)。之拨支者未至也。至一九一一年始以此八百四十基罗米突一段,与六百基罗米突一段,同时建筑。而是的俄德妥协已成,入于第三期矣。

在土耳其一方面,既担保此每年每基罗米突一万余法郎之获利,则不可不有豫备之财源。土耳其乃求之于关税与国债监理二方面。其在国债监理所管收入,已由德国之尽力,得割取其一部,然而不敷尚多。铁路所经地方虽本丰饶,而自归土耳其管理以来,已成荒废。改良发达,要有其时。而在铁路经营之初年,必然亏折。所以土耳其政府之担保债额,实属非常之重。主要之财源,仍须求之于关税。于是土耳其以一九〇五年提出将值百抽八之关税,改为值百抽十一。英国力为反对,俄国亦助英国。至一九〇七年始允土政府之议,而仍加以制限,令只得用于改良马其顿地方之目的。土耳其政府始终不能得关税一钱以助其担保财源也。所以第二回之债券,仍以国际监理所生收入移为豫备金。

是时英俄两国合力以助长马其顿之独立自治,且有再谋分割土耳其之风传,而又有此干涉财政之举,更加以一九〇一年英国强迫土耳其使认古惠 Kuwait 等地实际之独立,令士耳其有不可终日之势。此种外患益使土耳其人民急于改革,遂有土耳其革命之一事实。土耳其革命为少年土耳其党所主持,而德人说以改良军队,布设铁路之必要,适与少年土耳其党之主旨相符。故革命之后,德国在土耳其之位置,尤为有利,而伯达铁路之诸难问,自此渐解。此即第二三段铁路债券所由得发行也。

当此前后约十年之间,英国联俄、法以制德国,其手段一见于妨害铁路公司之募集资金,一见于妨害土耳其之增加关税,其效果皆极显著。在英、俄各为其立国之根本政策,事有不得不然者。至于法国,则实为事势所驱而已。法国在地中海沿岸西里亚一带,久已握有铁路建设之权,其投资之额在二万万法郎以上,故对于伯达铁路落入德人手中,自生不满。然为法国根本利益计,决不必出全力以争之。其激于一时意气之行为，终不能为适当不可免之事。故第二期之尽力反对德人者，仍是英、俄两国。

自土耳其革命后，德国在土外交地位已极稳固，而摩洛哥问题，则为英国所屈，乃交欢于俄。一九一〇年德帝与俄帝会见于扑兹担Potsdam 地方，即以和解之目的来者也。其结果为一九一一年之协定，俄认德之伯达铁路计划，德则认俄在波斯北部设铁路，并与伯达铁路相联络。于是伯达铁路问题急转而入于第三期。在英、俄协定，已认北波斯为俄势力范围。即俄、德有此协约，对英本亦不为无信。但此计划实现之际，俄国交通既便，侵入波斯及阿富汗斯坦，比英国容易数倍，而英国在小亚细亚、波斯湾方面乃成为孤立矣。

不特此也，法国之反对德国，本为欲得小亚细亚及西利亚之利权而来，所以德国不肯退让之际，尽可以使土耳其更奉纳其他利权补之。当时土耳其欲将关税再加至值百抽十五，以为担保财源。法国即要求若干条之铁路，以为交换，而成一九一三年之协定。更于次年，法、德再为协定，法国承认德国之铁路政策，且让出其伯达铁路之资本以与德国；德亦承认法国自西利亚东行达幼发拉底斯河城之一铁路，暨其他铁路之敷设权。于是俄、法之沮害均止，而伯达铁路之进行日迅。

当是时，英已处于孤立地位，而一面土耳其允英之要求，确认其在波斯湾沿岸之势力，且放弃沿海地方之主权，或统治实权；又以米梭波打迷灌溉工事，委之英人之手。一方伯达以上之线路，德人虽并力此工；而伯达以下至于波斯湾一节，始终不动，亦为德人豫期和解之一证。于是英国以完全保有波斯湾之势力为条件，而与德国妥协，以成所谓伯达协定。

作伯达协定，以一九一四年六月十五日成立，其去英、德宣战，不过四十余日而已。故其现实之效力，殊不足言，然其所包含条项，皆为历年争论之归宿。故举其要项六事于左方，以结束战前之争议。

此协定第一规定选任两英人为伯达铁路董事，以监视关税之配分平等。而英国放弃参加伯达、巴士拉间铁路投资之要求。此为英国对于德国之让步者。其初本有以伯达、巴士拉间归国际共同经营之说，德国不允也。

次规定以巴士拉为伯达铁路终点，而以萨依阿拉布 Shat-el-Arab（幼发拉底斯及的格里斯两河合流）河口之浚渫，与巴士拉以南之自由航行为之条件。此为德国对英之让步，即不复主张延至波斯湾边之枝线之权利也。

又次规定巴士拉、古惠间之铁路，当以为国际铁路经英国之承认而布设之。此与前项均为德国之让步。盖古惠实为德国所豫先选定之铁路枝线终点，而此地为英国所必争者，故仅以浚渫河口、航行自由及铁路国际经营为条件，而放弃此最必要之海口终点。

第四规定巴士拉筑港资本之分担，为英四、德六。

第五规定的格里斯河航行资本分担，为英占二分一，德、土各四分一。

第六规定美梭波打迷油业资本分担，为英占二分一，德、荷各四分一。

当此协定进行之际，土国增税财源，既有把握；各国反对，逐渐缓和；而铁路工作，遂得兼程而进。当一九一四年开战之际，布尔孤里至亚丹拿 Adana 之间，最难之凿通太劳斯山工事，仅余四十二基罗米突未通；而自伯达以北至沙马拉 Samarra 之一百二十基罗米突，亦已竣工。盖第一段告竣至第二段起工之间，相距七年，皆为英、俄、法之阻挠而坐耗时日。及其开始妥协以后，工事始得锐进也。顾此种妥协，在一部分往往深惜其适订立于最不幸之时，无由缓和列强感情，使战争可避。然以上所推论观之，可知英国之让步，出于不得已。而一面于近东不反抗俄之君士但丁堡侵略政策，使俄、德始终为一南一东两线相交，其冲突之旦晚可见，事本易知。一面又于波斯方面，引德敌俄，以免印度之北顾。此种牵制政策，只可敷衍一时，决非恒久之计。在土耳其，则热心于国内统一，故欲沿此铁路线以配备其新练之兵，以为镇压内乱巩固国防之计。在德国，则以为其过剩人口,必须移民之地,惟小亚细亚地旷人稀,当然可以为之尾闾。此铁路即不啻其移民之脉管,因此对于土耳其境内之优越权,必日见长大,而仍为招忌之根源。然则前之妥协,不过一时休战之形,不可以为长治久安计甚明。即其订立不迟,亦殊不足恃也。

第三节　开战后之伯达铁路及其现况

英国伯达协定以六月十四日成立,而英、德以八月四日宣战。前此种种协定,至此一切推翻。开战未久,土国已加入中欧方面,布加利又继之,故德、奥以伯达铁路为其东进之要道,日夜以其全力加急展筑。至于材料不足,则毁他既成之铁路用之。此铁路中,布尔孤里至亚丹拿中间,通过太劳斯山脉最难之工事,已于一九一五年末有完成之报告。且第二段工程继续进步,筑至尼诗宾 Nisibis 东南三十英里之处。自该处至摩色而,不及一百英里。而摩色而至沙马拉,亦仅二百六十五英里。统计伯达铁路未成之部分,不过三百余英里而已(美国小宅斯多罗博士所著:《战争与伯达铁路》,一〇九页)。

虽然,一国所恃铁路之用,固在其全部之开通,苟其不能全部开通,则其效用已大减杀。开战之初,英军即于米梭波打迷地方进攻,曾有一次深入,被土军包围,以致全队降伏。然自一九一六年末以来,再得优势,占领伯达,将以为根据,略定米梭波打迷全境。自是以后,土军于此一方面,绝少进出。而英国兵力,亦不能上溯以及于两河上游。此役结果,遂使德国不能不抛弃其利用伯达铁路以规波斯、印度之宿望。盖使伯达铁路全线,能于伯达未陷落以前开通,则德国可以利用之,以发挥其内线作战之特长,移欧洲战场一时不甚必要之兵,于短时期之间,送之于伯达,以优势之兵力,击破英之上陆军。然后可以其全力,略定波斯,进规印度,即英国之根本已危,而大局必立见转变。今日之讴歌协商国者中,安知其无化为军国主义之崇拜者耶。故使开战之时,德国此路已全通者,印度、波斯之回教徒,必与土耳其之回教徒,归于同一之支配之下。乃以德国资本之不能如意,土国担保力之不充,助成英、法、俄反对伯达铁路之运动,使全线工程停滞七年,真协商国之大幸也。

以此一铁路之成否,生此全球大战胜败不同之结果,可谓重要矣。然在一般观察者,固以为此仅德国握之为有益。则德国不成功之日,即伯达铁路之政治的性质,从此消灭矣。顾吾以为问题方自此始,未有已期,未遽可以斥而不论也。德国之所以利用伯达铁路,而行其所谓三 B 政策者,固以伯林为起点,而藉君士坦丁堡之助,以达伯达也。今日之伯林与君士坦丁堡,已非昔时,伯达铁路,又已离土耳其与德国之手,则德国之问题,可以止矣。但此贯通小亚细亚孔道之铁路,则犹是也。在甲国之手,能威吓于乙国者,归乙国之手,亦未尝不可以威吓于丙国。伯达铁路之为重要,固无异昔日,抑恐加甚焉。

此次和约中,关于铁路之规定全文,尚未得见,所可见者,仅零碎之报告耳。掇拾整齐之,则大略为对于德国,要求其承认协商对土、布两国所协定关于德国及德国人之权利、特权及所有权各项。对于土耳其,则要求伯达铁路归国际管理。然所谓铁路国际管理者,究竟仍归于委任统治国之实际支配而已。故研究此一节,又不得不入于亚细亚土耳其如何分割之问题矣。

依现在所知者,则于亚拉伯方面,英国保卫之下,有希查士 Hedjaz 王国成立。其次,则巴列斯丁 Palestine 之统治,委任于英国。叙利亚 Syria 之统治,委任于法国。米梭波打迷,委任于英国。土耳其则仅留安哥拉以为其首都,统辖其附近之地,余地分别委任合众国、希腊、意大利统治。故伯达铁路全线所经之地,已分归数国统治,疑若不复能发生问题者。但须知自伯达铁路与德国绝缘以来,其重要之部,移而在东南一节,而亚历山大湾与亚列宝两处为尤要。前者为西泊拉斯岛 Cyprus 对岸之地,后者则经由法国所经营之铁路,过叙利亚,以入巴列斯丁,可与英国统治内之铁路系统联络。夫西泊拉斯岛既久为英海军根据地,其对岸之伯达铁路支线终点,即不啻英国着手经营之根据地。而此巴列斯丁铁路者,又英国三C政策中之一段。英国既统治巴列斯丁,则开罗至巴列斯丁之铁路,当然不久可成,而仍借法国所经营之铁路为之助,以接于伯达铁路,然后开罗、加里吉打之线可以完成也。则易主后之伯达铁路之为重要,可知矣。

第四节　伯达铁路之将来

夫叙利亚之铁路既属法国,而伯达铁路现亦有一部归法国人管理(十一月中旬电报所言),则所以增伯达铁路之国际性质无疑。但以今日英法间之关系言,法国必不愿为沮塞三C政策之当门芳兰,自生纠葛。所以伯达铁路东南一截,吾人当然可以认为英国东方政策之基线。而波斯与英国之间,亦既成立协约,以铁路归英、波合办。然则前此德国与土耳其所约,直通达希兰之枝线,当然可以由英国经营。不特此也,俄国从前与德国协定,自汉尼巾Khanaqin(波斯边界)与伯达铁路接线之权,及俄人自汉尼巾至达希兰旧有铁路之权,今后亦必无从主张。故波斯一段,英国已得独占之权。自波斯而东,其南枝则必通俾路芝斯坦或阿富汗斯坦,以达印度。此所以庆三C政策之成功也。其北枝则可由俄领土耳其斯坦,以达中国之新疆矣。

吾人未尝不认加里吉打线之重要,然以为万不如此北线在世界将来关系之巨。且以中国论,尤为当冲之中国存亡问题之中心。虽此线将来是否如吾所豫期以实现,尚不可知。而其可能且必要,可得而言也。

就伯达铁路本身言,其困难之工事,既经完成,独余此三百余英里沿的格里斯河边最易之工程，当然可于一二年内完成。波斯界内，自汉尼巾至达希兰，自达希兰至灭歇 Meshed 两路，本俄国所经营，又无难工事，其易于着手，无待更言。自灭歇以至阿富汗斯坦之希拉 Herat，不过二百英里。希拉至康打哈尔 Kandahar，则阿富汗斯坦原有之孔道，自康打哈尔起，现在既有通印度之铁路。所以此一线，为无论如何必于短时期间成就者。盖单以通印度完成三 C 政策而论，此已必为其正当便宜之路线矣。

如想象其更经营北出一线，则可推定其必于灭歇地方分枝。自此以至俄领土耳其斯坦边界，距离极近(约在百英里以下)。而俄领里海铁路，则接近波斯边界筑之。联络此两处之工程，不过一百英里，又在极易施工之地，此决非英国所难者也。俄国之外里海铁路，则以离喀什噶尔约二百英里之安的删 Andizhan 为终点。故欲由中国赴新疆之西北部者，以经大连乘南满、东清、西伯利铁路，再由中央亚细亚铁路(俄国领内)转乘此外里海铁路至安的删，再逾葱岭入喀什噶尔为最便。比之由中国内地旅行，省时十倍。可知卧榻之侧，他人早已鼾睡矣。而英国以防遏俄国过激派之故，已出兵于土耳其斯坦(日前曾有俘过激派数万人之电报)。则此后英国即无侵略之意，亦须保波斯、阿富汗斯坦之安全。过激派而败者，他政府代立，亦不能不应英国之要求也。若其犹存立也，英国更不能不致力于此路矣。故外里海铁路不能不认为将来英国所欲支配者。然则英国欲自地中海海军根据地之对岸，筑铁路以达中国新疆之喀什噶尔者，不过于应筑之线外，加筑三百英里而已。中国人之于伯达铁路，尚可以隔岸之火视之乎？

凡上所述，皆证其可能而已。此铁路不特为可能，抑且于中国，于英国，于世界，皆为有益且必要者。所当注意者，不使其蹈伯达铁路之复辙，使有益者变为人害而已。

盖依中国实业发展所要求，将来决不能但以海上交通为满足。而依吾人所主张，发展西北方，开辟蒙古、新疆之处女地，以为农园之计划。将来此新开发地方之交通，必要求一能与中亚细亚、小亚细亚脉络贯通之铁路。此吾人所以豫期将来中国西北铁路系统完成以后，仍须与此伯达铁路接轨也（见孙先生发展实业计划）。从来顽固者，对于铁路，深闭固拒，非无丝毫理由，要不免因噎废食。对于国中铁路建筑之恐怖，此二十年间，略已消灭。而对于国外，国人尚多未释然者。实则苟使中国能获适度之发展，不受一国之羁轭，完成此西北建设之大业，则决不患此伯达铁路之将来，能与中国以恶果也。

更从英国方面而论，则此铁路既有经济上之意义，复有政治上之意义。自经济上言之，此路固使英国新得管理权，及所保护诸地之经济的发展，容易使米梭波打迷诸地与中国腹地接近，互发挥其经济上之优点以相辅。其在东亚贸易之地位，因此更形巩固。其铁路所经之地，统计起于地中海岸，横贯亚洲大陆，以迄中国北方新港，所经之地，均为温带。除极短距离以外，皆在北纬三十度至四十度之间，远非西伯利铁路全在北纬五十度以上者可比。则其开发之结果，为所经诸国之益者，结局还以为英国之益。直接间接，其归宿不殊，事至明显。由此而论，则即使外里海铁路仍在俄人手中，为相互利益计，英国亦有经营此线之必要矣。从政治上论，则英国既收波斯铁路之权，以完成其三 C 政策，则于此横贯全亚铁路之握有，遇如此易于着手之机会，若犹以悠忽之态度出之，万一落他人手，即无异昔日得运河而忘铁路，复辙不堪再蹈，前事具在，英国人必不忘之也。故当此易为之时，单以政治上之理由言，亦不得不谓英国有经营此路之必要。

更离一国之观察点，从世界方面着想，则此铁路实亚洲地的复活之第一要着。夫以三千年前论，欧洲之都市，农工业远在亚洲之下，其时仅地中海沿岸稍有可观，而亚洲则东有中国，西有小亚细亚诸国。以其地论，亚洲固先辈也。而自希腊兴后，欧洲得相当之开发。文艺复兴以后，更见长足之进步。亚洲则中国方面，固无进步之可言。小亚细亚，亦日就消亡矣。此无他，交通之杜绝，即为土地之窒息。窒息之土地，必归于枯槁。虽以文明之所自出者，不能免也。土耳其惟使小亚细亚窒息,故自致衰亡。中国亦惟自窒其息,故终无进步。而自汉通西域以来,二千年间,强者则以征服相尚,弱者则闭关尚虞不能救死,绝无经济的联络之设计。中国之文明,不能为西域诸邦得丝粟之益,此真亚洲之大不幸也。如使自汉时已开小亚细亚经济的通路,则此二千年间,亚洲全体,恃以为动脉,以灌输文明,以交换物产,必成一密切之自然的结合无疑。夫中亚细亚诸国之进步不速,固自不能无罪,而中国之但有侵略的领有,无开发的设施,实不能辞其咎。坐此失发奋之机会,遂为欧洲所先。此虽曰悔无可追,要亦当悬以为戒矣。而欧亚一兴一衰,即明在于通路一开一闭。苟使此铁路而完成者,此数千年陈死之土地,立可复得其活力,以贡其能力于全世界,岂非至幸。夫世界之偏枯的发达,固非吾人之利,亦非全人类之利也。以此铁路为亚洲之开发先导,其效果必远过于美国所赖于横贯大陆铁路者矣。虽以欧亚联络言,亦既有西伯利铁路,而不幸其建筑乃在苦寒荒瘠之地,绝不能于经济上有所裨。若此铁路而通者,固远非西伯利铁路所能比也。

言其可能也如彼,言其必要又若此。故不论中国人之赞成与反对,将来伯达铁路展筑,必至中国边界。不特至边界而已,中国西北铁路,而不以次建就者,必复发生政治上之问题矣。夫此铁路之通,诚足以为中国与世界之利,抑又易使列国陷入于争此铁路敷设权之状态。苟其结果,使中国为今日之土耳其,而又牵欧洲一国或数国以为德、奥,斯岂非最可痛者乎,能不思所以豫防之者乎?

第五节 结 论

由上节所论,则伯达铁路之展筑至中国边界,中国西北铁路之成为问题,事有必至,无可讳言。所未知者,其将以此为中国福欤,抑为中国祸也?其将以此助世界之平和欤,抑以之召世界之大纷争也？择途于歧，端在智者。

吾固尝言之矣，罪无有大于以独占阻碍世界进步者。如土耳其者，于其闭塞之状态，而独占之，则必遇地之复雠。如德国者，于交通之途，而独占之，亦必遇人之复雠。创既甚深，鉴亦不远。为中国者，将奈之何？中国之领有蒙古、新疆，远者数千年，近者数百年。其锢塞之，有以异于土耳其之锢塞小亚细亚乎？将来假使有一国而独占贯通东亚之惟一要路者，其召世界之疑，以专欲犯众怒，其能免于德国之祸乎？吾人不能禁人为东亚之德意志，尚可自奋不学西亚之土耳其。抑无土耳其者，固无德意志，虽有百伯达铁路，多多益善耳，岂能为世界之祸如是其酷哉！故吾人今日第一当不使东方有土耳其。

土地者，人类（最少亦当以此为限）所共同享有者也。不可以为一特权阶级利益，而拒闭不纳其余。亦不可以为一先占种族之利益，而拒他族。此其为义，吾人当铭之心胸。中国向来论者，往往自身本无侵略之恶意，而不免受侵略学说之影响，以先占为正当，忘开发之义务。故其呼号，使人疑为不喻于真理，而亦不足以杜他人侵略之主张。盖认先占为正当者，未有能绝对排除侵略者也。即以中国论，汉族之侵入中国，虑不过四五千年，而人类之存在，则以百数十万年计。汉族未至中国之前，独无先占中国者乎。如认先占者为正当，以夺先占者所有为侵略，则汉族之得中国，固非以先占得之者也，以侵略得之者也。悖而入者，当悖而出，有何权利可言。如曰中国驱除苗、戎、夷、蛮诸族，而有此中国，与以文明，开发其利源，以为人类之益，有往昔民族所不知为者。平水土，驱龙蛇猛兽，有往昔民族所不及为者。是则逆取而顺守，可以告无罪。则吾亦尝闻欧洲人之言矣，彼谓非洲、美洲土人，不能开发其土地，以贡献于世界。凡欧洲诸国，所以求领有殖民地者，固以求开发其地，为土人所不知为、不肯为之努力，以为世界人类（全体？）之益，非有所贪于土地，非有恶意于土人也。然则吾之立论，无异欧人。而今日我所设施，又实不如彼。假其真置中国于分瓜之刀下，各取一环，然后以文化被诸东土,平心而论,得不谓之逆取而顺守乎！若犹略其对于地之功,而独懟其对于人之罪,又何以解于自身逆取顺守之说也耶！

论至于此,则汉族几无容足于世界之理由。吾人欲主张有生存活动于中国之权,不可不有除去此矛盾。试细察前论之缺点,则知其受病,在只知对于土地可以独占,不知对于土地人类应有共同享有之权。故一方面高倡国权,一丝一粟之利益,皆不欲授诸人。一面高谈公理,以禁人取一丝一粟于我。而此两者实不相容者也。今日欲脱离此矛盾,则应放弃此独占利益之思想,而自问其对于土地所尽力者何如。计功而食其报,不使贪得者攫中国自然恩惠,以为一族一国之私肥。亦不使坐贪天功者,锢蔽自然,为全人类进步之障碍。如此则吾人主张生存于中国,可以无愧。对于一国欲来侵略者,亦可以有拒之之理由矣。所以欲保有生存于此土地之权,惟有尽其对于土地之义务。土地以其自然之力,使人得所资以生。人亦为土地益求发展其力,以为世界人类之福。人地相须,人始可以主张生存活动之权也。独占无权可言,而拒绝侵略,则有权可言。

既明此义,则知一国拥有如许领土,任其广大,荒而不治,此其罪正与贵族画地为囿,以供射猎,而使人民无地可耕相等。国中有此贵族,则必以法律禁其弃地无用,甚者当没收之,以为民食作计。世界中有此国,亦必为天下所共注视,苟有一隙,必夺其地而开发之。侵略之事,虽发于人,其所以招致侵略之原因,固在自国。夫土耳其之治,则有然矣。故欧洲诸国必欲代为开发其地,始有此惨剧。夫土耳其之为国,果须此小亚细亚诸地乎,未可知也。而以有此地而未开发之故,适以招人之窥伺。所谓怀璧其罪,象齿焚身。彼其地不为土耳其人之益,乃反为其害矣。土耳其人正以领有此地域之故,不免于为此战役之牺牲,此乃向所谓地之复雠者也。

因土耳其之以闭锢为独占而生问题,又因德意志之以交通为独占,更使此问题恶化。且如伯达铁路,初组织时不出于握有过半董事之策。公开其经营,则英国于伯达至巴士拉一段铁路,尚肯让德国经营,单以巴士拉至古惠一段国际经营为满足。岂有自初德国之经营此铁路,完全以经济的眼光,定其计划,而至召一般之反对,酿成此大战争者乎?德国纵不握有伯达铁路之权,同时此路亦不为英法所专占,则德国与东方之平和的接近,何尝不可以为中欧之利。必出于独占之策,则德国之为计左也。夫土耳其之开发,能为世界之益,而沾丐德国尤多。虽无独占之事实,德国固已有利矣。必欲绝流取鱼,自然黄雀在后。从前世界以开发土耳其自任者,均将起而攻此开发土耳其之人,岂有理之可喻哉。于斯时也,人之复雠,真无可逃。今后欲为德国者,必将食德国所食之报。自然之法,固无亲也。

宅斯多罗之论伯达铁路,最为公允。其言曰:

> “如使于德皇泛日耳曼野心未起,此企业之政治的目的未盖过商工的情况以前,此事项之‘国际化’真能遂行,则欧洲各国在此历史的通衢之竞斗,可免也。则此通衢或已全为西方人开放,而拿破仑所创之功绩,于是可以完成。为世界之利——东方之所得利,不亚西方。一切国民,皆有其分矣。夫所谓国际化者,指欧美各国之组合而言。而其组合,非以统治东方,乃以与东方合力耳。盖全球重要企业之国际化,即为相互善良信赖之一保证。以凡分有其结果者,又皆觉其责任也。国际化所以使人省悟一国之利益,于他有关系之各利益相连属,而不可分者也。……
>
> 新问题必起,而国际恐慌,必见于将来,与已往不殊。惟有取东方西方组合之精神,以代彼征服统治之野心,可有安度此恐慌时期,不致牵率入于世界相杀之战争之合理的希望耳。”

准此而谈,则此人的复雠之危险征兆,既为美国人二年前所暗示。即其解决之方法,亦非可但恃西方各国之联合,而望东方之奋发协力。吾国人于此,真不能不以真挚公平之研究答之也已。

吾不忍中国之为土耳其也,又深恐世界之尚有人欲继德国之后,而免其祸者也。历史甚长,胜败之形甚暂。欲为生活,而以无人能阻我独占为荣，以效尤为无伤，是自绝于世界互助之途也。谁能知其失败之不速且烈于德国也。

原载于1919年11月《建设》第1卷第4号与1920年1月第1卷第6号。▲

国会之非代表性及其救济方法

第一节　国会非代表性之暴露

“代议制中之国会，不能代表民意。”此种批评，至近年而渐盛。盖一方为守旧派之反动，一方为急进派之不满，两者合力，遂使“国会代表人民”一语之价值，渐受减削，往往至为真价以下之评价。

盖代表一语，本为一不清晰之词。所谓代表者，究竟应为人民豫先授与意思，而选出之议员，代表之以发言耶？抑为人民对于每一事件，本无意思，但于委任此一人时，以代决定其意思，兼代表之以发言之权与之耶？尚有未明划之处。又于所谓代表全国不代表一区之格言，更见其所谓代表者之茫漠。故代表人民者，一种之拟制，一种之想象，而非如普通团体与其代表者间，时时有意思之联络，可得保其相去不远者矣。而此之一般的弊病以外，更有制度上之弊病，即多数选举制之弊病，与比例选举制之弊病是也。

多数选举制，以一党在一区所得投票多数，而代表其区。故即从最忠实之代表者言之，亦仅代表其多数，而非代表其全部者也。故约翰弥勒攻之曰：“多数者出多数代表固当，少数者并一人之代表者不能出何也。何故多数者当占代表者全体，而少数者当全不有代表者耶。少数者之意见，并求人听之亦不可得，果必要耶。此非有他也，实以习惯与旧式结合，于此不必要之不正义，勉强自抑其理而不伸耳。在真正之平等民治，每一部分，任一部分，皆当受代表，应用比例制，不当用非比例制。”(注一)此实一最公允之议论也。盖多数代表制虽代表国中之多数，而在此多数代表之议会取决时，乃于其代表多数者中又从其出席之多数，此时议会中之过半数，常不能代表人民之过半数。有常识者，易知之也。而在现代之多数选举制，所谓多数者，为相对多数，即不必得投票额之过半数，但得全区中之最多票者，即可当选。是则议会不特不能代表全数，并恐不能代表多数；而在议会出席之多数人，则尤为少数中之少数而已。所以其弊病决不可免。

更于弥勒等所倡之比例代表说，又可发见其弊病。盖比例代表之本意，以为“国会之于国民，当如地图之如地面，虽有大小之差，必与原物之各部同其比例”。故其设计，欲令多数党固得多数当选，少数党亦可有少数参与。此制首先采用于比利时(一八九九年十月)，其他各国主张之者甚多。然其分配之法，不易令人满足。而虽免于少数者全无代表之弊病，反生少数者之代表，比于多数者之代表，多于其选民实际比例之结果。即占半分以上票者，在前时可得议员之全数，在此时则所得者又不及半分亦不可知。其不适于代表人民均耳。所以如白芝浩者，即为反对比例代表制度之一人。其他最有名之学者，如米耶、耶陵涅等，均不认比例代表为良法。(注二)

比例代表之理想，既不得良法以实现之，则今日多数选举比例代表制，均不足以使人民全体各得其相当之代表于议会中，明矣。而其所选以为代表之人，又如上所述，所以生二种之显著之缺憾：

第一，议会中之表决，与人民多数意向相反。人民所不反对之事，议会力反对之；人民所不赞成之事，议会以全力通过之；此常见之事，又不能免之事也。以议员任期长故，前此数年，国民信任此一议员，与之同意见，而继则国民自改其意见，一也。以议员不认代表一区故，凡前此对于一区所为言质，一一无效，议员可自由变更其意见，二也。以议员多数本不代表多数故，纵令其与选民意思始终联络，究竟是少数意思，尚有多数意思不可知，三也。议员自己，因外界原因，放弃其平昔之意见，四也。故议决之结果，非代表民众。

第二，人民所欲提议及废止之事，不列入议题。以议会所决议，反对于人民之意见，固常有之事，而议员犹多不以故意行之也。至于人民所欲议之事，而议院故避其责任，不肯议及者，实为国民无可如何之事，又议会中恒常之态也。盖以希望再选之结果，议员积极的与人民冲突，或所不敢为；至于怠惰，则事属全院，无可指摘。故立法府之腐败，尤以此种风习为多。

所以自卢梭已不认代表政治，而俄斯德洛哥斯奇 Ostrogorski 之著书而言国会与政党之关系也，亦以为“代议政治惹起事实上之专权，而民意毫不见代表”。罗威尔之《公意与民治》一书，亦特设一章以言代表制之信望失坠。此盖以上述之代表制自身缺点，加以政党之助长而益甚，所以信用全失，责备滋多也。

第二节　国会主权论与民治

以上节所述代表制益见弊害，而同时世界上之民治主义，日进不止，故其间必有一调和之余地，乃可以长久，此人所共想象也。然而所谓国会主权者，已实现于英国过百年，其他现代主要国家，悉已成为民国，其行政立法事业，均置基础于代表制之上，未闻以议会之不代表而排斥之也。盖议会之不代表，政党之专横，固为事实，而民国不得不采代表制者，实基于左之原因：

第一，君主独裁，与国民集会之政治，已不可得实行。在十九世纪中，君主国逐渐放弃其独裁政治之制度，此全因于人民参政之要求，逼之让步。而此人民参政之目的，虽不能以代表制全达之，而其不能完全达到，终胜于独裁制之完全不能达到，此不可掩之事实也。而欲其完全达到，非用卢梭所想象之人民总意，由国民全体集会，决定一切政治上问题不可。此制虽于瑞士各邦中现代仍有采用之者（参照《瑞士之直接民权篇》①），而稍大之市已见其困苦，更大之国家无论矣。此未能实现之制度，与既经废弃之独裁制，均不可用，则在民国固托民选议员以运用主权，即在君主立宪国，亦次第以国会为代表人民意见之一机关，而实权渐集中焉。国会主权一语，自英国显，以此故也。

第二，国会之非代表性，从他种方面言，有自为制限之性质。从上所言，国会虽仅代表少数。而此所谓少数之外，并非必与此一部分反对。实际虽投票于他人，或放弃选举权者，其意见仍入议员考量之中。故其代表少数之责难，可以减轻数度。凡用普通选举制之国，专倚少数人之帮助，以得当选，实非易事。其选举权既徧及于利害冲突之各阶级，则各阶级中，纵各居少数，而仍可谓有力之少数。其少数之人之意见，亦受其同阶级利害之多数人意见而成立。故但使真能代表者，仅为少数人，而其所不能代表之多数人，亦必略有同一之比例之意见，于其代表制之成立，毫无所妨。而数年一选之制，实又以刺激其人民，使常有以变更其所选者，以适合自己之意见。故谓国会常不完全代表，可也。谓其常反背民意亦属不能。代表少数者，不必为反对多数也。

第三，国会专横，易寻救济之法。国会专横，初非必须救济者，如使国会真能代表人民意见，则专制固其所也。所病者即在其不能代表，而强代表之，以少数之意见专制一国，而无救济之道耳。然在以国会为运用主权之最高机关，不过从其法律上

① 瑞士威廉辣白教授（William E. Rappard, Instructor in Economics at Harvard University）著《瑞士之创制复决罢官权》，朱执信译其第二节，取名《瑞士之直接民权》。并介绍说："其内容为解释创制权、复决权、罢官权三种，而前二者尤为救正代议制之弊害所必要者。与此项制度相近者，自罗马时已存在，即所谓"普列必失"Plebisite 者，以民众投票决事者也。然其制度之成形，仍有待于瑞士。"该译文刊载于 1919 年 10 月 1 日出版的《建设》第 1 卷第 3 号，署名民意。

最终决定权所在言之。实际行政部虽由国会产出，往往仍有扼制国会之一二种权，而司法方面亦可为制止其专横之行动，以此行政部与司法部之扼制，减少国会违反民意以为专制之危险，固共认之理论，又已行之方法也。以国会集合多数之人，而多数之人亦各受民意之影响，故比之君主独裁政治，当然易于获得忠告，了解社会现状，从而不致对于救济之方法，为盲目之反抗。盖制度上所生之弊害，以缺少自认识其弊害之机会为最大，而国会恰比较能有此认识之机会，是其所以不能舍弃也。

第四，从国会政治，以达人民直接支配之域，径路为顺。当历史之初期，人民不能干与政治。及君主既失其独裁之权威，而寄之少数人所选代表之国会，自然引起一般人民之政治兴味。因之有其研究，有其主张，乃有普通选举，妇人选举之要求。则实现此要求后，将有人民直接支配之事实，继起于将来否，虽不可知，而总可决定将来政治必循此一方面以进展。有此一趋向，加以现代之可能，以代表政治为极，故非别觅得一更良而又更近于人民直接支配之一方法，国会仍为当采之一制度。

故国会主权之原则，代表之制度，实为今代民治基础，更恐于近之将来不免继续。故于国会专制之事实，如何救济，实为今日当面之问题。与其攻击国会如何为非代表，不如研究国会不能代表人民之一事实，使谁决定之，如何救济之也。

第三节　行政首长之拒否权 Veto

拒否权本起于英。英王对于国会之法案不同意时，可有此权。然至女王安之世而止。佐治第三虽尝声言，必不得已须用此权，而实际固未尝行用也。其后嗣王更不敢用，以迄于今，所谓无形中之废止者也。(注三)顾此制虽废于英，而行于美。北美合众国当其在英国殖民政治之下，当时之总督，已有拒否法律之权。至独立后议宪法时，遂采用此制，令于两院所已通过之法律移交总统，须总统赞同签字，始成法律。如总统不加赞同，不肯签字，则可于十日之内，申明拒否之理由，并其原案，交回始提此法案之院。此院接受拒否之通知以后，再行开议，须得三分二以上之多数赞成，始能再送他院（并总统反对之理由同送）。若此又一院仍得三分二以上之多数，则此案成为法律。若法案已送总统过十日，不被拒否，亦未签名，则此案仍成立为法律（但除下文所述留中拒否之例，参照美宪法第一条第七节）。而美国总统大抵为多数党首领，欲得两院各有三分之二以上反对总统之投票，殆等于不可能。然则以此拒否权归于行政首长，以判决国会是否能代表人民一事，托之于人民所选出之总统，使之为其救济，不可谓非一有力之救济方法也。

方美国制定宪法之时，其所豫期之拒否权，固不如今日之拒否权有如是广泛之适用也。韩弥顿尝言："其时所以有此种权与总统者，因立法部之性质，倾于乱用其权，侵及他部之势力，而仅以纸上所划之界限，力未足以称此部所需。如使不于绝对的，或制限的，以一种打消之权，授与行政部，则行政部全不能自防卫，而拒止立法一枝之侵削其权矣。所以以此种权授行政部者，一以使之有以自卫，次又使人民多一机会，以反对彼因疏忽燥急或因故意所立之恶法也。"观此所言，可知美国宪法中规定拒否权之本意，在于防止国会越权之行动。

然在美国宪政运用之实际，则与其初立法所豫期者不必相符。当十八世纪之末，与十九世纪之前三十年，美国总统惟于显然在宪法有一定理由之际，始干涉及国会；平时则国会既决定政策，总统即奉行之。故华盛顿为总统两任，所拒否之法案惟两件耳。华盛顿以后，迄于一八三〇年，其后任各总统所拒否者，亦仅七件而已。暨宅克孙 Jackson 就总统任，乃尽反前人之说，以为总统必须与国会分担立法责任，所以能自由拒否其所疑为不智之法案。于是宅克孙随意用其拒否权，凡与其个人观察，及与其所认为己党意见有不相符者，一一打消之。此种行动，痛为彼政敌之所攻击。然而自此以后，为大总统者，莫不循用宅克孙之说。故迄于克理夫兰 Cleveland 总统第二任止，已有拒否案近五百件。而继克里夫兰者，如麦坚尼、罗斯福等，亦均尝行用此权。

此中最可注目者，即合众国舆论不特不反对总统之自由使用此拒否权，反助成之也。人民于宪法理论如何，非所措意，但注视总统，以为直接于大法案负立法政策之责任者，其举而置之高位也，固欲使人民意思生效力耳。所以国会立法，若与民意相反，或压迫及之，则用其拒否权，以使其所议者不成法律，实总统之任务也。在人民心中，固以总统为造法机关中，下决定、分死活之一部分，为全民之直接代表。而其视拒否权也，不过实行民意之一工具耳。

拒否权使用之时，有一种名为留中拒否 Pocket-veto 者。此种拒否，起于国会交付法案与总统后，不满十日而闭会时。在通常，总统对于一法案，不加拒否，过十日外，即不签名，其法案亦成为法律。惟于将闭会送交总统之案，总统若抑其案，留中不发，过十日后，国会已闭，其案不依常例成法律，而反为失效。当此之时，总统惟以法律留中不署名，即已足矣，不必附以拒否之理由也。盖以宪法本定十日以为总统考察其法案之时间，今国会未以此时间与总统，即亦不能讥弹之。所以留中拒否一事，于总统之打消法案最为便利。故遇移送后会期不满十日之案，有违其意者，每喜用此法，而法案以此废弃者尤多。(注四)拒否权不特用于美国也，诸仿效美国宪法者，皆有同一之规定。即南美所谓 ABC 三国者，皆从美国之例。亚兰然丁①规定于其宪法第七十二条。巴西规定于其宪法第三十七条。智利规定于其宪法第三十四条至三十六条（但智利改十日之规定为两礼拜）。其与之稍异者，澳洲联邦宪法及坎拿大宪法（前者规定于五八至七〇条，后者规定于五五至五七条），总督可以拒否一法案，或

---

① “亚兰然丁”下文又作“亚尔然丁”，今译阿根廷。

请求修改,无时日之制限。即总督同意而用英王之名以批准之之后,英王后此二年之内,仍有取消其批准之权。此种制度,实等于二重之拒否权矣。而法兰西则反之,一八七五年之《公共权力关系之宪法》第七条,亦规定总统之拒否权,但其内容与美国大异。依此宪法,常法案须于一个月内公布,急法案须于三日内公布。在公布期内,总统可以附述理由,将原案交回两院,请其再议。然其再议,并不须如美国之要三分二多数也。墨西哥亦然,其一八五七年宪法第七十一条乙、丙两项,规定总统于十日内可请求再议(若十日内已闭会,则于次期开会第一日)。然若得两院绝对多数(过半数)通过,则其案已成法律。所以法、墨两国,拒否权实等于无有而已。至留中拒否一层,则惟巴西之宪法,规定总统于闭会后拒否法案,应公告其理由,显其可有留中拒否一事。其余亚尔然丁绝无规定。智利宪法更有"闭会在十四日满期前时拒否之案,当于次年通常会首六日提交提案之院"之规定(第四十条)。所以此制可认为不甚流行于共和国者(君主立宪国不批准即为不成立,故概为留中拒否。但君主国之制度,大抵不入此处之研究)。(注五)以民国而容拒否权,即为使代表人民之总统,有权阻止代表人民之国会之立法,虽曰认为不合民意之时始行此权,而在法国已不敢仿行,盖亦群认为危险之制度矣。虽曰有力,不能谓之安全。

第四节 法官之废弃权 Nullifieation

美国之司法一部,有与他国完全不同主权,即所谓废弃权者是也。此种权利,惟美国司法官有之。遇有法官意思,谓其法律违宪者,不论其为合众国法律,抑各州法律均可宣言其为无效。此欧美往日法官所未尝有者也。所以研究美国宪法者,于此一件,特有兴味。

在欧洲民权国家，法庭为国会所限制，法官不能问国会之有权无权。若使英国法官解释法律，与国会所豫期所愿欲者不同，则国会可以屈其法律，使从己意，法院惟有听之而已。而美国则国会有何种权利，悉视高等法院所决定。各种法律如何制定，固非法院所干与，但其适宪性 Constitutionality 则须经法院之审查。遇有事件，则其法律是否无效，固由法院宣告之也。

当美国制定宪法时，以议论分歧之故，法文中关于司法一部分，未免茫漠（第三条第二节）。然其起草者中，有一部分人，豫期此废弃法律之权，不可诬也。例如韩弥顿即谓："宪法上若于立法权设之界限，惟能由法院保持之，故如有法律规定，显然与宪法真意违反者，彼必有宣告其无效之义务。盖以代表之势力所为，若与派遣其代表者之真意相反，固当无效，无有容疑之余地也。在法官必以宪法为基础之法，所以宪法与法律冲突时，必选宪法。非司法之驾立法之上也，乃人民之力，驾乎二者之上耳。"凡此韩弥顿之理论，即为后年法院主张此权者之所宗。至一八〇三年有一事件，牵及法律之适宪性问题。判事马沙尔 Marshal 所持之论，亦与韩弥顿同。略谓："民意既成为宪法之后，政府各部皆因于宪法而各有其特别权力。立法部之权力，于此当受宪法上明文之限制，无可遗忘错误之理。所以有一法律与宪法冲突，而有一特别事件之际，法院须于宪法、法律二者择用其一，此乃法院义务之神髓也。所以两有规定之际，宪法当然胜于法律。且法官曾誓拥护宪法，如使令不合宪法之法律有其效力，是自破其对于国民之信誓也。"然而驳之者亦众，其反对论之主要论点，则谓："法官曾誓拥护宪法固也，而行政官吏何独不然。且今日之问题，并非宪法应否保持其最上位之问题，乃是否只有法官，实受天命，而有此检定法律之适宪性之问题耳。"盖于政府中若有一机关，或一团体而有解释宪法之最终权力者，则为有权力以决定其意义何如，于是乎超出其他一切政府机关之上矣。除非其团体本为能以其力量授与宪法者（即制定宪法之会议），每周有宪法疑议即行集会乃可耳。否则惟有出于以最高权委任于政府内一永久机关之一途，虽然，此固不必为法院也。实际除美国外，此权皆属于立法府，故马沙尔所论，与其反对派所持理由，殆未可以相胜。惟美国宪法规定法官权限，实有"在此宪法下所起一切法律及平衡法之事件"一项在内，所以马沙尔以后，法院至今持此理由，未尝变更也。(注六)

美国舆论对于此项废弃法律之权，不甚热心主张；对于各州之法，受此废弃权之适用，尤多不满。然美总统威尔逊则力称此种制度，以为宪政上之均动轮。其言曰："惟有国中之一个人，且各一个人在其处理国民生活，均为政府之一分子，然后立宪政治完全存在，且真实也。公民其自身一个人，不为代表于国会，又不为政府自身之恒常构成分子，除极少数困难之际，无由以其个人私事，求国会、州立政府或总统及州行政官注意及之。然则设有法律以其列举之权力行动，实施及于彼身者，彼亦无由得其救济。惟有在于法庭，各人各有其个人之权利。惟在法庭，个人之公民，可以其私权私益抗彼政府，而诉之于政府所依托之根本约定（宪法）耳。以一人而能抗政府者，合众国而外未之闻也。在他国之人，于被他一个人侵其权利，或强迫之之际，可以反抗之，惟于政府则不能抗。他国之立宪制度人民主权惟能以舆论通于立法院而束缚政府，不能假法院以为之。惟吾人得有法院以束缚政府。然则此为政治有深意之一主义，而此一种特权，可以斥拒一切政府各部分有侵及于宪法所认个人自由不可侵之范围者，合众国人民所独享者也。法院之废弃法律，未尝因其告发者为一个人，抑一团体，而有区别，但使其权利已经确认，则一律看待，此最可注目者也。"

美国以外，英国诸自治领（例如纽丝兰）法院亦有此种废罢权。此种权利，行于其地方议会所议决之法律之上。凡地方议会所议决之法律，如与英国议院所立法冲突，依一八六五年之《植民地法律效力规程》第二条，应为无效。而此地方议会所立法律，是否有效，有无适宪性，则由法庭决之。但地方法院之决定，未为终局决定。终局决定之权，属于英国之枢密院。(注七)

然则在英属虽有仿效美国之规定，而不能为最终之决定，故现在以废罢权言，仍当就美国以论其可否。依威尔逊之说，则此为人民权利被害直接求救济之一途，以其善者言也。而实际人民权利，未尝无因此受害者。盖假定国会为有不当之立法，不外以其燥急疏略，或以党派竞争；而法院之可以有此弊病，正亦与同。法院解释宪法，既不保无疏略燥急，在政争之摇动及于司法界，较之国会机会虽少，而一旦有关涉，则其救济更难。所以然者，国会议员四年一选，而其在职之际，尚须顾念将来再选，于显拂民意之举动，终有所忌惮。至于法官，既与以终身之保障，苟有所偏袒，无须顾虑人言。故司法官不加入党争，固可以为人民之救济。若其加入党争，必且有以公平之法律为无效，而令人民失所保护。一得一失，未见为利也。而政党之争，既已见于国会，则不得志于国会者，必且反而求诸法院。故法院无此废罢权时，尚少牵入党争之机会；一旦握有此权，即难免涉及党争。此其弊害，或于美国尚浅，而将来尚难豫料。至于仿效之者，则更不可不慎矣。

第五节 行政首长之解散权

以拒否权言，则有而不用者，英国也；屡用之者，美国也；实际等于无者，法国也。而解散权则反之，法国有而不用；英国有而屡用；美国则自始无有；此一有趣味之对照也。

法国以《公共权力组织宪法》第五条，认总统得上院同意后，有解散下院之权。然此权实际殆不行用。盖法国上院之选举法，略与我国参议院相近，代表地方而不代表阶级，故与下院冲突之机会较少。而法国实际政治为政党内阁，以议会占多数而能组织，亦以受不信任投票而倒。行政之实在运用既在内阁，则解散一事，自不易行。法国之内阁制，与国会主权之事实相关联，固无由救济国会专横之病也。且法国于国会不法被解散时,认各州会选出代表,选定地方,自行开“非常国会”之制度。故行政官无论如何,终无自由行其所见之余地。宪法上之解散权,与事实上解散之效力,均不可期之于法国也。

美国之宪法,本从三权分立之基础以制定者也。故美之行政部,无解散国会之权。而总统实际运用其拒否权,随时可以翻国会之主张,使不阻格行政部。故美之制限国会专横,当然无待乎解散矣。

英国之行政党内阁,高唱国会主权,与法国同,而国王无拒否权,法院复居于不能废弃法律之地位,故其不能如美国之完全不必要解散权。人所易知也。而其所以能实行其解散之权,不如法国之虚设者,则一以贵族院常有与下院冲突之趋向。下院解散,往往因两院冲突而来,与他君主国之因行政、立法两部冲突者不同。次又以解散再选之结果,即决定内阁之命运,有一政策,政府与议会异见解者,以为诉于国民之手段,其作用与创制权及复决权相似。三则于政府议会未有意见冲突之际,亦以更加一次选举为决定政府基础之手段。最末,又以惯例,国会将近满期,即行解散再选。故英国为国会主权政党内阁之国,其极至谓国会除转女为男外,无不能为,而解散国会,反至频繁。近数十年,国会能终了其七年之任期者,实为罕见。至一九一一年选举之下院,依新国会法当于一九一六年满期,而为战事所阻,选举不能实行,始有过任期之事实,近世罕有之例也。

白芝浩以英国之下院解散权为宪法上之制动机。以为“美国宪法学英国而失其制动机,所以适得其反”。此实说明英、美两国政治上差异者也。而英国此种制动机,在理论上似专为避政府与国会冲突之用,实际转以两院异意见时诉诸国民,为其主要作用。盖英之主权,初本操之国王之手,次则移于国会之贵族院,又次乃移于国会之下院,而上院遂有修正院之名。英之交议之案,大抵先提出下院,而上院对于财政案,惟能示可否,不能有变动。其他法案,则有修正可决之权。而至前世纪之后期，上院对于此种不平之权力分配，时时吐其不满，因之生出“以下院决议诉于人民”之熟语。于凡下院通过之重大法案有不满者，即否决之，或为根本上之改正。于是时，政府所可采之手段，或为撤回其案，或改组内阁，以为一时妥协之计。不然，则须解散国会，以俟新选举之结果。以此故而解散者，其各党候补者之演说，均以其对于此两院所争之问题主张何如，为最要之事。则人民既闻两方议论之后，投票选出之下院，即表明其全国民意所趋向何如。假令其新选下院议员多数仍赞成原案，则认为人民之意向，与政府及下院相同，而与上院反对，大抵上院终于让步。若其新选下院议员，赞上院之主张，则认为内阁之政策，已显为国民所反对，而不得不辞职。所以有诉于国民之称也。然而英国自一八三二年之改革以后，自由党相继执政，五十年间，日以增加贵族中自由党分子为事，而其目的终不能达，贵族院始终以保守为其性质，每遇自由党执政，则与力争，及保守党执政，则默不加议。故贵族院虽有修正院之名，实际不过畸形的修正院，保守党对于自由党之一武器而已。所以上院对下院之冲突，最大者为爱尔兰问题，而上院在十九世纪末二十世纪沮止爱尔兰自治之案，发生效力者二十余年（一八八八——一九一四），皆恃此解散再选之武器也。（注八）

贵族院既屡用此手段，而于一八九五年之解散下院，告大成功。是时正在两院意见冲突之际，上院逼自由党内阁解散国会，其选举结果，保守党在国会占多数，此后十一年间，绝无两院冲突之问题。至一九〇六年，自由党再得多数执政，而冲突又起。上院先已否决通过下院之两政府案，而政府亦强硬不肯让步，遂有“非废除上院则修改之”之通语。既而一九〇八年否决特别酒店法，而政府尚不动，遂至一九〇九年否决预算，开数十年未有之例（英国财政法案皆以下院决定之，上院于一八六〇年之纸税废止法案，结局亦让步于下院，此后争论不息，然一九〇九年以前，未尝有此激越之举）。于是首相阿斯葵一面于下院提出“上院违宪侵下院权”之决议，一面请英王解散国会。然此次解散结果，自由党及其与党仍占多数，上院遂不得不为政府屈，通过前所述之预算案矣。然英国人对于此上院要求解散下院之事实，均认为不可不改革。所以此年政府再提出限制上院权力之法案，既通过下院而又为上院所拒。上院复自提出一案，以为改造上院之基础。其所主张，与政府意见既不相容，政府不得已，又解散下院。解散结果，再选仍为政府党多数，又提出制限上院之法案，即所谓一九一一年之国会法也。上院既不能以解散得其所欲，遂终屈服于下院之主张。英国两院之争，于此始告一段落。而此后因两院意见冲突而解散国会之事，不至复见。将来英国解散权之适用减少，可断言也。(注九)

英国内阁亦有以与议会冲突而解散国会者，如一八八六年格兰斯顿以爱尔兰自治法案否决解散国会，即其一例也。又以少数党承多数党之后而组织内阁之时，必先解散下院以求得政府之基础，如一九〇五年十二月，班拿门继统一党而组织内阁，次年一月即解散国会再行选举，其最近之例也。此两者，在政党内阁制度中，皆为变例。而其用之，恒以议会将近满期，或反对赞成票数相去不远为前提。惟遇此等场合，其再选获胜，始有希望。亦惟有再选获胜之希望，乃敢为此解散也。此种解散，先有国会容许其组织内阁一事在前，故其为防制国会专擅之力实弱。

其第四种习惯上将满期之解散，本以七年任期过长之事实而来。故一九一一年之国会法，改为五年之后，已见满期之惯例。将来此项习惯，当不复存。

所以英国解散权之存在，及其应用频繁，主要原因实在乎有不由民选之第二院存在。而此种制限国会专擅之机关，全然缺人民之基础，又专代表保守的势力，理论上之不通，与实际上之窒碍，兼而有之。所以英国一百年之国会史所记述，不外下院逐渐夺取上院权限之记录。而一九〇九年之否决预算，实为上院掉尾之奋斗；一九一一年之国会法，则决定上院之命运者也。在上院以修正院著于一时，其所标榜者，不外能救正下院之专擅不合民意之行动。即其甚者，逼政府以解散，或使之辞职（如一八九三年之倒格兰斯顿内阁），次者亦否决其法案。故于民主国家及国会主权制度之下,此种解散,果有相当之效果耶,抑但应认其修正之效果而止耶?实不失为一问题。而英国之新制,则并此修正权而去之,仅与以二次之复议权而已。上院之能力,仅能抵抗下院二次之决议,比之美国行政部之拒否权,尚有所不及。于此可见不基于民选之上院,使为调节政治防止专擅之机关,固曰不可能;非徒制度上为之也,实以其力之不足也。白芝浩于此盖有先见,彼批评英国贵族院之缺点,即为无腕力与舆论之后援,贵族不热心于政治,偏代表一阶级等事,而终结谓:"贵族院恐将失其否认权,犹之英国君主之失其否认权也"(时为一八六七年,实国会法成立前四十四年也)。此英国贵族院不能为修正院,不能限制下院之真正原因也。

非民选之上院,则结果将为英国之失败;而民选之上院,又不容易同意于解散。若不待上院同意,单以行政部之意见解散国会,则危险实甚,与民主国家之精神不相容。故解散之手段,在于既往虽为重要,在于将来必不可存立,即存立亦必无实效,以为救济手段,固不适也。

第六节 前三项救济方法之批评

以上三种方法:第一种拒否权,以认识国会某种行为非代表民意之权,付之行政首长,而其救济方法,则在国会之再为讨论,要更多之多数以决行其事。故认识之为一机关,救济之又为一机关,其方法不可谓不周密。比之法院之废罢权,单以大理院解释为准据,指出其不合宪法者为此机关,以不合宪法之理由,宣告其法律为无效者,亦属同一机关,固为远胜。比之直任行政首长解散国会者,更为慎重。故以美国宪法上规定言,今日之行拒否者,已越出宪法范围之外,而美国民对于此行政首长之扩张权限,反对之声较少者,即以两院中如各有三分之二主张其原案，总统即不得不屈从。总统欲其拒否权生效果，至少须于两院中得一院有三分之一以上与己同意，然后可以贯彻其主张。所以其危险较少，人人安心信任之。美国人所以反对法院废罢权，亦以此也。

而反之，则解散权亦有一长处，即各国对于解散，皆于成文宪法定有限制。普通为上院同意，与一会期不容两次解散二事。故不特内阁不经上院同意，不能行其权利，抑且须预期新选议员，若反对党得一名之多数，内阁即当辞职。故其始时用之，固不敢不慎。即用之过当，选举之结果，亦有自然之救济，不忧政府之擅行无忌。而拒否权一度施行，则必须两院皆有出席三分二之赞成，始能维持原案，事既非易。又即原案既得两院大多数维持之后，行政官对此亦毫不发生引责辞职之间题。以较解散，则解散反为近于平民主义之精神也。英国之解散，宪法上无一会期不越一次之成文的制限，故其适用尤多。然前次议国会法时，一年而两解散，已大为人所非议，非有国民之真正同情，决无敢冒此险而为之者也。

第二种之法院废罢法律之权，以其决定言，则涉于专断，以其结果言，又对于人民不负责任。实兼有两者之短，而失其所长。此后非有他种自为救济之方法，辅之以行（如对法官之罢官权归于人民，其一例也），恐终不免于废止。至于解散与拒否，一则从其事件逐一谋其救济，一则于其组织要求其更新，各有其特殊之作用，亦各应于其政治组织以见采择，英与美其代表者也。

美国及其它联邦制之国家，宪法上采三权分立主义者，其总统或内阁总理不负对国会之责任，故其重要法案不通过，不必辞职。国会之对行政部使用否决权，亦不视为信任政府与否之一种表示，故其性质上，适宜于以拒否权为救济方法。又此种国家既认三权分立，自然不能认解散权。反之，则英国等以国会主权为其宪法精神，故其重要之主张，见拒于国会时，内阁当然不能继续以国会为基础，而实行其计划，非辞职则解散。而又益以有一非民选之上院，梗在其间。如上所述，故其乞灵于解散者尤多。至拒否权一节，则以国会主权制之结果，国会多数之主张，无容其拒否之余地。故虽本有之制，亦自然竟不用而消灭也。

但美国既以三权分立为主义，而令总统有此拒否特权，已自违其本旨。至总统之拒否交院再议，乃要求出席人三分之二多数，始能通过原案，如前所述，事实殆不可能。故此种制度，在少数党虽为合于人民公意之主张，未必能动政府以得助；多数党主张虽不合人民公意，而总统属彼同党，未必因而为之拒否。拒否之权实用，乃在总统与政府党异意见时。而多数之主张未必非，总统主张未必是也。是欲救国会多数党之专横，而转致行政部之专横也，是不容较为众多之多数党专横，而独容只有一个人之行政首长专横也。此不条理之甚者也，非真正之救济也。

英国既以解散为诉于人民之一手段，于是以一法案之不通过而解散议会时，若其新选赞成者多，反对者少，因之通过此法案，则以为人民果赞成之矣。若其反对者多，赞成者少，此法案终不通过，则以为人民实反对之矣。虽然，实未必然也。以解散国会再选为诉于人民，又以其新选国会之决定，为民意所决定，此真政论上之一种拟制，又止于拟制，而不能认为事实者也。盖当选举之际，以所谓多数代表制之结果，选出之人，固已不必代表国民之全体；而以其中之多数论，更不与人民主多数同符。此为制度上之缺憾，不待言。即以其投票而论，选举人于其法案为赞成者，结局或选出反对此法案之人。何则？一次选举，非单倚之以决一法案，选举人之选择，必不能全如意料中之所期。假如其候补者主张十事，而七事为与选举人同者，较之主张十事而仅三事与民同者，人民必舍三而取七矣。顾其成为问题之法案，此七事相同之人，或刚于此点与人民异，而仅同三事者，此法案或刚在其内未可知也。然则虽解散再选，未必赞成者多数，即为民意之所赞成。反之，则虽反对者多数，仍未必人民反对也。此正如英国下院恐上院否决其法案，则以之编入预算中，使之不能修正，又不肯否决。语其实际，上院之意，固在反对；而以其全体论，不能不勉为赞成。故以解散诉于人民者，若每一重要法案，解散一次,则不胜其繁。若要求人民委任以决定各法案之权,而不许其分别赞否,则虽与以选举权,犹之英国上院之议财政法案耳,决无真确之表示,可以由此种选举得之。此解散之所以为诉于人民者,尚不充足之点也。

且解散固曰其组成分子不能代表人民也,然未有全下院之议员,皆不为人民所信者。观于每次选举结果,旧议员再选人数,及其另行选出之人数比例,可以见之。既有一部分为仍能代表人民,则何不求一方法,使得逐一议员,审查其合于民意者,使继续满其任期;不合于民意者,随时可以更换;不待解散,不待更选,岂不完全达其救济之目的乎?更进言之,则如使有一方法,每遇重要法案,恐国会之主张,不合民意之时,可以使人民直接对其法案表示赞否之意,由之以定从违,岂不更较拒否权为彻底且安全,又较解散为明确且合理乎?质言之,则凡拒否法案,或强求通过一法案时,不再求国会之决定,而逐事询之人民,则无所用于拒否权也。凡罢免不称职之议员,不以政府为之,而以人民为之,则无所用于解散权也。以认识国会之不代表民意之权,及决定之之权,归诸本来之选民,是其错误可以极少,而运用可以无滞,凡虚心之研究者,对于此必不反对之矣。

第七节 根本之救济方法——直接民权

于前节末所举理想的救济国会不代表人民之弊害之方法,主在于逐事求救济,逐人求救济,且由选民自为救济者,根本的救济,现在可得想象之最良救济方法也。即所谓直接民权者也。如使有人民所欲提出制定之法,国会不提出或否决之,则为不代表人民意思矣。于是立一制度,使人民得法定之提案人数以后,可将其法案提出,付选民票决其采否。既得采用,即成法律。是所谓创制权也。

如使有人民所不欲立之法，而国会强立之，斯其不为代表与前同耳。则立一制度，使重要之法案，以法律规定为当付国民重行投票。普通法案，遇有相当人数要求，亦付选民重行投票表决。必待得选民多数赞同，始为有效。是所谓复决权也。国会组织分子中，有溺职者，得由国民投票免其职而另选，即一部分之解散也。是所谓罢官权也。此三种制度，在欧美已有相当之经验，以之救济国会专横，固胜于他枝枝节节之办法矣。

此三种权中，行之尤广者，为复决权。而一般之人亦认以为救济国会专横最有效之手段，故于此欲更稍详论之。

复决权自罗马之普列必失（民众票决）转化而来。美国之各州宪法初定时，“马沙朱色”等州已以复决权与人民，关于制定及修改宪法，须受人民票决。此制既沿用于美国，又入于法国。法兰西大革命后，一七九三年之宪法，以明文认复决权。法国宪法寿命不长，旋成帝政，而其宪法实为瑞士所仿效。复决制度，既入瑞士，乃大发达，不特用于宪法，又移及于普通法律。且于复决以外，更变生人民创制法律之制度。至于今日，瑞士遂认为直接民权之祖国矣。十九世纪末二十年间，英美学者渐认国会中之弊害，一八八四年始有著书说绍介瑞士之复决权者，称之曰瑞士之民众拒否权，以与美国行政部所拥之权相比。其后自一八九七年以降，美国诸州相继实施此直接民权。一九〇〇年澳洲联邦宪法，亦认此复决权。故此制度之再入世人注意，以迄于欧战之始，中间经过仅三十年，而成绩已极昭著。其可以为救济国会专横手段，已经公认。而尤引起世人注目者，则一九一〇年英国国会法争议正烈时，统一党采用复决权之提案也。

当一八九〇年，爱尔兰自治案论争正盛时，戴西氏已主张英国当采用复决制度。其后一九〇四年，英国之张伯伦，复于国会称复决制度为甚良之制度，其意以英之解散比复决制度也。及一九一〇年，下院制定国会法，以限上院之权，统一党则于上院自提出改革上院之案。依当时下院之国会法案，规定为“不关于金钱之法案（其关于金钱者,不须待上院可决而有效),经下院可决三次,均被上院否决时,仍可经国王裁可而成法律"。统一党所提之改革案,则为"此种法案,两院意见抵触,亘于连续两会期,不能于他方法解决时,以两院议员组织之联合会议决定之。但若其所争者关于重大事项,且未尝诉之国民判定时,则不以该件付联合会,而依复决制度以决定之"。此其所主张,实较自由党所主张者为进步,然而终不见容,遂又生解散之结果。解散后之选举,统一党形势本极恶(以主张保护关税为一般人所厌),乃举复决权以为号召,其结果虽统一党仍不得多数,而政府党亦不得其所预期之自由党绝对多数。即统一党标举复决权之效也。(注十)

墨西干那威合著之《比较自由政府》,就此事为论曰:"如使复决权见采用,则将成为一新方法,以防止人民所不赞成之法案之通过。在贵族院,本司防制一党,常拒否法律,或逼使以党之所主张诉诸人民,即一种之间接复决制也。既夺去贵族之拒否权,则直接复决权出现。此种民主的方案,将又有创制权随之以来。……相争之党将不能独占政治的研究,结局将作成一种更满意之民主的政治,然而固非以内阁政治为其全意义也。既采用复决权,则内阁解散国会权性质上当然剥去。……而国会既有定任期,人民又参与立法,则政党政治当然舍置矣。"①盖当时复决权虽未决定采用,而战后必将有实施之日,固当时学者所共知也。

采用复决权之利益,固非一事,而此防止国会专制一节,已足赏用。而在罢官权之适用于议员,尤足以救一般渎职之趋向。法国为对于国会最缺乏救济手段者,近日一面谋采用比例代表制度,以免多数党之专横;一面又有多人唱用罢官权,皆足觇近日之趋向也。

直接民权之条理及诸作用,已于《建设》第一卷第三号次第有所述,今所不详。要之此为应于需要而发生者,吾对于中国将来宪政制定上,不惮为采用之献议也。

---

① 《比较自由政府》五〇三——五〇四页。

注一 弥勒著《代议政治论》第七章(New Universal Library 版一二七页)。

注二 据上杉慎吉所著《议会政党及政府》(一五六页以下)。

注三 墨西干那威合著之《比较自由政府》七六页及高田早苗译斯葛多《英国国会》第十五章。

注四 《比较自由政府》七三页至七七页。

注五 据铎氏《现代宪法》Dodd's Modern Constitution 及戴西氏《宪法导论》一一〇页以下,末冈精一氏《比较国法学》)六四页以下。

注六 据《此较自由政府》第二十一章。

注七 戴西氏《宪法导论》一〇一至一〇五页。

注八 吉田世民译白芝浩《英国宪法论》第四章第七章。

注九 本师小野冢喜平次博士《现代欧洲之宪政》第一章。

注十 同上第二章,并上杉慎吉博士《议会政党及政府》二九四页以下。

原载 1919 年 11 月 1 日《建设》第 1 卷第 4 号,署名民意。

男子解放就是女子解放

我的朋友光佛先生做了一篇《女子解放当从男子解放做起》，先给我看。我看了之后，心里很像有许多话，却说不出什么话。后来便给季陶先生看见了，赞成的了不得，就拿去了。我也没有工夫再去想想。但是我相信光佛先生是完全不为过闲日子、闹派头来讲解放的。我也很想再研究这个问题。后来又见苍园先生的《女子神圣观》，又起了一种说不出的感想。好容易这几天把这几个感想融会下来，将他的一部分，变做几个具体的问题。这个问题，我现在也不能解决，所以写出来大家研究。

第一，解放是由什么解放呢？这个由什么，就是现在要破坏的对象。比方我们破坏了满洲政府，就可以说得由满清解放了。我们自己破坏了神同上帝的迷信，也可以说是由神解放了，由上帝解放了。然而这两种解放，的确有不同的地方。在前一种，是社会上一个人或一个继续的团体，所以几个人破坏了他，全国的人都不受他束缚。他这个力量，是依托几个人来存在，所以几个人也可以打破他，可以解放全国。至于后来这一种，他不是依托一两个人来维持的，他是社会上一种过去遗留的凝成产物，混入了人民日常生活里头，做了生活内容的一部。他同我们日常生活，一时分别不出来。我们只管能够自己打破了，不能令人人都晓得。所以我由神权解放了下来，与你无干。你从神权解放了下来，也于他无涉。好说罢，就是各行其是。不好说罢，就是不相为谋了。所以这两种解放，我很想同他分别各起一个名字。前一个，叫做解放了人的束缚，后一个叫做解放了社会特种秩序义务等的束缚（解放了社会的束缚）。这两种解放,不是一样的。解放人的束缚,是很容易的。解放社会的束缚,就不容易了,因为不是几个人做得了的事情。然而要说解放社会束缚最易,也可以的。因为这个束缚,是全社会大家维持他的,最少自己总有一分力量。所以自己不去维持他,自己却是先解放了。就比方我要不信上帝,立刻就可以办得到,并不像推倒满清这种烦难。所以就一个人说,解放了社会这种束缚,是很容易的。照全体来说,解放了社会束缚,是艰难的。由特定的解放,抑或是由特定的社会解放,的确不同。现在我看许多人的讲女子解放,很像是只有对人的意义,似乎只有男人把束缚除了就完了。就是光佛先生讲的男子解放,也是很像把女子的束缚除了就完了。我却疑心这个解放,是不充足的。因为这种人对人的解放,解放了人的束缚之后,还有许多社会上的事情,赶了他找出第二个束缚来束缚自己。所以这个解放,似乎应该作由社会解放解的。

第二,解放是要自己个人解放呢,还是要全社会解放呢?照先前所说,一个人由社会束缚里头解放下来,本没有十分艰难。然而只是自己解放了下来,并不见得十分有价值。要解放有价值,只有望全社会的人先后尽数除这个束缚。所以着手的方法,虽然由自己做起,不能做到自己解放为止。并且从自己不用社会束缚来束缚他人做起,却不能做到不束缚他人便止。所以说,我解放了某人,同某人解放了我,是不相宜的。只可说某人同某人,都由社会束缚解放了,而且要真成一个男人不要特定的女人,女人不要特定的男人的生活,才可以算解放。如果只是把所谓夫权、同居权、扶养权、义务取消了,也不过是治标的办法。一定要把平日的生活和婚姻制度相连的——性欲、孕育、家事(包含炊爨等)——诸男女分功问题,一一能下解决,始能算做解放。不然,总是一时的,不健全的现象,是不可以长久的。要这个条件具备,就是对社会的问题,不是对人的问题了。社会如果是一般的束缚不去,你这一两个解放了的人,断断不会被人欢迎的,一定还要受许多精神上、肉体上的迫害。解放了的人,还是要忍耐特别的痛苦。如果只是为自己打算,还是不解放的好了。至于因为某人不便当,就想离了某人,等到有别人便当的,又去束缚起来了,那只可以叫做自己背叛自己的良心,更说不上解放的话了。

第三,男子解放与女子解放是不是两件事?如果以为男子解放女子,女子解放男子,那当然是两件事了。如果社会解放男女,那就不见得是两回事体。光佛先生说,男子紧紧束缚女子,女子也紧紧的缠住男子,两下死不放手。这一层似乎都是表面的事情。再进一层看,就是社会生活,弄到这个人只可望一条路上走,男的不束缚这个女子,也要束缚别一个女子;女子不缠这个男子,也要缠别个男子;结局还是不解放。所以要解放,必要把同这种束缚有关的许多分工的问题,替自己重新立一个秩序,才可以解放。这个新秩序立定了,就是把男女的束缚,同男女的分工离开了,把社会的一般生活,同附着在那里的男女束缚分开了,那就似男子解放同女子解放是一样的事情。如果男子解放完了,女子的解放也就完了。女子没有解放完的时候,男子断不能算是解放完。

第四,解放是不是傲慢呢?如果是从一个人对一个人说,或者擅称解放,未免太过荒唐。但是我的意见,似乎解放完全是由社会的束缚解放下来,男人女人,说的听的,都是被解放者,尽可以不必客气,也用不着生气,不是能解放人的算有本领,受人解放的就不中用。所以从前我看见有许多力争打破同解放的两个名词,我以为很可以不必。就是苍园先生讲的女子神圣,我以为也并不比解放高了。因为我所看见的解放,是男女都受解放的。说神圣,就两边都神圣。不然,便大家都不神圣也可以的。我们还是不分阶级的好。

原载于1919年11月9日《星期评论》第23号。▲

英国与波斯之新协约

英国自与俄协商，划分势力范围之后，在波斯南部，已可自由行动。及战争中俄国势力颓败，英国遂以全波斯置之手腕之下。波斯本为对于欧战中立之国，但其中立乃由英国派兵维持之，波斯尚不能不向英国口称感其维持波斯之中立。以此而论，则日人之在龙口登岸，以答中国中立之好意；占领胶济铁路，以完全其尊重中国中立之手续；信不能专美于亚洲矣。休战以后，英国急于解决波斯问题，而波斯正亦不乏深信和会可以主持公道者，而英、波新协约不能待也。德约甫签，而波斯政府已与驻达希兰英使确斯 P. Cox 订立协约及借债契约。英、波之交涉，前后经九个月，而卒归于英之成功。据前数日（十月十二日）巴黎电载，波斯外交总长对和会宣言："有致疑于英、波协约者，殊属不当。波斯非改革不能生存，又非得欧洲一大友邦之助，无能改革。而能助波斯之惟一邦国，则英国也。此协定绝不伤及波斯独立，亦未尝使英国得一永久权独占权。"可见英、波之订协约，由于波斯政府欣然同意，恰与中日军事密约一例。旁观者纵欲为之扼腕借箸，将奈之何。

协定正文共六条，以八月九日在达希兰签定。其文曰：

今以两政府间友谊连带向来密切，而为将来两方真正相互利益计，有将此连带更加巩固之必要。兼以波斯之进步繁荣，应受促进，至于极上。故一方波斯政府，一方不列颠公使阁下代表其政府，相与协定如下：

一　英国政府重新以明白之态度，保证向来所屡声明之波斯绝对独立，及领土保全。

二　英国政府愿于两国政府妥商之后，以波斯政府之费用，供给所认为波斯行政各部所需要之熟练顾问官。此种顾问官，当由契约佣聘，而赋与以充足之权力。此权力之性质当依波斯政府与顾问官协商而定。

三　英国政府愿于经过，以按波斯政府提议组织统一之军队以建立保持国内及边境秩序之目的，将来另行以英、波两国熟谙军事者组织之联合委员会之决定之后，以波斯政府之费用供给新式军官及武器、服装。

四　为供给本协约第二、第三两条所陈改革之财政，英国政府愿代波斯政府筹备策划一项确实借款。而为求得充足收入之故，将由波斯政府所择，取之于关税收入，或其他财源，而以英、波两国商定之。当此项借款未经议妥之前，英国政府允供给开始前项改革所需款项之数。

五　英国政府完全承认在扩张商务与防止饥馑两点着眼，急须改良波斯之交通。现在准备与波斯政府联同奖励英、波合办事业，无论其为建筑铁路，抑其他输运，均括在内。而每件必先经专门家检查其问题，再经两政府协定，务使每一特别计划，必为最需要、最有实用、又最获利者。

六　两国政府互允另行选派专门联合委员会，基于改造之眼光，以该地实在利益及促进其繁荣为基础，以审查改正现行之海关税率。

此约以1919年8月9日在达希兰签定。

与此协约同时订定者，则有借款契约。此借款以二十年为期，总额为二百万镑。其契约全文如下：

一　英国政府允诺波斯政府二百万镑借款。将来照波斯政府于按照前述协定英国财政顾问已在达希兰执务之后，指定分期办法及时日，即行照所要求交付。

二　波斯政府设法，按月以年息七分之率，清付按第一条所付借款之利息。迄1921年3月20日而止，自此以后，须筹足款项按月付年息七分，并逐次偿本。以二十年为限，本息清偿。

三 所有海关收入税款，依于1911年5月8日契约之效力，应以付还一百二十五万镑之借款者，经指定为本借款之偿还之用。承继该契约所设一切条件，且除1911年借款外，对其他债项有优先权。即英国政府垫款，亦有优先权。若前项税项有不足时，波斯政府须设法由他项财源拨足。为此项目的，于时波斯政府以充现借款及其他垫款如上文所述者之用，指定其他一切地域关税收入（案其他谓波斯湾以外之地）。随时此种收入，可以议用，并有优先权，且承继该契约所设一切条件。

四 波斯政府有权随时以其将来所订英国借款所收金额，偿还此项借款。

此项借款主要之担保，为波斯湾海关收入，即此契约中第三条所谓付还一百二十五万镑借款者。原担保额为一百余万镑之借款，此次借款，则以之为第二担保者也。

通观此协约及契约，觉其内容无处不与朝鲜从前与日本所订协约相似。尤于其注重内政改革之点相同。此亦东方英国与西方英国所以为相似者之一欤。

协约第二、第三两条，一面指明改革内政，一面指明保持国内秩序需用兵力，而借助于外国军官。夫国家改革，军事固其一端，而决非其重要之一端也。既注重于军事改革，则其他改革，必将为之牺牲。且波斯将以其兵力防何国之侵入也，将对英国乎，对法国乎，对俄国乎，抑对新建之乞治士乎，败残之土耳其乎。波斯之假想敌人，早已不存在。所谓改革军政者，于国防上完全无意义，而其用途，必在对内可知也。故波斯之改革军队，正可比于中国之国防军，其利用借款以成立同，其用外国军官武器服装同，其名目为国防同。然则其下此相同之点，不待吾言，而国人当悉知之矣。

波斯之不靖，其根本原因，自在其向来之不热心改革故。其对内之策，非倡言改革不为功。但须知今日之国民，非畴昔之比。岂有顾问制之改革，而可以欺人民者。国家之立，自当有其本根。今波斯言改革，而首重军队，是果为波斯人民所为之改革乎？如波斯外交总长所言，波斯诚非改革不能生存。则第一当改革者，为今日以前世界多数国家所陷入之重视兵力之主义。第二当改革者，为依赖一欧洲强力以改革之主义。然则波斯之改革内容，可以满足人民否，直可测知，无事检其详案矣。

以如此之改革内容，而易得顾问制。以不可知之改革，而易得永不能脱束缚之顾问制。此即波斯协约之成绩也。夫泛言顾问，则何足奇。所当知者，此协约中所谓顾问官，须有充足之权力也。按诸协约，则何部需要顾问官，不由波斯自定，乃由两国协商而定。故波斯所自欲者，英人固无不欲其设；英国所欲设者，波斯又有何法不设乎？而此顾问官之权力，乃由波斯政府与顾问官之契约而定，不规定于条约，似英国之尊重波斯主权，赖有此一节而显矣。其实何尝如是。夫聘顾问官者，波斯政府对于英国既经商定之一种义务也。非波斯政府允其所要求之权力，不肯受聘者，为顾问官者当然应有之权利也。为顾问者，可以不就，而波斯政府不能不聘，波斯政府将以何法拒绝其所求。即其求以一部行政总揽之权，归诸顾问官一人之手，波斯政府又将何以拒之。然则一部有顾问，一部无行政之权。各部同时皆有顾问。而波斯政府退归无有矣。况各部之事，原为互相关连者，此部有一顾问，他部之事亦可入其势力范围。事理显然，无从讳饰者也。

与顾问制相关联者，则为借款。波斯前次借款额为一百二十五万镑。此次借款为二百万镑。以时值计，不过约大洋一千五百万元，而折扣尚未计也。问其担保，则前者为波斯湾海关收入及电报收入，后者又益之以全国关税。夫所谓担保者，非特空名而已。所有税关收入，皆付银行，而除税关行政费用外，全部先充偿还本息之用，每礼拜一交。至于波斯政府，则惟能一月一见其结帐而已。必待支出有羡，然后波斯政府可以取用。其制恰与银团之对于中国关盐无异。故波斯之财政，既有顾问官以揽取其作用，复有此债主以堰截其源流。所谓改革者，曾不知有何价值。但见一国财政，从此不能以国家自主之意思决定而使用之耳。且波斯既以重要财源，供借款偿还之用，自然更生改革费用不足之问题。因之必有第三之借款，必有第三之担保财源，又从而重增波斯人之负担。至于疲苶之极，则又归咎于其改革之有未至，更起新计划，更起新债，更重其诛求。此甚明之事实，势无可逃者也。

尤可注意者，借款契约规定，波斯于由英国借款随时有权偿还此项借款。换言之，则二十年内，波斯非向英国借债，即无法免此借款契约之束缚。而再向英国借债，则其束缚又必比此有加无减，可以豫知。然则所谓英国非得永久权者，正无异九十九年租借之非割让耳。读者试以一比中国之国债痛史，当知其故矣。

于此尤当注目者，则波斯铁路问题也。依此协约，当由英波合办，而又须经专门家检查。此所谓专门家者，必为与顾问异形一气之团体无疑。故此项交通计划，当然以英国之利益为主眼，而不计及其余。今试观英国在波斯西方米梭波打迷地区之势力，则知从前德国所握有伯达铁路之利益，已大半归于英国所领有（别篇详之）。一面俄国从前所握波斯北部利益，完全不能继续主张。所以英国可自地中海之亚历山大利亚湾起，开一铁路，直通波斯以达印度。而波斯之纵贯动脉，成为大英帝国联系之一环。将来英国如何能主张无合并波斯之必要耶。此真有兴味之问题也。

读者慎无以为此波斯一国之问题也。今日虽波斯实当其冲，而将来必为世界之大问题，其最终影响，即在吾国。盖此不仅为铁路自地中海通及印度，同时又为自地中海通至新疆之一前提。故英国经营之铁路，将来延长至中国边界时，中国始知其与我有关，则已晚矣。伯达铁路问题，暂以此次战争而解决，而横贯中国之铁路问题，方将代兴。夫伯达鉄路局中之德国，固不可学。即伯达铁路局中之土耳其，又恶可为也。奈之何其不知虑也。

虽然，此铁路于英国固有扩张商业，便利行政之益矣。而同时又使印度与米梭波打迷及小亚细亚诸地交通便利，于回教徒之结合奋兴，实不无影响。夫不能以耶教易回教，又不能使回教徒不与外界交通，则此铁路之完成，于大英帝国之将来，正不知当与以若何之效果耳。波斯不得为智矣，英国之智又何如哉？

波斯虽名为亚洲一独立国，而久矣但以英俄之争，暂得小康。暨英俄协商成后，犹得保有中部一线，为中立地带。故波斯向来之独立，非以其能独立故独立也，但以其独立于欧洲列强为便，故人使之独立耳。然则俄国势力绌之日，即均势破，而波斯独立之意义消亡矣。自今以往，波斯之独立与保全，恐终不免有变更其本来意义之一日。虽然，此果足为最终之决定乎？波斯之兴衰，非一度也。有此长期历史以鼓励其民族，使生其统一自由之念。交通之开发，外力之压迫，自然力之展开，皆使其国民得新元气、开新活路而已。波斯国家之形式如何，未可知也。波斯之民族，必为不可磨灭之亚洲一民族，则吾所敢信也。

波斯之反对现行政策者，多欲乞怜于法国，以对抗英国之势力。法国固不无势力于西利亚一带，而于波斯，势尚未可以及。且就使法国有与英争衡之意，于波斯曾有何裨益。不倚赖一国，而欲倚赖他国，其害正复相亚耳。法之于波斯，又岂能较英国为亲哉。要之，外交只有利害之同异，决无感情之向背。而所谓利害者，又往往昨同而今异，昨异而今同。不特乞助于法为无益，即依赖他国，亦同为不可。何则？我所依赖之国，即为能吞并我之国。其始为友而终为敌者，特外形耳。语其实，则自始不能向现代之国家求一国而倚赖之也。至于亲疏，固因时势而异。吾不自振，又岂可以责人。言爱国而专以亲某国为是，亲某国为非，其甚者乃以为亲某国者皆卖国，亲某国者皆爱国。此亦今世论者之一蔽也。已形之侵略，固当力拒。未形之侵略，亦当预防。不知其所以施于我国者何如。视其于亚洲属地之政治，及其待中国劳工何如，可以知之矣。中国人当知亡国之忧，非独波斯有之。而能亡人国者，固亦非止一二国也。

附记　此文成后，见报载烟酒借款要求顾问一人，不足之额以盐余为第二担保。信然，则何责于民国二年之五国银团。

原载于1919年12月《建设》第1卷第5号▲

容人悔过与劝人赎罪[①]

《时事新报》记者,对于孙先生致徐树铮的电报[②],下了一个批评。大意说:有觉悟的人不应该靠别个,不应该利用别个。孙先生的电报是靠徐树铮转圜大局,是利用徐树铮,所以还是没有觉悟。这个批评,我以为是不大与事实相符。

我们从革命党的立场来讲,主张是不能迁就的,悔过却是很欢迎的。因为确见得非如此不可,所以没有迁就。因为晓得要达到如此的目的,是要先加帮手的人,减少反对的人,所以欢迎人家的赞同,希望人家的赞同,决不拿过去罪恶来拒绝人家的赞成。我们从同盟会以来,到现在是一贯的。孙先生的电报,要徐树铮自拔解罪,并不是靠他,只是许他悔过自新。比方从前革命、保皇,势不两立。却是民国以来,梁任公赞成民主政治,革命党也没有说,你从前主张保皇,实行保皇,现在不容任你再讲民主了,你去美洲梦俄罗斯罢,这种褊狭的话头,是什么缘故呢?就是我们的主义,是平民政治。凡是认做国民的,都可以有权帮助民政。所以主义上不能拒绝梁任公,不承认他讲共和,这是显然一个前例。此外就我们辛亥在广东的前事来论,李准是杀许多革命党的人,革命党宣布他死刑的。到

---

① 本文写作与发表时间,均不知。据内容系讨论孙中山覆徐树铮电,推知可能为1919年11、12月间所写。

② 1919年11月26日孙中山覆徐树铮电说:"今日转危为安,拨乱反治,无过于依照约法,使国会恢复其自由之职权……执事能立功于国境,何必不能解罪于国民。大局转圜,事在俄顷耳。不然,内忧未宁,外患方亟,卧榻之侧,可为寒心。执事曾劳,能保不为他人作嫁衣者,而谁敢为执事贺。"

了武昌起义后，九月初七晚上，李准派人来，愿进同盟会，我们就欢迎他，许他补过。到了九月十八，他果然逼走张鸣岐，免了一省的涂炭。假使广东那个时候，我们不许容他补过，李准的态度同张勋一样，那广东的陆军不要和南京第九镇的溃败相同么。这样争持下来，广东的人民苦到那个地步呢，全国的局面正不晓得怎么样呢。所以只要一个人肯悔过，革命党没有不欢迎他的。他真拿事实来补过，于社会上也一定有益的。《时事新报》诸君，纵不晓李准的事情，总会记得八年前梁任公在什么地位。

我们的态度向来如此，我们到底没有靠人。至如利用的话，我想这里完全用不着。现在所谓利用某人，利用某人的手段，是跟着他做坏事，口里头还说我要他做好事。现在劝徐树铮回头解罪自拔，先认定他所做过的是坏事，劝他不要再做，并且要他另外做过一场好事，把从前的坏事救正过来，自己却没有帮他。这种利用，是向来没有的。凡有利用，都是自己有目的，叫他人做他的手段，无论利用好人坏人，都不可许的。现在护法救国的事，大家都是国民，一面目的是大家共同的，一面大家都做了手段，表里如一的，有什么利用呢？

救国虽然要有一个主张，但是人人跟了这个主张，都可以去做，我们决其没有专利的意思。我以为《时事新报》记者，也应该同我们一样。

张东荪①先生曾经说过，忏悔从前的好人，是很难得的（大意如此我记不清楚了）。现在忏悔从前的人，我们都认他做朋友。却是劝人忏悔从前，便要避嫌；这个道理，似乎不很充足罢。罪恶有大有小，但是如果容人忏悔，又说大罪不行，就太不澈底了。我并不说前头所举的几个例，罪恶和徐树铮大小相等，但是以为解罪自拔，总是可以容许的。故此孙先生的电报，不算不觉悟。

据《朱执信集》刊印。

---

① 张东荪当时为《时事新报》编辑。

取销外蒙自治的功罪和对付方法[①]

外蒙取销自治，如果没有办法，还是免不了日本的侵略，这一层是人人都想得到的。孙先生电里头说的为他人作嫁，就是这个话。不过我们用什么方法对付他，是不可以不研究的。

我们先要明白，不是外蒙取消自治，才有这个问题。这柯尔恰克[②]政府同日本的默契，已经是一个公然之秘密。我们如果说外蒙随你自治，中俄协定只管有效，也只可以做个不负责任的口实，不是可以免得日本的侵略。所以外蒙取消自治以后后，如果没有办法，或者还要加上把来当做礼物送人，那我们当然绝对反对他。但是光拿取消自治一段说，还不到这个地位。

蒙古是应该和汉人平等的，这是不错一句说话。但是现在政府待汉人的好处在那里？比如说朝鲜、台湾的话，日本人自己说的，就是将来要给他和日本人同样的权利。因为日本人有许多权利，朝鲜、台湾人没有得的。如果把选举权给了他们，他们总认是一个好处。现在我们汉人是同蒙古人一样，完全没有法律保护，完全没有参政权利的啊！所以说平等待遇，五族共和的话头，决其不能骗蒙古人。你要人家愿意进你的门，总要你先待家里的人好。你待汉人已经如此，蒙古人如何会满足呢。

所以要蒙古肯同我们汉人一起生活，一定要把他们和我们的国

---

① 本文写作与发表时间，均不知。据内容推断，可能与《容人悔过与劝人赎罪》一文同时。

② 柯尔恰克，今译高尔察克。苏联十月社会主义革命之后，反革命头子高尔察克盘踞在西伯利亚，反抗苏维埃政府。

民主权承认了,约法上的自由权承认了,参政权承认了。归结一句,就是没有法律不能收回蒙古的人心。你说蒙古这一回取消自治。是为势所逼也好,是甘心情愿也好,现在这种不良政治,总会把他逼到趋向别国去。所以拥护约法,销除一切不合法的机关,才是根本维持外蒙的办法,才能够不算为人作嫁。

我们的将来是要同蒙古一起的呢?还是要分离呢?是一个问题。蒙古人自他的历史,也许暂时不愿意把界限破除的。将来我们可以尊重他的自决。但是如果被侵略家野心家拿去,那就完了。所以我们愿意外蒙古取消自治,是这个意思。什么国威,什么光荣,都不在我们心上。

我们的主张,是恢复国会,励行约法。本来是豫期北方那一个军阀官僚都反对的,但是总不能说绝对不容北方人回转过来。就是今年的和议,要求恢复国会,也是这个道理。我们已经是宣明豫备反抗不合法的事情到底的,但是和议还是开了。南方没有丧心的人,也还是准备和战两样。所以教训徐树铮几句,固然不是靠他,然而究竟所教训的是一个办法。徐树铮不肯听,别个人听了,也是有益于中国,并且有益于蒙古这件事情的,不至于把我们改造中国的功夫妨碍了。

据《朱执信集》刊印。

革兵革警滋事的问题

近来报上见得最多的,就是革兵革警的滋事。既然是革了的兵,革了的警,我们自然不能够责备兵官警长。兵官警长把这闹事的人惩办递解,也算是一种办法。

但是我想世人注意的,就在这革兵革警作恶的性质,从什么地方得来的一层。

革兵革警,是不是革了出来就坏的呢?在现在做兵官警长的人,都可以应声答我一声:是的。如果大家相信这句说话,这问题就完了,从此我们万不可以再议裁兵退伍整顿的话。只有现在几多兵;将来就照养几多兵;有几多警,就永远养着许多警;只有添多,没有减少。如果是要裁的话,就要同他另找一件事情做。再不然,就要出了营盘,就进营仓;出了警局,就进警监。这个情形,我们还希望有轻一点负担的日子么?但是大家且莫性急。就是我也带过一万几千兵来的,我却不敢说兵是革了出来才坏。我当时带的兵,自然不及现在这样有横行天下的机会,但是也因为他做坏事,办了不少的人数。至于革了出去才坏的证据,我却不曾拿到一个在手里。

还有一个相识的人,在一个地方做什么镇守使,他的兵解散了,就勒令出境,不许逗留。他也是提防着象上海一样的事情,于地方有碍。却是散了的兵,不一定走。不走的碰着就拿,拿了就杀,冤枉死的不晓得几多。这残酷荒谬的办法,就从这兵警革了就坏生出来的。我们如果承认了这个前提,这当兵的生命,也就危险了。

所以一定要推前说做兵的时候,已经坏了。这一推论,兵官和警长也可以说,惟其不好,所以革他。因为革的是不好,所以没有革的都是好人。这个说话,是军纪万能的意思。但是我从实验上,觉得这种理论,完全靠不住。军纪在一个时候,果然有一种效力。但是兵的素质,决不能靠军纪更变。所以到了精神招呼不到的时候,就出乱子了。况且现在所谓军纪,在什么地方还有点影响呢?只看内外的新闻上所登的通信就够了。那可见得现在军纪是毫无效力。革出的人,和在营盘里头、警局里头的,原没有大分别。被革的不过是运气不好,没有革的不过是暂时沾光,决不能信他不革不坏的话。

在军队警班里头的人,是不是没有进军队以前就坏的呢?我可以说有一部分是的。从前湘军里头,有串粮子的名目。他把军队叫做粮子,在军队里头混的就叫串粮子。串粮子的人,常常被革,却是这边革出,那边招去,他总不会脱空。到了近来,招兵越招得凶,串粮子的生活越好做。无论那一枝军队,他补上的兵,总有大半是别处革出来的。如果说坏了才革,那自然有许多是坏了才招进军队的了。

却是总有一部分是好人招进去当兵当警的。如果没有作恶的机会和诱惑,就不至于作恶。就象前头所讲串粮子的人,所以坏的原故,还是因为他从前在营盘里头习成不好的习惯,所以虽然不是这回做兵才坏,到底也是因为有一次做兵成功坏人。统算起来,这做兵的,总可以把营盘当做一个污泥,纵然有少数不受污染的,已经是凤毛麟负。这大多数的人,总免不了诱惑陶镕,是无可辩护的。我对于我从前的部下,也不敢袒护他。

现在做兵做警的第一碰见的诱惑,就是行贿求免。因为从满清时代以来,已经是有了这行贿图脱的习惯。人民不管他是有意勒诈没有,先是推度他要钱。那做兵警的,也以为一件当然的事情。在没有用钱的,就算终归清白,已经受累不少,后悔当时的悭吝。在已经用钱的,就算终不免罪,他却死心塌地,没有后悔了。所以好好的兵警,碰了这个诱惑,也是逐渐会变坏的。说到驻防的军队,就更不得了。地方上有什么私烟、私赌,总先来孝敬驻防的军警。你不答应他、拿他,他也没有后悔的。如果没有给钱的时候,被他拿着,就自悔了。这种情形,我都由实验得来,要举再多的例,随时都可以的。一枝军队里头,只要有几个兵犯了这个毛病,立刻就蔓延了。因为一个人行贿有效,就一月半月之间,各地通知道,各个人都晓得利用的。这个时候,带兵的无论怎么严,一下子决其不能查清楚。等到寻出凭据,办他几个以后,外面是谨慎了许多,骨子里还是变了方法去弄钱的。照这样说,似乎专归罪在行贿的去引诱士卒,其实就应该怪以前的人,逼勒人行贿,弄到人有行贿求免的习惯。但是做了兵警就会受诱惑,所以好人马上就会变成坏人,是无可疑的。

平时是这个样子,一到戒严行军的时候,那掠夺和奸淫的机会,就更多了。现在带兵的人,据我所碰见的,大抵是只有他的兵意思想到那里,就跟着到那里。平时成了敲诈的习惯,戒严行军的时候,当然是拿来推广了。平时只有有罪的人家,有嫌疑的人家,才许他入门,许他搜查盘问。到这个时候,就是家家许他进去,人人许他搜查盘问,自然跟着就有奸淫掳掠发生,这是必然的事情。所以经过行军、经过戒严的军警,诱惑愈多,好人愈少。

第三种弄到兵警坏的,就是赏格。凭空出了一个赏格,实在这个人有罪无罪,固然没有清楚。这个人怎么样的面貌,实在也没有人晓得。凭着一两个报告,就拿名字出赏格拿人。所以做兵警的人,就生出随便拿一个人可以算做这个人的念头。因之无辜的人,就会无端做了牺牲。营盘里头只要做过一两次这种买卖,就成了风气了。

以上三种,第一种,不全是带兵的人的责任。第二、第三两种,就完全是带兵的人自己弄出来的。然而光是这三种,决不能令多数兵丁变坏,因为这都是处分不当,稽查不周的问题。到底是军纪警律认真适用起来的时候,还可以把中等的人维持住。所以现在兵警的坏,要归到这第四个最后的原因,就是最重的原因。这个原因,就是长官要兵警庇护他的不法举动。

一个长官,管辖部下,如果自己清清楚楚,兵警没有不怕他的。却是有了一回自己不守法律,兵警就不相信他,就没有管辖的能力了。却是这个不法,不一定是自己做的原因。做营长的只管做得好好,如果团长有了不法的事情,或者敲诈,或者奸淫,正要兵丁帮他的忙,做营长的没有方法去制止他。警官做了不法的事情,警长没有方法去制止他。那营长警长的威令,从此也不行了。却是现在的军官,不拿着兵丁做他护符,去干不法的事情的,有几多个呢!所以这就成了"法之不行自上始",又合着一句"以身教者从"了。所以做兵警的有了作恶的模型,在营盘里一个个人放进这个大镕炉里头去,都要变了坏人出来。

固然现在看见革兵革警滋事受罚,没有看见现在服役的兵警的滋事受罚。但是这个事实,只可证明没有受罚,并不能证明没有滋事。兵警的滋事,不要我说的,只看中外报纸的通信,随时可以见的。我只举今年六月,英国某教授在北边旅行,被兵丁殴抢一件就够了。

英国教授不肯要求中国政府赔偿,说是军阀的罪恶。我也不责备兵警作恶,只问他弄成兵警坏到这个地步那一班人的责任。

原载1919年12月7日《星期评论》第27号。▲

致朱秩如函

四弟览：

来书已读，日本之纸币跌价，乃世界的货币澎涨之结果，不关于准备不足也。弟所拟办法不甚适当，后节两层则已转告友人矣。兄现因稍习俄语故忙，若印刷事则挂名耳。四舅舅来上海，未及一礼拜，即往粤。现正有筹备西南大学之议，就否尚未可决。若不就则大约仍须往欧一行[①]彦慈弟本月底乘法国船往法，三嫂大约下月分娩，并闻。即问

近佳　兄符泐。十一日。

1919年12月11日函，朱秩如保存。据原函刊印。

① 往欧一行，系指赴苏联学习。

复刘凤鸣函[1]

凤鸣先生鉴:

《东方杂志》翻译那篇《社会主义之检讨》,是去年八月登在日本《中外》杂志上面。这篇文章一出,就捱了一班学者臭骂。我也记不得许多,只记河上肇说他是整篇抄袭玛洛克的文字。玛洛克不知从那里得一本马克斯的伪书,就在那里发议论。北聆吉偏偏和玛洛克一样,很是怪事。奉劝北聆吉以后做文章,赶紧要将《资本论》的伪版弃了,另寻马克斯的真本来读才好。这种话也算挖苦极了。还有山川均做一篇《北聆吉之能力》登在《中外》杂志九月号,拿又痛快又刻薄的笔锋将北聆吉的错处指摘出来。茅原华山也在这同一号的

---

① 刘凤鸣 1919 年 12 月 7 日,致函《建设杂志》记者,故朱执信覆函回答。今抄录原函全文如下:

我看见商务印书馆发行的《东方杂志》一连几期,翻译一篇日本北聆吉做的《社会主义之讨论》,我十分怀疑。第一,就是日本近来的文化运动,听说很有进步,何以还有这种肤浅误谬的社会主义反对论。第二,这篇文章说马克斯的社会主义,以"一切之富皆以劳动而生者故其一切之富皆为劳动者所当受"的思想为中心原理。我虽然对于马克斯的学说,没有十分研究。但我看见季陶先生译的《资本论解说》"价值与财富"一节,明明说"往往有人把'劳动是一切财富的源泉'这一句话,硬当作从马克斯口里说出来的,但是从上面所说明那一条路上过来人,都很容易晓得这句话和马克斯的见地根本反对。"北聆吉连这个地方都不留心,便要做社会主义检讨,未免荒唐。放在日本杂志界上,难道没有人纠斥他的谬误。第三,《东方杂志》因为《新潮》等杂志骂他"你说他旧么他却像新的,说他新么他却实在不配。"这几句话实在有些受不住,就做了一篇新旧思想之折衷来辨护,说,"一方对于新时势不可不有所努力,一方对于旧时势仍不可不有所戒备"。同时就去搬到那北聆吉的《社会主义之检讨》。不知道他是借此来努力于新时势呢?还是戒备旧时势呢?像北聆吉那篇文章,配得上叫做新旧思想的折衷吗?弄得我如【此】糊涂,请先生们指示我一二。

杂志,说北聆吉是剽窃学者的标本。高岛素之在《新社会》杂志上,就引马克斯《资本论》第一卷十一页[①]:“劳动并非他所生产之使用价值的唯一源泉,就是并非物质的财富之唯一源泉,是和威廉伯斯所谈的一样,劳动乃财富的父,土地是财富的母。”——亦见戴译《资本论解说》“价值与财富”一节——又引十二页[②]“使用价值分量的增加,于其自体是富之增加……却是富虽增加,同时他的价值减少。”两段话说北聆吉不懂得富是什么东西,价值是什么东西,富和价值的关系,交换价值和使用价值的关系,通没有弄清楚,人家几十年前解释得很明白的,他没有看见,就糊糊涂涂的去做反对论,总是证明他自己的无能力罢了。诸如此类的批评,弄得北聆吉抱头鼠窜反舌无声。直到今年四月北聆吉才寄一篇文字到《中央公论》杂志,题目叫做《忏悔——代笔事件之告白》大致说:“河上肇博士一班人骂得也够了,挖苦也够了,那知道骂的不是我,这篇文字不是我做的,是去年“中外社”的干部将一篇反对社会主义的文章,叫我出名,我那时妻子有病,我又打算去美国,我没有精神去细看原稿,就是恍恍惚惚的答应了“中外社”用我的名字出版。谁想这篇文章一出,引起那么多人的批评,真是意外想不到的事。”他还说:“现在已经告白忏悔,应该折笔退出论坛,先不能不退出“中外社”。此外和“中外”有关系的评论杂志,都不敢替他做文章。当做记者论客的一个无期徒刑。”我们看以上许多的批评,和北聆吉自己的忏悔告白,就晓得这篇《社会主义之检讨》在日本言论界,真是一钱不值的。

先生你看了《资本论解说》的译本,就那样明白,真有眼光,也不枉季陶先生那里从事译述一番的努力了。至于《东方杂志》为什么选译这篇受人家唾骂够了的文章,我们也不甚懂,不好用主观的批

① 下一段引文,见今人民出版社版《资本论》第一卷第十六页:“劳动不是它所生产的使用价值即物质财富的唯一源泉。如威廉·配第(William Petty)所说,劳动是它的父,土地是它的母。”

② 下一段引文见人民出版社版《资本论》第一卷二十页:“较大量的使用价值,本身就是较大量的物质财富……但物质财富的增加,可以和它的价值量的同时减少相适合。”

评，还是让他自己去解释罢。

民意敬复。十二月十六日

原载于1920年1月《建设》第1卷第6号。

惜伊吹山德司[①]之死[②]

上海市参事会董伊吹山德司，是前天早上死的。我们只看见上海租界下半旗，检直不晓得什么事。昨天才晓得死了一个东洋人。

我虽然同伊吹山只见过一面，却是替上海的人民很感激他的。为什么呢？上海这一次的爱国举动，真是从心里头发出来的。但是如果没有去年虹口日本人大杀中国巡警的故事，总怕上海的人心，有九成九的奋发，还怕有百分之一的怠惰。自从有了那一回的事件，就功德完满了。所以日本人说，去年七月虹口事件，很感激伊吹山。我们也要说，去年七月虹口事件，很感激伊吹山。

日本人常说兄弟之邦。大概伊吹山对于兄弟的中国人，非激到他大怒特怒，大恨特恨，没有奋发的时候了。所以不特是去年的虹口事件，不曾放过；就是今年五六月间，也是尽力激起中国人爱国运动的一个人。他这对于中国人"不断的刺激"，中国人真是受益不少。

伊吹山做了这许多"有益于中国"的事情，他们自己的生意，一天一天就坏了。等到今年中国人爱国运动起来，日本人在上海生意，更大受其损。由这一点看来，伊吹山真是能够实行的中日亲善论者，不是纸上空谈的。因为亲善一定要能够牺牲自己的利益，激

---

① 伊吹山德司，是日本帝国主义在上海的"居留民团行政委员会"议长，并任上海市参事会董等职务。

② 本文写作与发表时间，均不知。据1919年12月6日《民国日报》刊载上海租界工部局12月1日公报，言1920年2月工部局将选举新董事。《字林报》评论说，现任董事七人，均将辞职，独伊吹山可望留任。可知此文写在十二月六日之后。

刺别人，使他发奋自立。伊吹山这一年多的举动，真是有牺牲的精神。日本方面的人，牺牲了利益，还要感【激】伊吹山。中国人方面，自然应该“更加感激”的了。

我想上海人永远不会忘记去年七月虹口的惨剧，尤其不会忘记今年六月爱国运动中间伊吹山的举动。所以上海人应该永远不会忘记伊吹山的。

伊吹山死在这个中国人爱国运动正在进行中间，是可惜的。我们并不是说他死了，再不来“刺激”中国人民起来爱国。我相信继任的日本人，一定是比伊吹山还要进一步，令中国人更加晓得非自强不可的。但是我总可惜伊吹山死得太早了。

我以为中国人这种爱国举动，虽然于日本现在生意有损，将来日本政府也会变了，晓得中国人已经如此，日本非把他向来所崇拜的偶象推翻，来学法国、美国的政治不可，结局也是日本的利益。那个时候，日本人民一定说：“哦！原来中国人的爱国举动有这么一个效果。”伊吹山如果有命，看得到这种结果，也一定恍然大悟说：“哦！原来激起中国人的爱国运动，有这么一个意外的效果。”然而现在伊吹山死了，他没有看见他这几年“努力”的反响，这是我所以说伊吹山死了可惜的缘故。

伊吹山的“德政”，在上海的人真是如鱼饮水，冷暖自知，用不着我说。我愿上海人时时自己问一下自己，你忘了伊吹山德司么？

据《朱执信集》刊印。

耶稣是什么东西[①]

耶稣是什么一个东西，这不能一概答复，先要把他分疏一下子。

一 历史的耶稣

历史的耶稣，是由现在所传的圣经以外，可信的纪载，和想象得来的事实里头表现出来的。这个耶稣不过是一个私生子，反抗当时的祭司，被人拿去杀了的一个人。属性很简单，人格也不一定是卓越的。如果单是一个耶稣死了，恐怕还比不上宋子贤、唐赛儿、徐鸿儒、团匪的大师兄、湖北的九龙大王，左右不过是三十几岁一个少年，哄动几个人，在村乡里乌乱一场罢了。所以如果单讲历史的耶稣，我们用不着多费气力。

圣经里头的清净受胎，是第一个人不相信的东西，所有非耶教的书简，都在那里证明基督是私生子。按他圣经所讲，耶稣是由一个女孩子，许配了人，还没有嫁，就怀起天胎生出来的。因为有天使告诉那女子的丈夫，所以娶了回来的时候，早已大肚皮了，他还不敢责备他。然而照海凯尔《宇宙之谜》所引证，就明明是罗马当时的一

---

① 本文各书转载很多，只有1927年出版的《国内近十年来之宗教思潮》转载时注明出处是："《民国日报》'耶稣号'1919年12月25日。"但编者所见的《民国日报》并无此文，不知是报纸残缺抑所注有误。

个军官跑到犹太，爱上了耶稣母亲玛利，同他如此如此，这般那般，肚子就大起来了（如此的记载很多，这《宇宙之谜》是马君武博士已经译出的，所以我引他）。想象那个时候的犹太，就差不多是现在的广东。罗马的军官，就差不多新济军、旧济军的连排长。他要你被征服地的女人多生几个外江仔，你这未婚夫，那里敢说一句话。就算养了下来，万一惊风锁喉，三朝两日死了，还要防着外江人来要儿子呢。所以耶稣的父亲，就把耶稣保护养成，是一件很在情理中的事（《马可传》那撒列人叫耶稣做玛利的儿子，很有意思）。

耶稣养大以后，他在本地不能得人信服，所以就到别的地方走江湖。他受洗于高僧约翰，同受诱惑的传说，大概是他游方的靠山，衣食的饭碗。那个时候，犹太已在罗马的征服底下，那些祭司就帮助罗马官吏，狼狈为奸，来保全他的衣食，所以人民自然不满足的。耶稣就投着人民的意思，去倡反对。所以耶稣当时所说，是反抗权力的教理，是无可疑的。至于怎么样说法，是不可考了。

耶稣的弟子十二个，差不多是一对一对来的，这个也是人最难相信的记载。据幸德秋水的议论（《基督抹杀论》）就说，向来所有宗教教祖，大概都有十二大弟子的，这是相传的衣钵。因为想上应天的十二宫（十二宫小亚细亚那边自古有的），所以教祖不能没有十二个大弟子。我想就是中国的无稽小说，也有这么一个习惯。试看《封神传》的十二大弟子一下子凑不来，就要连佛教的普贤、文殊都借来充数，总非凑够十二人不可。想来这同一天分做十二个辰时之类，都是自然模仿做来的。耶稣当时决不是没有门徒，但是这十二使徒就完全是一个拟制无疑的。

耶稣已经跑到耶路撒冷同祭司公然作对，自然会被人陷害，弄到死刑，这是当然的顺序。耶稣并不是秘密行动，自然手到拿来。征服者对于被征服者里头有意反抗的人杀几个，真是平常的事，就是冤枉，就是人民的反对，也不放在心里。至于讲犹大卖耶稣的话，大概也是假设，因为向来传说英雄的失败，没有不归罪于内奸的。试看中国的小说，千篇一律，都是如此。就是三点会唱戏，也有斩七一出。因为在秘密结社,最怕内奸,所以造出这种谣言,就是托往事以警戒将来的意思。基督教的犹大卖基督,也是如此。

耶稣死在十字架上头,相传都是古代常有的刑具。幸德秋水却说是生殖器崇拜的结果。他所举的例很多,结论就是大概原始民族没有不崇拜生殖器的,十字架就是男性生殖器的变形。但是这个推定,还不能作为十分真确。然而确与不确,都没有紧要,横竖历史的耶稣,在宗教家已经相信的。

从上头所讲,可以晓得耶稣自身没有多大的力量。

二 圣经中之耶稣

基督教《新约》中所谓最可靠者,就是共观福音书,《马太》、《马可》、《路加》三种。这三种福音书,据赞成宗教一边的人说,就是纪元一百年以内编的。照反对的人说,就是纪元二百年光景才有的。但是无论那一个时代有这福音书,总和现在不同。何以呢?因为古代的福音书,只有抄本,不完不全的。那些僧侣,占住一个教堂,就随意可以增删经典。所以当时每有一件事要做,僧侣总有一条圣经可以做护符。却是这一个寺院出来的,那个寺院就不承认。等到热心的皇帝看不过眼了,就召集各院的僧侣,开一个会议,把所有的圣经一部一部、一条一条用多数来决定他的真伪,这已经是可笑极的了。却是这种会议,正是僧侣赚钱的机会。为什么呢?当时成为问题的圣经,一定是和某富贵人家有利害关系的,所以也有人想某条通过,也有想某条不通过的,就用钱来买票了。现在责备议员卖票,他们一定说欧美有前例。如果责备这前例,他们饮水思源,也一定会感激当时议决圣经的憎侣,替他开这条路。当时买票的结果,自然成功的得意,失败的不平,没有通电督军,也有嘴可以相骂;没有墨匣打人,也有拳头可以奉敬。所以圣经的会议,大抵都是闹到不得开交,然后皇帝派兵,吆喝着赶散了完事,那所议决的就遵行了。过得几年,别派有了好机会,又可以再开会,再卖,再打,再解散。四五世纪的时候,这事是很平常的。

我们读中国历史,看见汉朝的人讲谶纬,个个都晓得做假的,却是一面自己做假,一面信所见是真,都觉得这个心理最难解的。后来看了欧洲的圣经前例,就觉得无独有偶。如果晓得谶纬是完全不可信的,就可以晓得这种福音书的价值。但是我们不能说他假造就不理他,因为能够在社会上生影响的,不是历史的耶稣,却是圣经上的耶稣。

圣经上的耶稣是讲平等的,讲博爱的,有许多爱人如己,索袴与衣的话头,并且这山上垂训的几条,确是很有价值的。但是当时的基督教会,实在是自私自利的,偏狭善怒的,复雠的,把基督教的真正好处都灭失了(上头所讲的好处,也是自古相传的训戒,与基督教无关)。所以他只管扳着脸孔讲道德,他的排他狂谬的性质,不知不觉就流露出来。举他两个例来讲:一个是《马太传》第二十五节里头的比喻。他说:

> “那个时候,天国就和十个童女带灯去接新郎的一样,十个人里头五个蠢的,五个聪明的。蠢的带灯不带油,聪明的就另外挽一瓶油。新郎来得晚,个个都睡了。到了半夜,听见喊说:‘新郎到了,快接快接。’他们就起床弄他的灯。蠢的告诉聪明的说:‘分点油给我罢,我们灯快要息了。’聪明的答他说:‘我们同你们分,万一不够呢。你们去找卖油的买罢。’五个人去了,新郎就来,有准备的就接他一同去吃梅酌去了,门就关起来了。剩下几个童女来的时候,拼命叫门,说:‘主人啊、主人啊,替我开门啊。’他就答说:‘实在告诉你,我并不认得你。’所以要记着,你是不晓得那个时候那点钟的。”

他这教训本来是教人要时时准备,却是无心之中露出马脚,把他这个自私自利到不堪的地位的五个人,都算做入天国的人。可以见得其他所说,都是口不对心的话。要是我们凭空想象一个能够入天国的人,大概决不会联想到这种卑劣的行径去的。同来做一件事情,到了人家为难的时候,只拿万一分不够的话来推挡。这种道德,到是中国人所想象的好人所没有。只拿着小说上死权的夸夫、羊角哀、左伯桃来同他比一比就够了。同是不能两全的事实,中国的传说,就刚刚在他的一个反面,牺牲自己,成全朋友。这种无形流露,真可以把他所谓爱人如己的底卸出来了。

还有一个纪载,在《马可传》的十一章(《马太传》也有):

> "……到早上,他们由别丹尼走出来,他(耶稣)饿了。远远看见有颗无花果树,带着树叶。他走前去,以为碰巧可以在那里找得一点。等到走到前面,就晓得只有树叶,没有别的了。因为那个时候不是无花果的季节。他于是乎向着树说:'以后永远再没有人吃你的果了。'他们弟子都听见的。……每天晚上,他都出城。早上他们经过,这无花果树已经从根起通枯了去了。……"

你没有方法学《聊斋》的偷桃,倒乱四时的工夫,反转恨这个树没有东西给你吃,就要以后没有人能够吃得着无花果。这个同《西游记》大闹五庄观的孙行者比起来,就远不如了。究竟为什么你想吃就要有东西给你吃,你这个权利从那里来的呢?照耶稣替他摘别人田上的禾的弟子辩护,那种说话(《马可》二章),就说大辟的从者,也可以在必要和饿的时候,吃神吃的东西。可见人饿了就有吃东西的权利,是他承认的。但是愤怒起来,就想叫以后的人没有这颗树的果子吃,来报自己多走几步空欢喜一场的雠。这种利己残贼荒谬的人格,真是亏他写得出。

自利同复雠,这两种倾向,是基督教会自来有的。前头两个,不过是在圣经上举一点例,其实欧洲千多年旧教的历史,早已证明他的了。

基督教在耶路撒冷一个偏僻残败地方尚且行不通,偏要在罗马当时文化哲学的中心来传布,就是我们反对宗教的人,也不能不尊崇这保罗的勇气。然而要在这种地方讲话，当然是要采纳罗马当年新柏拉图派的学说，来做他的基础（从前我看过一卷课卷，他把姚姬传的《李斯论》直抄下来当做自己文章。保罗比这个人还客气一点，把姓名、地点、配景都换了）。所以圣经里头的道德人生观各方面尽有很好的，不过是都是门面上的话（倭铿的大思想家之人生观讲这个脉络很详细）。他自己是对于排他复雠的兴味很浓的，况有了外头的迫害，自然仇视教外之心日日增加，渐渐弄到各派之中都有冲突了。这时候，本来已经有偏狭利己的趋向，加上复雠的心，一旦得志，纵不学宋公明的血染浔阳江口来报冤仇，也要左刀右经的逼人入教。当时罗马异教徒所用来处置基督教徒的毒刑，就一件件归基督教受持永远奉行了。当时的教会堂，就做了法王争夺的地方。有一回因为争教王的缘故，弄到教堂上躺了一百三十七个死尸。因为教务会议争论的缘故，就弄到在会场杀人，并且把尸体来凌迟。非洲方面，因为宗派的争议，至于有屠杀二十万人的命令。又于一个时候，两个宗派因为争论"耶稣在十字架上头的时候是人是神"一个问题，闹到不得开交。后来两下调和了，想做一个纪念，就大家合力去杀一回异教徒。这都是四五世纪里头，基督教初盛的时候（君士坦丁帝是一百十二年改宗的），做出来的事情。后头扑灭异教徒的各种残忍手段，更讲不胜讲了。总之，基督教的对付异派异教的人，根本上是复雠排他的宗旨，断不能专骂以后的教会变本加厉。（此段通据哥韩的《基督教与文明》的日本人译本）

三　新教徒的耶稣

路德改革宗教的时候，确是有一种勇气的人，但是到后来便颓唐下来，没有精神了。新教摘发旧教徒酷虐的刑罚，固然不错。但是新教徒对付旧教徒，何尝不用这种方法。并且在新教兴起以后，女魔的迷信才高起来，拿着无辜的妇女，用口不忍言的方法弄死他（法国有名的贞德，也在这个题目底下死的）。新教、旧教，一样的用这种手段。可见新教的偏隘复雠残虐的性质，与从前没有差别。就是同时反对旧教的加温一派，路德方面也不容他。这个也是基督教始终一贯的精神。所以费拉说."在君士但丁帝治下所得之基督教胜利，不过是从世界中把自古相传的顶好的博爱精神全然灭了，另外拿一种极偏爱的、执拗的、不宽容的精神来替代他。这种精神，到近代才缓和一点。"这个说话，不止应用于旧教，就应用于新教也可以的。但是这种精神，也不是基督教的创作，犹太旧来的教，本来已经有这个精神；罗马的凶淫，更促进这个趋向。然而当基督教没有独霸欧洲，还有许多异教是很宽容的。到基督教统一以后，异教的人降的降，不降就杀，才把这种精神统一了。他自己拿着残酷、妒忌、偏狭、报雠的内容，披上博爱的外套，千多年来总没有改变，决不是偶然的事情。

旧教的法律，凡有奴隶告主人的，除了犯大逆罪以外，通不要审问，把这个奴隶先拿来用火活烧了再讲。后来路德改革的时候，碰着人民起来反抗他的王公，那些王公信了新教，路德就告诉他说："这等蠢人，是不晓得身分的。"那些王公也就放手残杀人民了。可见新教、旧教里头，自由平等都是好看的话，做奴隶就该烧，做人民就该杀，有什么道德可以讲的呢。

所以新教里的耶稣，也同旧教里的一样，是自利的、残忍的、复雠的一件东西。那欧洲的野心家，对于我们东方非基督教民族，完全不认我们的人格，是从基督教固有的属性来的。我们拿着自由、平等、博爱和他讲，真是无聊。

四　新理想主义哲学者的耶稣

海凯尔等一派出后，基督教已经是西堕余日，到了黄昏的时候了。然而还有两派人拥护他，第一派就是新理想主义者，要利用他来做手段。我想中国从前讲修仙的，要把自己的灵魂放进别人的躯壳里，利用他的体魂叫做夺舍。如果再去投胎的。就叫做借胎。照新理想主义的人说："替宗教打仗，想回复宗教的势力的人，同时要替再生的宗教奋斗，替那种有说动的、进步的形态，很宽辟自由伟大的新基督教健斗。"（倭铿的《宗教哲学主要问题》）照这样说，新理想主义的人，是想叫基督教借胎的，不过实在去研究一点，就知道他并不真要基督教另去投胎，实在只是把新理想主义的灵魂，放在基督教的躯壳里头，借他一点光。好来传播，完全是夺舍的办法。他所讲的基督教，就完全是一种精神生活斗争的一个保证（同书第四章第二节）。他所认的耶稣，就是全然自立自尊和世界战争能打胜仗，同时又有心灵内界生活的存在支持着他，所以又不至于自夸傲慢的一个人。所以教会从前所讲的耶稣，被人攻击到身无完肤的。到了倭铿手里头，就变了活泼自由俯仰无愧的人格了。不是倭铿解围的本领高，实在是倭铿夺合的手段妙。到了后来，宗教家只管欢迎倭铿，总是觉得他所讲的心灵的生命和基督教的神，中间实在有分别，不能满足，却又不敢攻击他，这真是一件苦事。东方现在还没有人介绍倭铿的学说。自然倭铿的耶稣是什么东西，一时间没有理会。但是不久这种学说一定会来到中国的，如果晓得夺胎的巧法子，就不会给他瞒过了。

五 托尔斯泰的耶稣

第二个拥护耶稣和基督教，是托尔斯泰。托尔斯泰做了三十五年的虚无主义者（他自家所讲的话），忽然间又讲起耶稣，讲起基督教来。所以在反对宗教的人，觉得很诧异的。然而一看他的著书，就晓得他这拥护基督教，拥护耶稣，不但比不上柳仲礼的勤王，鬻拳的兵谏，就是夺舍的手段，他也嫌太过小心，他简直否认了现代的圣经，却把他自己的主张叫耶稣来承认了。然后挟耶稣以令教徒，恐怕袁世凯的强奸民意，也没有托尔斯泰这般辣手。

托尔斯泰所认的耶稣，只有山上垂训哀头，把摩西的五诫来更变解释的几句。而且这几句，也不是一概承认的，通是金圣叹改《西厢》的办法，说不通的就是俗本错了。

总而言之，耶稣的主张完全是他的无抵抗主义。所有奇迹，都是寓言。所有永远生命字样，都不是讲个人的生命。故托尔斯泰的耶稣，不过是一个无抵抗主义的工具。如果凭空听说托尔斯泰是崇拜耶稣，信基督教的，不研究他的内容，就大错了。

六　结　论

照上头所讲，历史的耶稣，是无足重轻的。新理想主义的耶稣和托尔斯泰的耶稣，都是一时利用的。所以我们议论的归结点，当然是在圣经里头新旧教徒所讲的耶稣人格来下论断。我们很抱歉，是不能不下一个结论说：

耶稣是口是心非、偏狭、利己、善怒、好复雠的一个偶象。

据《朱执信文钞》刊印。

我所见的孙少侯忏悔

前回孙少侯先生的忏悔告白里头，所讲的因为有人说要看他将来的一句说话，他很有点激动①，如果能够因为这一句说话，令他的改过更决心一点，做事更沉着一点，那真是说话的非常好的结果了。我却担着讲这一句说话的光荣，所以我也不能不表白我的说话的动机，和我所希望的这句说话侥幸可得的效果。我发这个议论，本是冲口而出的，当日支配我的只有两个感情：一件是我十几年前崇仰少侯先生的反动，生出来的厌恶感情（我自白那一瞬间实在是厌恶他，不是希望他，我不愿意说假话）。一个是对于现在的虚伪忏悔的人，所生恶感的迁怒。这两层都是我的短处（但幸而是我的真处），我也不讳言的。但是到了季陶先生发表我的说话的时候，我却是完全拿冷静的理性，来赞成他，我希望发表这话，有好影响，没有坏影响。

我向来最反对匿名公表骂人的话。我骂人、讥讽人、劝告人，都要留他对我辩解的余地，指证我的误解的机会。所以发表这句说话的时候，本应该出名的，况且不是不认得没有关系的人，尤其不可以

---

① 孙毓筠字少侯。原为同盟会会员，辛亥革命时为安徽省都督。后叛变革命，投降袁世凯。袁世凯篡窃民国，做洪宪皇帝时，他充当筹安会副会长．为帝制罪魁之一。1919年12月21日孙毓筠在《星期评论》第29号上发表《我对于一切人类的供状》一文，对于过去的罪行表示忏悔。在全文的最后一段说：“前天有一个人向我的朋友说：‘少侯近来有了觉悟，固然很好。但是还要看他将来怎么样？’这位朋友，把他的话写在信里告诉我。我觉得他这两句批评，对我的意思，是很热诚、很恳挚的。我心里又是感激，又是悚惶。我的过去，全是罪恶，不必回顾了。我的生命，只有将来。再过三年五年，我究竟怎样？请他在旁边冷眼瞧着罢。”

不署名了。但是当发表的时候,本是一概不用姓名,所以我也没有再提。然而到现在,少侯先生已经公然忏悔了,我万不可以再藏着不讲。

我认识少侯先生,是在十四年前东京同盟会本部里头。当时他是内务部长,代理庶务部长(黄克强那个时候已经离了东京),我是本部评议员,编辑《民报》,所以有见几次面的机会。当时他以一个少年公子,普通文学已经不错,佛学又很湛深,负着一时众望,来代理这全党执行总机关的首领,自然没有人敢轻视他。我是对于佛学很有趣味,却还没有门径的人,时时对于他更为崇仰。但我却是衣服褴褛,辫子盘在顶上,一个二十多岁的少年,自然他没有看我在眼里。然而我的归向他的心事,是很强的。后来几个月间,他也进内地了,我也回广东了。再过几时,他是运动事泄,给端方拿去了,又一下子得了保释了。我们那个时候,得了他释放出来的消息,还是欢喜到了不得的。等到他做了都督的时候,就是他所讲要走下山路的时候了。他和黎宗岳争斗起来,我们还是拿着平日相信他的心事,没有研究事情,就主张帮他。等到他进了北京,和国民党作对,也还原谅他,说他一定另有作用。

到后来,他真有种种不好的态度表出来了,我们就由非常崇敬的感情,转到极端厌恶来了。我们所相信的人,一旦变了,这厌恶的感情,决不是我们平素看不起的人做坏事的时候,可以比得上的。我们于杨度、严复①,决没有这种厌恶。对于早已以做侦探不齿于人类的刘光汉,和本来是竖子成名的李燮和,也没有什么特别的感情。对于胡经武就不同了,对于孙少侯就更不同了。他的变节,能够使我们痛心,所以我们的厌恶,也可以比于创巨痛深,不是时间可以消磨得去的。讲到这里,我们常忍不住要念那句"死无他根惜公迟"的

---

① 筹安会的罪魁六人,即杨度、严复、刘师培(又名刘光汉)、李燮和、胡瑛和孙毓筠。后四人均为同盟会叛徒。

歪诗，以为若是端方拿了他去，不念寿阳相国[1]的交情，一下子砍了头，我们岂不是得一个顶好的实行家么？然而向为身死而不受，今为还古董债而为之。到底我们是没有了解的。然而我们念那句诗，毕竟错了。如果当时死了，固然是一个很好的孙少侯。如果是象他现在讲的话，鼓着勇向荆棘丛中走去，死了给后来的人垫脚[2]，令人想起华周、杞梁的故事，越发猛进，那不特完成了一个很好的孙少侯，还要做成无数后来居上的牺牲者，那岂不是惟恐其死之不迟么？然而他这忏悔的机会，却真是靠命。假使不幸，在袁世凯死的前后几个月死了去，那就真是社会的大损失，他也没有忏悔的机会了，真是惜公迟了。

然而要晓得他自白里头所指为下山堕落的时候，那种行径，我们当时还拿他过去的人格来替他辩护，替他解释；和现在他在那里忏悔自新的时候，我们还拿他过去的罪恶，来担忧他，怕他不澈底，都是同一的理由支配着的。我们没有看见他的坏处的时候，拼命信他，所以现在没有看见实在奋斗的情形，自然祛不去这厌恶的感情了。

况且现在忏悔的人不止一个，往往有一面忏悔，一面还受诱惑，还不受人家的忠告，更有拿着忏悔来骗人的人。这一宗人，我最嫌恶的。所以忏悔的恶影响，留在脑里，碰着忏悔的人，一下子便联想起这种坏人来了。象这种忏悔，我们论理断不敢轻易拿来加在没有什么坏事情的人身上，然而我所讲的是感情问题，我们就没有方法抑制他了。

平心说，我们一天都劝人改悔。等到人家改悔的时候，又要疑心人家口不对心，这是不好的。因为这个人如果没有错处，你为什么要他忏悔，忏悔是拿有错处做前提的。所以万不能说人家从前错

① 孙毓筠为孙家鼐之侄。1906 年末，孙毓筠在南京被捕。当时两江总督端方，因为和孙家鼐有交情，判孙毓筠五年监禁。孙家鼐安徽寿州人（寿州古称寿阳），自 1902 年 1 月起至 1909 年为大学士（职位略等于古时相国），故称为寿阳相国。

② 孙毓筠在《我对于一切人类的供状》中说："我的年纪虽过半百，志气还同少年一样。我现在正鼓着精神、大着胆子，在荆棘堆子里，一步一步向前走着。一天死了，也好让后来的兄弟们，走我的尸首上踹过去，做他们的一条垫脚石。"

了,不相信他。再者,好人变坏,你格外恨他,是你自己的感情,不是他的罪恶重一点,所以不应该拿主观的批判来决定他。这两层都是我感情的偏宕的地方,所以我承认是短处。

现在既然他感动了,并且要我冷眼看他,我就断不肯拿冷眼看他为止境了。我现在不相信他、厌恶他的感情,是从从前崇敬他的感情变相出来的,不过这个极端的厌恶背后,还藏着一母共生的另外一种感情,就是盼他旧日人格的复活的热情,这是不可讳的。现在我如果还是只有冷眼的观察,没有热诚的忠告,那就是把这双生孩子两个中间,闷死他一个,所以我也决不做的。

我的忠告,是劝他拿事实的忏悔,帮助口头的忏悔;研究具体的挽回方法,来替这抽象的改悔名目。本来忏悔是心理上的改变,不是要说出来才算的。但是由光在心里忏悔,变做言语上的忏悔,总是比较确定一点。由言语上忏悔,再变做行事上的忏悔,尤其增加他心理上的确定性。所以光从主观来讲,用事实来忏悔,也算是进一步的,不可少的。从客观来讲,社会上要有一个忏悔的人,不但希望他以后不做坏事,还要希望他更做好事。不但是拿他忏悔恶事来做摘释,并且要他把忏悔了后做好事,来再邀这未忏悔的人,策励这还用不着忏悔的人。比方我讲过这句说话以后,我的行止,对于少侯先生也要负责任。假使以后少侯先生已经是在社会上奋斗,我却是变了丧心病狂的人,几乎要做第二种筹安会员的时候(我还申明说筹安会并不是惟一的大罪,假使我明天向王揖唐敲一笔竹杠做报馆津贴,这罪恶便可和筹安会相当),我同他两个人地位,便转倒了,他也可以批评我了。我要顾着他批评,自然不敢做坏事了。那岂不是多了一个防止我做坏人的机会么?我不要感激他么?然而如果他的忏悔,徒托空言,就永远不能有这个效果了。所以社会上所需要的,是事实上的忏悔,他就应该从这一路做去,我还是热心的盼望他,并不时冷眼的觇察他。

原载于1919年12月28日《星期评论》第30号。

人类的将来

苦乐时差与苦乐地差

一个朋友告诉我，他想将来的人类一定会绝灭。为什么呢？并不是因为别种动物能够来灭人类，只是我们人类将来有一天不愿意再传种的时候，自然再没有人类出生。他所以推测有这个时候的理由是：

> 人类照马罗阏斯[①]的法则，是倍加的。无论你什么民权主义、民生主义实行了的时候，到底总有不能养这无穷增加的人口的日子。现在世界人口是十六万万，让他作五十年一倍算，一百年后也有六十四万万了。到这个时候，已经是地面万不能再养活人了，一定是你杀我，我杀你，才能够活，并且免不了人吃人的惨事。却是那个时候，人民的知识，比现在进步，他们晓得了这人杀人、人吃人的原因都是在传种这件事，因为生儿女的数目，要比死的人多，所以人口一天天增加，到这个人杀人、人吃人的地步。保得住一代，保不住十代；保得过千年，保不过万年；算到无路可通，自然就要有第二种办法。大概厌世的人，常讲死是好的，不过能够死的，实在是少数。在野蛮的社会，自杀是很少的。要等有了知识，才能够自杀，然而总是少数。不过要人类绝种，并不要他自杀，只要他避姙就够了。他们既然算到无路可通，就一定会想到自己虽然肯自杀，何苦再来传种，等子孙受这苦痛。这个想头，一通行了，就没有人类再出生，一

---

① 马罗阏斯，今译马尔萨斯。

代就完了。……人类是这样绝灭去了,再过一百几十万年,还会有别种动物,也走到这个地步,得了现在人类的智识,也要学人类的避姙,不再传种,于是乎又绝灭了。世界只管继续,这个现象还要循环。

他的观察是很深锐的,他所设想的人的心理,是过去、现在、将来进步的人里头能够有的。然而究竟有几层,我们不能不注意的。就是:

一 人类的思想,是不是以这种进步为止境的。

二 一定的时候,一定的社会里头的思想,有没有一致的可能。

三 在实现这个变形的自杀的时候,会有中途更变不会。这三层我都有一点意见。

现在的人,动不动都是讲强种强国。自己一族的人,想他一天多过一天。自己一族人所占的土地,也想一天多过一天。这就是所谓大什么主义,大什么主义、帝国主义了。如果这一班人能够再稍微进步一点,想着自己只管把别人通压服了,自己子孙布满世界,几万年后,还是自己的子孙和自己的子孙争面包拼命,或者也会有自己的子孙和自己的子孙你吃我、我吃你的时候,一定会把现在那一种兴会淋漓的帝国主义、大什么主义丢下了,这是可以有的事。但是,这个问题还没有解决的。因为现在一班人,在那颠倒梦想一族支配全球的时候,已经有"人类不应传种来造出苦痛"这一个很进步的理想。那将来一般人能够发生这个理想的时代,一定早已有比这个更进步的理想出来了。那现在帝国主义、大什么主义,遇着了第二种主义的抵抗,就行不通。那将来这个不传种的主义,碰着了更进步的学说,自然也是退避三舍的。

这个将来的学说,是一个怎样的东西,我们现在没有到这个时候,当然想不出。但是这个学说的趋向,是可以看得到的。在从前的人,是晓得生的快乐,不晓得生的苦痛。这个不要传种的理想,却是因为看见了生的快乐是靠不住,生的苦痛是免不来的;因为要免生的苦痛,就连生这一件事情回避了。所以我们能更想象一种人,能够看破了所谓生的快乐,同时又能够解脱了生的苦痛的。这个道理,说似很深,实在很浅。因为人能够认识生的苦痛,到底是从认了快乐来的。如果认了快乐是假的,那要认识这个苦痛都是假的,并不艰难了。既然快乐苦痛都是假的,那认识这生的苦痛不必避一层,差不多不要费工夫的。这个最显著的,就在自杀的心理上。凡有自杀的人,都是拿自杀来求免一种苦痛的。然而他所谓苦痛的,就是他的一个求不到的快乐的反映。比方羞愧自杀的,就是他求人尊敬褒扬的快乐的反映。因病自杀的,就是求健康的快乐的反映。因贫穷自杀的,就是他求富裕的快乐的反映。因为社会上有得了这个快乐的,同他比较,他才生出痛苦来。如果不然,不会有痛苦的。所以打破了快乐这一层,似乎可以少点留恋。其实这个时代,苦痛也没有了,也不去寻自尽了,也不要灭种了。所以我断定人类的思想,断不以避传种这一级止境的。

再讲将来的社会,如果弄到人吃人的地步(或者永远不到这个地步都不定,因为人类防止过庶的办法是很容易做的),人类的思想怎么样呢?大概只有他吃人、没有人吃他的这一部,当然是觉得快乐,不觉得苦痛的。只有人吃他、没有他吃人这一个阶级,虽然感着苦痛,他一定是还舍不得快乐的。这两种都是被环境制限住了,没有进步的思想。到了可以吃人,也可以被人吃,或者不至于被人吃,也不至吃人,这一阶级才有稍为进步的理想。然而这个阶级的理想,也决不一致。一部分总是同现在的人差不多,看不破快乐,又捱不住苦痛的。一部分可以有不要生命,免除苦痛的思想。再一部分就可以有看破苦痛,随顺自然的理想。这个是和声闻和小乘出现了之后,一定有大乘出一样的。讲到有一个时间,一个社会,完全被不传种这个主义支配了这件事,我相信是没有的。

再讲假如真有这个理想,支配了一个社会,把传种的事情中止了,决不是约一个期日,以后完全避姙的,一定是暗中参差错落来的。他这一行下去,不消得几十年,死了大半人了,剩下的中年人,生活上压迫去了,苦痛没有了,这个思想,也被环境改变了。人有了生趣了,自然又传起种来了。这个景况是很容易想得到的。如果说人会想象到"再过几百年,还会人太多生活有苦痛",因此人还不愿意传种。我就可以说,人还想到"将来的苦痛横竖有救济的,何必耽心,最多不过同这回一样罢了"。那他可以放心传种了。所以不传种这一种手段,是不会澈底的,是会中途更变的。

我是说过,这位朋友的观察是很深锐的,他所设想,过去、现在、未来的进步的人能够有的心理。但是我们不能索这个心理发生的径路。

比方前个把两个礼拜,因为有美国一个天文家的科学上一种臆说,说几个行星走在一线上,太阳会受影响,地球跟着就有天气大变动,结果恐怕要成了人类的大不幸。这一个预言出了来,中国的人是怎么对付他呢?照我听到的,一般人都是说,有什么要紧,大伙死更好。然而后头报上,就有某国人因为恐怕地球末日快到了,赶快去大饮、大吃、大快活的新闻。可以见得因为公理战胜强权,得了扩张领土的实惠的民族,和附会人家公理战胜强权,得了一个大教训的民族,心理上的差异,是一种不可抗的事实。一个人的观察,无论如何,不能不受环境的影响。对于当前的苦乐,评价总未免高一点。对于时间空间的距离稍为多一点的苦乐,评价就未免少一点。这一个分歧成立了以后,就有许多矛盾的事情,不可以理解说的了。

同一个人,由于同一的苦乐在心理上所生影响,昨天所受的,比去年所受的多一点;明天所受的,比明年所受的也多一点;何以同一种苦乐,在同一个人,会有两种的影响?这个只有"苦乐时差"能够说明他的。同一个时候,同一种苦乐,为什么这一部分人可以感觉到,那一部分人不能感觉到呢?这个只有"苦乐地差"能够说明他的。

比方明天饭没得吃了,在我们中国人,个个都晓得是苦痛的。如果说明年没有饭吃,他已经是不大着急了。为什么不着急呢?因为有许多人,都是没有拿着明年一定有饭吃的把握的,横竖一年后的事,姑且再算罢。这种心情,是大概的人都相同的。如果讲到二十年以后没有饭吃,那真大概的人不来理会的了。不过真到明年那个日子,二十年后那个日子,他没有饭吃那一天,这苦痛总是大致相同的。这是中国人的苦乐时差了。然而如果到了法国人民来讲,他虽然一般人明年还不是一定有饭吃,任他的政治上、经济上是比中国人有利得多了。他这一般食饭的把握,总算多一点,于是他的看明年没有饭吃这一件事实,就看重了,就使他对于明天没有饭吃的苦痛,评价和中国人一样;他对于明年没有饭吃的苦痛,一定比中国人感觉得多一点。所以政治上、经济上的进步,有减少苦痛时差的倾向。越进步的人,他越能够感觉到以前过去很久,和以后隔很久才来的苦痛。

又比方中国多数人对于家里的人的苦痛,是很有同情的。对于同村的苦痛,就不大关心了。讲到同省、同国、异国的人的苦痛,就全无知觉了。然而在外国人,现在总还能够对于同国人的苦痛有同情。这为什么缘故呢?就是中国的社会组织,不如外国的进步。这同社会人的苦乐,感应到别人的程度就有差别了。所以社会组织进步,也有减少苦乐地差的倾向。在组织更进步的社会里头的人,更能够对于疏远的人起一种同情。

然而减少只管减少,消灭永远不能够消灭。无论你政治上、经济上的条件怎么好,社会组织怎样密,明天的事情,是明天的事情,明年的事情,是明年的事情,没有相等的时候。同乡的事情,是同乡的事情,别国的事情,是别国的事情,也总有分别的。惟其时差、地差是有减少的趋向,所以从前不放在眼里的苦痛,渐渐都发现出来,有了支配人的心理的力量。从前以为几百年后不是我们所关与的事情,只拿我躬不阅,遑恤我后两句就抹杀尽了;现在却把几百年后的事情,来当做一种忧虑;岂不是渐渐把很久远的事情看重了。从前以为几千里外的事情,于我何干,各家打扫门前雪,莫管他人瓦上霜,成了格言;现在想象了社会里头有人吃人的事情,便晓得不快活;岂不是渐渐把很疏远的人的事情看重了。这两个看重,都是自然而来的。所以我这朋友有这个心理,和其他去来今三世的有这个心理的人,都是有社会的、政治的、经济的基础的,不是光是发明了一个原理,告诉他一种理论,可以令他成一个信者的。

同时他这个无视苦乐时差,无视苦痛地差的见解,是武断的、夸张的,也可以看得出。因为快乐时差虽然减少,究竟不是全无差别。假使你说一年的差为十分之一(拿利息来做比例),那十年的差,就要是百分的六十五,一百年之差就要变了百分之九十九有多了。换一个方法来说,就是明年的苦乐,比起今年,要打个九折。那后年的苦乐,比起明年,又打一个九折。似乎很平常,不过这一算下去,十年后的苦乐,就攀不上三成半,百年后的苦乐,比起现在来,就不到千分之一了。时间是无穷的,那将来的苦乐评价,自然也是无穷小的。反转在苦乐地差来看,现在国界种界已经是很有势力的,我们算是能够看破了这一层,然而最多不过讲到人类全体罢了。那人类近亲的猴子,从堂兄弟的哺乳类,乃至一切动物生物,能够一概有同情么?现在我们是无从做得到的。那苦乐的地差,不能完全打灭,也是无可疑的。我们理论上虽然四海一家,万物一体,感情是做不到的。爱无差等,施由亲始,并不是遁辞,实在是感情上的不可抗力(但是这个亲不要拿家族亲来限定他)。所以我们看见几百年后的苦痛,不能和现在的苦痛一样,对于可以延长到几千年,几万年后的苦痛,更不能看得和现在的苦痛一样,这个是可以确信的。对于必要的人吃人一件事实,所发生同情的强弱,也是不能一律的,这个也可以确信的。如果说将来人吃人是苦痛,那比我们进步的人,看见我们人吃牛,也岂不觉得苦痛?将来再进步的人,岂不说牛吃草,人也要苦痛?然而牛的地位,比人差远了,草的地位,比牛又差远了,同情总有个高低,不能一样的。

因为有这时差地差,所以几千百年很疏远的人的困苦,不能够摇动他当时最亲近的人的快乐。我上头所说的第二、第三两层,是在这一个原理底下,不能摇动的。

人类贪生怕死,是错的。但是贪死怕生,也是错的。人类只知人生有乐,不知有苦,是错的。怕了苦,就怕了人生,那是更错的。

将来的哲人，一定要超越生死，超越苦乐，还是不离生死，不离苦乐，这就是解脱究竟。

原载于1920年1月1日《星期评论》第31号。

学者的良心

我在上海住了这半年，刚碰着这新思潮和旧形式作对的时代，我自己固然不免发了一点议论，并且对于别一个人的议论也很留心。我觉中国人有一种最易犯的毛病，就是学者良心的麻痹。这个毛病，我不敢说新的方面没有，然而旧的方面，比新的更多些。本来一个人为什么主张一个学说，要建设新文学，或者是保存旧文学；主张新道德，或者是保持旧道德；采取新制度，或者保持旧制度呢？最少总要对于这所新采的，或者旧有的，真知灼见，非如此不可，然后把理由用合理的方法叙述出来。这是学者应该有的态度。如果觉得我说的万无疑惑的余地，就是堂堂的主张守旧，我们何尝敢疑心到他的人格，何尝敢说他缺乏了学者的良心。但是我们如果有一两点研究不完全，一定是表明这一部尚待研究，或者不能够一一声明，总要把不清楚的地方，还他一个表示没有清楚的字眼。这是对于学问的忠实，对于自己人格的尊重，万不能少的。如果以为我虽然不十分清楚，希冀人家没有留心，就混过去了；甚至于明明晓得不合理的，前后矛盾的，变更论点的，偏偏要拿一种掩眼的方法来编成很合理的样子，这就是把同他说话的人，都当是没有知识的，都是可以欺骗的，都是听了几个不懂的名词，就不敢轻易反驳的，他讲了这种不合理的话，还是很安全的，才讲出去。一个人如果是这样发议论，我就除了叫他做学者的良心麻痹了以外，没有第二个方法。

中国所以有这种良心麻痹的事实，也不能归咎于一两个人。这种掩着良心说话的习气，实是几千年的历史养成的。从诸子著书，辩士游说，制科对策，一直到近日的学堂考试为止，大概的人，都不肯自认不能解决人家所问的问题的。不管说得着、说不着，讲得通、讲不通，论起一件事情，总要装成十足晓得毫无疑义的样子。他因为听的人本来不一定懂得是非，如果说不晓得、不清楚，那就立刻丢了脸。他计算一下子，讲不晓得是准失败的；硬讲晓得，还有徼幸的希望；所以昧着良心，便充在行。本来他发议论，就是从前俗语所谓敲门砖，骗得门开，砖也丢了，官做到手，议论也不管了。这一个习气弄下来，就有许多忠厚笃信的人，受了他的骗，还不晓得。这个景况，决不是今天才有的。

但是今天已经开了新知识的门户了，有了自由研究的途径了，应该这些没有确信的人，再耐心研究多一点；明晓得自己不对的人，赶快革故取新。本来学问是公共的，一个人的偶然持论合于真理，还不一定算是光荣；偶然持论不合真理，后来晓得改过了，那真是如日月之食焉，又有什么耻辱。为什么要舍长用短，讳过遂非，还学往日这种荒谬的行径呢？然而这种例我的确看见不少，我姑且把近日所见的章行严调和论举出来，做学者良心麻痹的标本。

章行严九月间在上海寰球中国学生会演说过一次调和，跟着就受四方八面的攻击。不得已在《新闻报》上辩解几句，更被人指出他的糊涂遮掩前后不符的地方。弄到无可如何，就宣言从大病以来，已有觉悟，现在不去欧洲留学，真没有发言的余地。当时看了他的宣言的，无论是他的友人、他的论敌，都起了一种同情，希望他明白自己的缺点。那晓得这一条船，能够载他到香港，不能载他到马尔赛[①]。那前清宫保[②]，就像一块磁石，章行严就像一个铁绣花针，一走近就要吸去，一粘着就拉不开。不过几时，又到广东高等师范演说他的调和论了，又来攻击人家介绍新思潮主张新主义了。不晓得他所指的欧洲，在那一方，留学怎么留法。难道船里头的管舱，便做了他的监学；船面的侍役，便是他的教师；由上海开往香港的三天，便

① 马尔赛，今译作马赛。

② 指岑春煊。当时岑春煊为广东军政府首席总裁，他排挤孙中山出广州军政府。

算卒业;人家就要刮目相待么。为什么在上海没有发言余地,在广东便有发言余地啊。为什么在上海便非留学不可,回到广东又不留学未尝不可啊。

我晓得了!他以为在广东他有势力,可压得住人家的反对;广东学生的程度,不及上海,不晓得反对;所以在上海无发言余地的,可以在广东旁若无人的讲演起来!他并且看不起上海的言论界,以为发一回宣言,讲得可怜一点,敷衍过一时,人家便忘记了。等他在别一个地方卖弄,我们攻击他的调和论,他并不当做真理的研究,只当做对策的争等第,考试的争分数!像这种的论客,父母生他的时候,我想断不会不给他良心。然而弄到这个田地,我只可说他的学者的良心麻痹了。

本来调和的一个字,没有什么不好的。章行严那一次演讲,受驳最厉害的,就是因为他把调和限于妥协的意义来解释,又把这个解释借来做政的公愤。从此调和两个字,几乎没有人敢提。前回陶孟和先生的一篇论文,用了一个调和,就赶快解释他的真意。实在调和何尝不好,就是受了章行严演说的累,真是不自殒灭,祸延调和了。

等到他在《新闻报》上登第二回的调和论,就完全变了论旨,把新旧消长的,保旧迎新的调和,变做了接青接黄的移行的调和了。等到他在广洲演说,又把移行的调和,变做矜慎的调和了。他自命逻辑专家,他这三种调和,用同一的名词来表示他,不晓得是不是逻辑的规则呢?

试看他演说里头解释调和的意义,有几句最要紧的是:

调和者,乃慎于主张者也,断乎非无主张。调和者,乃讲求主张如何有效者也,不如人之妄为主张。调和者,乃以最经济之手段贯彻主张者也,不如人之滥事主张。

照他这样说,调和不过是:未主张之先,仔细一点,主张的时候,要求他有效,要用最经济的手段。本来是各家主张的普通应有的属性,与他的调和论,并没有特别关系。他把这属性拿来区别调和论和别人的议论。硬把他人的主张硬派做妄为主张，滥事主张。这种谬论，是万不能容的。我们试把他的话扭过来说：

非调和者，乃慎于主张者也，断乎非无主张。非调和者，乃讲求主张如何有效者也，不如调和之妄为主张。非调和者，乃以最经济之手段贯彻主张者也，不如调和之滥事主张。

也没有不可以的。因为妄与滥是批评者凭空加上的副词，人之……主张，和调和之……主张，都是全称特称不明了的命题。你说我是妄是滥，我也可以说你是妄是滥。你把只骂妄滥的话来搪塞，我也可以说我的命题并不是全称。矜慎等等没有专利牌照的。这种论法，不是等于没有证明么。

然而试看他所谓矜慎的内容所举的有四条：

一、将某种主义研究彻底，并将主义发生之前后事由，疏解明晰，愈详愈有用。

二、将吾国之社会情状，详细查察，准备适用某种主义时，即将主义发生地之情事，与今所查察者，逐一比较。

三、认为某种主义可适用时，更考究阻碍吾主义之势力何在，其势力程度何若，吾欲张吾主义，何者宜排除，何者宜融合，须有一番计算。

四、以是之故，凡一外来主义，蓄于吾心，吾当如何运思以镕冶之，出于吾口，吾当如何斟酌而损益之。见之于事，吾当如何盈虚而消息之。皆须通盘筹度。

上头两条，是从胡适之的《四论问题与主义》来，本是一般研究的顺序，与调和并无关系。他实在的调和办法，在后两条。但是他这种办法，又通不是矜慎，还是他第一回讲的新旧消长保旧迎新。为什么呢？主张矜慎，是自己的责任，不是对外的畏缩。是论这一件事做到了好不好，不是论这件事做得易做得难。求主张有效，是求所主张的一件事有效，不是但求我的一个主张有效，不管是不是我所信的。用经济手段贯彻主张，是定了主张以后选择手段，不是拿手段经济不经济，来决定主张。所以他第四条所讲的，运思镕冶，斟酌损益的话,当做决定主张的顺序过程,是可以的;盈虚消息,当做选择手段,是可以的。但这种办法完全不是调和了,也是现在他所攻击的一般学生等已经做了的事情,不消得他来忠告。然而他不能这种解释,是很明了的。因为他的蓄于心、出于口、见于事,都由一个主义来的,自然盈虚消息是指主义讲,盈主义,息主义(消息的息字作长解,章行严大概总懂得),我自然赞成。我只问他为什么要消主义,要虚主义?那岂不是还是新旧消长的旧话么?岂不是还是对外畏缩,不是对己责任么。我更看他的第四条首末句,他明说的以是——计算阻碍主义之势力——之故,须通盘筹度。所以他第四条的运思镕冶,斟酌损益,盈虚消息,都是为阻碍的势力来的。所以运思镕冶,不是镕冶成一个救济社会不安的主义,却是镕冶成一个和"阻碍救济社会之势力"融合的主义。他所斟酌而损的,不是不能救济社会的部分,却是那"阻碍救济社会势力"所不容的部分。所斟酌而益的,不是能够救济社会的新方法,却是"阻碍救济社会之势力"所要求的旧束缚。他消的虚的,是真正救济社会抵抗强权的主张。他盈的息的,只是阻碍救济社会不安的势力。这便是他的调和论向来的真相。百变不离其宗,所谓进化、移行、矜慎、经济,都是假面皮。他的调和,就是拿阻碍的势力做骨子,拿救济社会的主张来做门面,欺负国民不懂得,便去欺骗他。

他所讲的阻碍主义之势力,是要论他势力程度何若,来定何者宜排除,何者宜融合。并不是看他阻碍的程度何若,来定何者宜排除,何者宜融合。所以他要排除的,不是阻碍最多的势力,却是势力最少的阻碍。所融合的,不是阻碍最少的势力,却是势力最多的阻碍。这样看来,他的融合,不就是投降的别名么?况且他所演说里头,明讲:

> 吾理虽真,为施行之便利计,吾权吾理,不得不与世间之惯性偏见并重。……抑将为所谓惯性偏见,留相当之余地乎?而况舍行而言理,其理未必真,所谓惯性偏见之中,未必无理乎。……故曰:调和者,非得已也。

照这样讲,有势力的惯性偏见,是不能排除的,那排除的,一定是别种新思想,别种新主义,还没有权势,他可以看不在眼里的。再不然,也是本无势力,已经不出来同人家争的了。他于是落井下石,把这种主义制度,再攻击他几回,令人家晓得没有势力的,不要希望他调和便算了。问他为什么要和阻碍主义的融合,就说是“非得已也”。那现在同人家融合了之后,究竟主义阻碍了没有呢?惯性偏见都融在里头,还会有主张主义么?所以他这个演说的内容,完全是保旧,没有别的作用。是把阻碍主义的力,来代替主张主义,却标个调和的名字,令人家以为他不是投降。

如果从他的调和办法去做,那“非得已也”一个名目底下,就可以什么主义主张都丢了。然而如果想要这个样子,尽可爽爽快快,公然承认“我是不肯用力去打破阻碍主义的势力,所以无从主张那任何一种主义,只有看那一种是主张了不受势力的反对,才去主张一下子。这不是因为主义好,行了有益来主张,只因为现在没有势力反对阻碍他,姑且主张”。那也算是良心未昧的自白。然而章行严偏不认这个事实,先把矜慎、经济的字眼,来藏他的丑处,那真是无从认他做还有好良心的了。

尤其不可解的,就是一开口演说,没有多几句,先讲:

> 究其实,新思潮为何物。议员之主张,是否真与新思潮相合。学生之行动,是否真与新思潮相合。请议员置答,无以应也。请学生置答,亦无以应也。

究竟他对于八百多议员,在什么时候,曾经逐个考试过,晓得他不能置答。对于全国几十万的学生,什么时候,曾经逐个质问过,晓得他不能置答。明明是没有做的事情,并且明明是做不来的事情,敢在教育会诳说,真可以算得大胆。预先派定人家是不晓得新思潮为何物的,跟着就骂人家做妄为主张,滥为主张,鹦鹉猩猩,生吞活剥,更不能不惊其无耻。落后他更演他贤人政治的主张,加上拥护财阀,阻止学生文化运动的谬论,简直是没有一句不该痛骂的。然而实在考察他，就可以晓得连这贤人政治等等的主张，也是假的，结局还是惟军阀之命是听罢了。又偏要这样大言不惭，那除了解释做良心麻痹以外，真想不出别种妥当的称呼。

他的演说发表以后，广东的反响如何，我现在也不能完全晓得。但是我随手检一张《天民报》，已经有一篇很痛快的文字，批评他的贤人政治。料来广东学界，虽然屡被摧残，究竟朝气还在，这种连吓带骗的演说，一定是瞒不过的。我现在主意，并不在乎驳章行严，只要言论界里头的人，拿他做个榜样，时时提醒自家，免得陷入他那种毛病，把清白一身，给人家和章行严一律看待，我就满足了。

原载于1920年1月1日《民国日报》纪念增刊。

主张军国主义的留美学生[①]

留美学生的救国意见，这个名目，很令人急着要看。但是看见他这个救国书的人，恐怕多数是失望的。

他的说话，还没有说出，就把总统、领袖、省长、督军肉麻的叫了一大片，临末才有“全国”两个字，却早又把“父老”两个字接上去，以后便没有了。我真不解他的意思在什么地方？如果是说要对这班拿着武器压迫人民的讲话，就连这“全国父老”的字样，也可以不用说。如果眼中还有人民，就应该向现在最奋发有为的青年男女讲说话，为什么只看见父老，不看见子弟，只看见男人有父老，就不看见女人有母媪呢？按照现行文义，父是已经有儿女的人，老字却是从古以来父母在恒言不称老的。所以他这说话，只可说给有了儿女没有父母的人听。但是民国的人民，参与政治，为什么要拿生了儿子死了父母做条件！

他这二千多字的一篇长文字，里头也有说得很好的，就像讲“决不可惑于任何国之口头亲善”，和“国际联盟保障和平之说不过纸上空谈”。都是在欧美住的人，轻易不肯讲的话。可惜他这根本却弄错了。他的救治，却是“政府人民一致提倡军国主义”。这个主张，比起欧美来，固然迟了一个世纪，就比起中国一般人的思想，恐怕也不止迟了十年。这个不应该由国民共仰为先觉的留美学生说出来的啊。

---

① 原文下有注：“原文见本月五六日各报。”据上海《时报》一月六、七日连载，题名为《留美学生之救国意见》。

实在向着这班总统、领袖、督军、省长来讲提倡军国主义,他们那有不赞成的。如果叫人民来帮他讲军国主义,那更愿意了。但是还得问一问,他们晓得什么叫做军国主义呢?他们的军国主义,就拿袁世凯的小站练兵,做最高模范罢了。讲到人民,自然有大部分还不晓得什么叫做军国主义的,但是总有一小部分晓得。然而晓得是晓得了,不过晓得军国主义的人,现在都不崇拜军国主义、迷信军国主义了,都变成反对军国主义者了。然而这些人,都是青年的平民,不是总统领袖,不是父老。

所以他这篇文字,有两个错误:第一层,不晓得除了领袖父老以外,还有可以实行他的意见的人。第二层,不晓得除了军国主义以外,有抵抗强权的办法。前几天看见新出的《少年世界》杂志,有少年包办的话头。这个话我是不赞成的。现在留美学生发表意见,只说给领袖父老听,却是正得其反。我以为现在打破旧惯,发张民力,抵抗强权,确是人民的责任,尤其是少年的责任。少年应该有负责的精神,不应该有包办的陋习。至于父老,我们未尝不欢迎他,然而决不能太倚靠他。因为他的时代已经过去了,他不帮我们,是当然的;帮我们,是例外的。

军国主义,是拿抵抗的目的来采用的时候,不算做不正当的。然而现在已经晓得抵抗强权,不要用军国主义了。抵抗强权,要用军国主义,就是这几年间世界大战里头实验过的。英、美、法、意、日、俄都是拿军国主义来反对德、奥的,然而成功还是由非军主义的运动。这样看来,就可以晓得拿抵抗的目的,来采用军国主义,虽然不算不正当,总算不经济、不适宜、陈旧不堪的武器。

这篇文字,是用留美学生会的名义,但是我相信美洲多数学生的智识,决不止这个样子,并且希望发表这种意见的人,思想上更有进步。

原载于1920年1月11日《星期评论》第32号。▲

社会与忏悔

我们认罪恶是社会做成的,认犯罪的人是没有先天的犯罪性,反对龙蒲来的刑事人类学的结论。所以当然要求犯罪人的忏悔,要他有忏悔的方便,开他忏悔的道路,帮他忏悔的进展,同时也要警戒虚伪的冒认的忏悔。所以我们想悬一个忏悔的程式,定一个行为的最小限度,给这忏悔的人做标准,来标出下文两句话:

以言论得罪社会者,可以言论的忏悔补过。

以行动得罪社会者,要以相当之行动补过。

本来言论不过是行动的一种,但是现在一般的毛病,是拿手犯罪,拿口忏悔,所以我在这言论的特种行动,要把来和一般的行动分开来立论。言论并不是价值比行动少,言论犯罪的结果,弄到无地自容的,本来很多。就像筹安会六君子,到现在还不能不遮遮掩掩,求人家挈带。里头算最有勇气的,是孙少侯,前个月发表一篇忏悔的文字,也引起不少的反响。论起他筹安会的罪名,本是言论上的犯罪。他这忏悔,自然不能不容许他。但是他的犯罪,是仅仅发一段议论而止么?他自己明说因为买古董负债,不得了,赞成帝制,那他明明是第二种的罪恶。他这罪恶不是以言论为范围,自然不能拿一篇忏悔的文章算做责任已尽,所以我说只有看他的将来。

然而如果孙少侯真能够拿行动来忏悔,我就不能不佩服他。照现在的社会情况,不止没有引入忏悔的能力,并且明有阻碍人家忏悔的趋向。我不是说社会太狭隘了,不容人忏悔,实在是太不公道,只信有势力的人忏悔,不信没有势力的人忏悔。所以如果不是真正勇猛精进的人,给这种社会上势利的舆论一逼,就算满意在社会上立功自赎,他的勇气也不能长久,最容易消灭的。能够照他本来的意思,彻底做去,就是非常难得的了。

实在社会上能够拿着金钱势力,去补过的人,如果能够多几个,自然不错。但是以为惟有拿着金钱势力的人,才够在行动上补过,如果没有金钱势力,那虽然忏悔,只是口头的事情,那就完全错了。因为社会上有这种迷信,所以生出两种现象。

甲　希望有金钱势力人的忏悔的心事太热,所以把并没有忏悔的人,硬替他是已经忏悔。

乙　以为除了有金钱势力以外,不能有行动上的忏悔,所以口头忏悔的人,恰好不用实行,真心忏悔的人,勇气也减少了。

前一件是在对梁士诒一辈看得出的。梁士诒的忏悔,是连口头都没有的,不过那一班无聊的人,以为他有金钱,可以支配一切,于是大家装做相信他已经忏悔就把他抬起来。论起梁士诒的罪恶,何止千万倍于孙少侯,然而孙少侯比较的有诚心的忏悔,还有许多人不愿意容纳他,梁士诒却是人人愿意纳交,梁士诒还不屑理。这种社会,能够有真正忏悔的人出来么?

后一件现在在上海尤其流行,不特犯了罪的人不肯做诚心的忏悔。连不晓得自己犯什么罪的人,也在那里做时髦的忏悔。这种忏悔,真是和鹦鹉一样,多造成一班说谎伪善的人材便了。

由上头这两层,又发生了第三件事。就是:

丙　虚伪的忏悔的人,更拿借手补过做题目,来要求社会容许他接近政权,续行犯罪。

所以现在社会对于忏悔这种态度,是阻碍真正忏悔,引诱伪善的,不是诱掖人类向上的。在这个社会里头,如果真要忏悔,须从牺牲了一切财产地位势力,重新奋斗入手,不能这么做的,我们还是不要相信他。牺牲一切,就是行动的忏悔一个要件。

原载于1920年1月12日《闽星》第2卷第4号。

杂感

（一）

现在拿着很有利益的地位，死不放松的人，最喜欢叫人家做匪。前清的时代，叫革命党做革匪。袁世凯的时代，叫革命党做盗匪。现在日本人《大阪每日》就叫中国学生做学匪。我们被人叫惯做匪的了，横竖看这匪字，比宫保、大帅总少肉麻一点，乐得随他叫叫。但是一般学生，对于这个匪字，却是很有不平。我且把这匪字，再研究一下子。

匪字大概是从《周易》"此之匪人"句来。匪人不过是不和他们贵族一致行动的人的名称。所以匪人就是阶级制度的产物。因为有了优秀分子，所以在优秀分子的眼里看起来，除了他们自加贵族头衔这少数人以外，他们都认他做匪。中国已经是这个样子，外国人自然学样了。

然而优秀分子，也要靠人家的钱养活他的，也要靠人家的武力保护他的。有金钱、有武力的人本来也是他们的匪。但是因为有钱有势，于是乎脱了匪的徽号，做起巡宪、督军来了。所以被人叫做匪的时候，还是没有丧尽了人格，等到脱了匪人的匪字的时候，真是连匪人的人格也丧去了。我希望我们被人家叫做匪的人，不是赶快想法免去匪字。

（二）

有时人家问我，为什么有许多无聊的人，一面旁敲侧击的骂革命党，一面冒充新人物，你还同他敷衍。我只得答他说，他骂骂不到真革命党，我说话也敷衍不到他，本来没有要紧的事。就我自己来说，我实在不轻易骂人。除非我希望骂了这个人，会改过或者有旁人肯拿他做警戒，终去骂一回。至于寻常辨论，只要指出他的错处就够了，我实在不屑骂。

但是我想这个骂不骂，就只有在没有觉悟的人有分别；在已经觉悟的人，是没有分别的。横竖讲明白了，他以为然的时候，你骂他，他也赞成，不骂他，他也赞成。他不以为然的时候，你骂他，他也反对，你不骂他，他也要反对的。如果已经赞成我的主张，却以为人家骂革命党，你为什么不骂回他，那就是根本上错了。我骂人是很矜贵的，没有骂的必要，我决不骂。看骂人的文字的人，也要明白，骂人不是拿来出气的，不是拿来快心的，如果一定要拿骂人来做享乐，那就是一种的错误，还得人家骂他。

（三）

近来对于新思潮的崇拜，是一天高一天. 口里头讲新思潮的人，也是一天多一天。但是新思潮的意义怎么样呢？照前几年一般所用的新思潮三个字的意义，是很空漠的。然而还有共通的地方，就是对于现存不合理的事物的改革的趋向。但是那趋向自身，已是各人不同了。现在用这个名词的人更多了，他的内容就更复杂。这个名词,我们差不多要把来重新下一个界说。我们现在暂规定我们所用新思潮的内容,是怀疑的态度,合理的批评,向上的进展。大概怀疑这一层,是现在通有的。但我对于某一种事实怀疑,一定要拿合理的批评来实现他。如果不用合理的方法,来证明自己的怀疑,只是拿几个独断,来筑成自己的理论基础,那这结果,不止不能够得向上的进展,并且有逆转的危险。因为他这种理论,不特不能够建设新的好理论好制度,并且不能够打破旧的坏理论、坏制度;不特不能打破,并且使旧理论、旧制度,更加巩固。所以新思潮里头的怀疑,是研究了各方面,才去怀疑,不要自己先设一个假定,拿着假定去怀疑人家。并且切不可以为怀疑多了,就是有本领。因为有力量的怀疑,只要怀疑一件事物,于社会上也大有益处。又万不可以为我有本领,就可以随意怀疑。因为怀疑一定要从研究出来不合理的地方起,并且对于那不合理的地方,加以修正而止,不要逾越了一步。如果是蔑视了这个制限,恐怕思潮不特没有进展,还要有反动来。

原载于1920年1月15日《闽星》第2卷第5号。

答胡适函

适之先生：

昨天仲恺兄接了你的信，里头有一段是关于汉民兄前次的信里头计算上的反驳。因为这一点是从前我同汉民兄共同研究的，在数字上我也应该负一点责任，所以我代他答复几句。下余几层，等汉民兄由广东回来再答。请先生恕我冒昧奉渎的罪。

先生(一)根据《王制》，说古者百亩，当汉人百五十六亩有多，所以不能拿汉亩作准。(二)又拿 Grenard 和 Herrman 的考究，证明汉里有四百米突左右。(三)而现在的一英里等于中国三里三，所以晓得汉里和今里相差，只有八十米突。(四)因之说周百亩可以有现在百一二十亩。所以疑我们的研究有一个大错误。

我大胆一点想替先生消去这个疑惑。

第一，我以为《王制》的数字，是完全不可信的。他这里接连两段，第一段是“四海之内，方三千里，为田八十万亿一万亿亩。”是按一里九百亩，一亩百方步算的。却是他忘记了一里九百亩，已经有沟渎等在内，后面又把沟洫数进去。这本书只管是汉时人假造，他又忘记了汉亩是二百四十方步，随便就说“古者百亩，当今东田百四十六亩”云云。这种不负责任的话，是完全不能作准的。所以我们还是跟汉志妥当一点。

就算他这一种说法，是就百方步为亩的来讲，也完全和先生意想中的不同，不能算做一个证据。因为现在二百四十方步一亩的算法，是很明白，自汉以来有的。他所说的东西，只管算他做百方步的田，也完全和汉人——至到现在——二百四十方步的亩法没有什么影响。如果说他是还没有二百四十步一亩的时候的书，又不能算他汉亩了。所以我认《王制》的亩法，没有研究价值。

“周道法地，地法妇人，妇人大率中八寸，故以八寸为尺。”这等说话，都是谶纬家造出来的。孝文的时候恐怕还不作兴这种说话，他底下的数字，也和上文不符，所以郑康成也没有方法，只有改数字来就他。又说他是六国时候的变乱法度，孔颖达也只可以说，经文错乱不可用了。

第二，先生所据的 Grenard 和 Herrman 的考究，我们不曾看过，自然没有方法可以评论他。但是我有一层不能了解，就是他考校城址的时候，是用鸟飞距离呢？还是随着路屈曲呢？我疑心汉志的西域距离，总有一部分是鸟道，也有一部分是随着路转湾来算。但是有一个比较可信的记载，就是乌孙的境界。乌孙的界，东边到汉的玉门，西边到葱岭，东西六千余里，这个数目是一定拿空中距离来说的。把这两个地方来算现在的距离，只有三千六百里光景，刚刚是六千余里的一个六折。其余莎车、疏勒到长安的距离，都是九千余里的，现在量起来，就只有五千三四百里的光景，不够六成，但是我想这个应该是跟着转湾算的（现在的驿路更因绕湾多了许多数字，比方广州到韶州直径的算法只有四百里光景，驿路要算千里以上）。他欧洲学者，纵能寻出城址，未必能寻出汉人走过那一条路，所以他这四百米突说，不敢轻易说他的确。

第三，先生所说的一英里三里三，和所说一汉里四百米突，十汉里等于二英里半，两句话分开说，都可以的。一合起来，就不对了。为什么呢？因为英里是翻 mile 一个字，却是 mile 这个字表示三种的长度。

第一种是 Statute mile，等于五二八〇英尺，约莫和中国的五千尺相当，算起米突来是一六一〇米突光景。先生拿四千米突算做二英里半，应该指这种英里。在一汉里四百米突的假定底下，先生一点也没有错误。但是五千尺只有二里又十分之八，并不够三里三。

第二种是海上普通用的 mile，等于五四〇〇英尺，和现在这个问题差不多没有关系(政家年鉴称中国三里,等于英国一 mile,大抵指这一种来讲)。

第三种就是 Nautical mile,这种日本人称他做海里,等于六〇八五英尺,又等于中国之五千七百八十尺内外,又等于一八五〇米突,所谓一英里三里三的,是就这一种来讲(严格讲起来还不够三里三,只有三里二)。这种英里,每英里有四百米突的四倍六强,不能拿来算做四汉里。

所以如果照汉里四里当今里三里三来算,自然是今里只有四百八十米突,相差只有八十米突。但是这个含着错误的绕湾,我觉得很可以不必。

民国四年的权度法里头,有依万国权度公会所制定铱铂公尺来量定的长度,拿营造尺做底起算一里等于五七六公尺(即米突)。所以一里比假定的四百米突汉里,多了一七六米突就是多四成四。这样算从米突就到米突,简单多了。先生不采这种方法,却拿米突换算做量地的 Statute mile,又把 Statute mile 和 Nautical mile 当做一种,才把他换算做米突,未免歧中有歧,误了正路。

上头的计算英里和米突的差,应该在十万分之一以下。中国尺和公尺的比较,据权度法,大概也没有大差,所以断没有疏忽错误。但是当时所定的营造尺,和前此所用,有没有差异呢?这层我相信总有的。因为从前曾纪泽的笔记里头,曾经说过,他拿米突尺比营造尺,营造尺得三十三生丁。以后我看见许多统计书里头,都假定三十三生丁做一营造尺。然而这里头一定有小小差异,所以袁世凯定他做三十二生丁。那他从前所用的,总不外自三十二生丁到三十三生丁之间。所以我拿权度法来做根据算营造尺的长,只有算短了他,断没有算长了他的毛病。

除此以外,我们还可以有点旁证,证明这一里等于五七六米突的数目,不会推板得太远。

这个米突,是人人晓得拿地球过极经圈之长四千万分一来定的。中国的康熙皇帝和梅文鼎等人算他,却把过极经圈一度,算做约二百里，所以全线应该有七万二千里。拿这两个对算，一里应该是五五五米突有多，此现在稍为有点差异。但是米突原尺，不是真正实合四千万分一，而中国当时测量北极出地高度，是限于北回归线以北的地方，本来已经是有差的。所以这个不合只有二十米突有零，不算奇异。

再一个就是我们一般简算用的十二里等于七千米突，这个算法也是在袁氏定权度法以前的，照算是一里得五八三米突。这原是简算，但是如果把曾纪泽的笔记来比较，可见这个数目尤其近于民国前的实数。也可以明白现在没有大差。

所以照 G. H. 两个的说话，也不过是汉里得今里十分之七弱（应为六九四四），再加上他们所应该容许的误差，那就对于十分之六一层做不到什么疑惑的材料。

第四，先生说的周百亩可以有现在一百二十亩，是完全无视了从前一亩百方步，和现在一亩二百四十方步的一层。大概总是对于《王制》那一段没有细查的缘故。我们且把《王制》的不对撇开不算，光照先生所讲 Grenard、Herrman 等的材料，照上文推算出来的数目来，寻出汉亩，可以推定他是今亩的二十四分之一十，乘百分之四十八强（千分之四百八十二），约得十分之二。然则汉百亩也不过现在的二十亩零几厘，和我们所算的十五亩，相去不见得远。

第五，汉尺的长度，阮元等的考据或者可以说是假古董累了他。沈存中却不可一例看待。因为沈氏本来是乐律的专家，他这考订尺度也是从考究乐律发生出来的，所以比较总算可信。从来做乐律工夫的，有一个通例，他把黄钟之管九寸，做了一个信条，要这个黄种之音合了，才算这把尺合式。所以时代变迁一天，世间通用的尺长一天，他制乐的人万万不肯跟他，放长这把尺。因为这个黄钟九寸，已经是低到极了，再低就要不成声了。所以从来制乐器的尺，都不大相远，高下不过二律。不是数目跟了他，却是声音管住他。惟魏汉津异想天开，叫宋徽宗以身为度，另外做尺，那乐音就低到三律以上，不能再奏了。所以他们研究乐律的考据，倒有可靠的地方。就算他有差,也不过两律(约十分之一)以内的事。

第六,先生以为三亩养一个人,乃至不够二亩田养一个人,没有好日子过。然而这古人百亩所产的数目,除了李悝以外,还有鼂错的奏疏也可以参考的。他说农人治田百亩,岁收百石,还要供役纳税,借债纳息,所以很苦。明明指出百亩田养一家,是没有大多余的。然而说二亩田养不了一个人,也不见得。照我所晓得广东的省城附近田地,大约不好的每亩一回收两箩谷,一年可种两回,收四箩谷。好的一年可以收到八九箩。一箩谷约有百余斤,四箩约近于三石,九箩就有六石有多。想古人的种法,或者不如今人,做两作的也比做一作稍为多收一点,姑且折半算,现在的好田一亩,古人只能收今三石,两亩六石,养一个尽有余了。下等的田,三亩也有四石多,不能说他不够。(如果照鼂错的话,一家收百石,就五个人的家族各享二十石,约当现在四石。)

古人说锺亩之田,说是一亩出一锺(六斛四斗)。郑国渠成说是亩收一锺。这都是特别形容的说话。只有鼂错和《汉书》引李悝的说话(固然不一定是李悝说的)比较可信。所以我断定,古人亩收一石至一石半,每月一个人也食一石以上,除了拿出去交换必要品和谷种以外,没有什么多余。至于《左传》、《诗经》的争土田的说话,是争采地,是争所有地一层,是先生这回的信第二个重点。这层且等汉民兄回来他自己再答,我姑且不论。但是《左传》里头,差不多几年一回,就有争田、赐田、得田、取田、与田的话。记得起的,只有韩起拿州县来换乐大心的原县,和季孙对孟氏家臣说吾与子桃,又与之莱柞,算是大夫做主的事情,其余都是国际的授受。而韩起和季孙,当时都是为政的人,所以想定他是拿执政资格来处分采地,不是拿大夫资格处分私有田地的。这一层是我偶然想到的,姑且说出来备先生的参考。此外还有可查的地方没有,一下子也没有想清楚,以后有机会,再研究一点,才来请教。顺便祝你的健斗。

朱执信　一月三十一日

此外我还有一两点想声明的:就是古代六尺为步,现在权度法是五尺为步。但是实在前清测量的时候,另外用一种弓步尺,比营造尺长一点,所以一步比六尺或者少一点,比五尺还多得多。前几十年湖南黄宗宪做的求一术通解,里头还有步法五十八寸(又一处五尺八寸)的话。这个恐怕和实际的数目相近。

如果拿这一层放在计算里头,就可以相信,如果汉里是现在的十分之七,那汉步就也是今步十分之七,汉尺比今尺就只有十分之六了(因为一个六汉尺的一步,才等于五营造尺一步之十分之七,那一汉尺就是现在营造尺的六十分之三十五,不够六成)。然而田亩丈量却是用弓步尺的(我所晓得是广东的情形),所以一步还有古步的约莫一倍六的数目。

又从现在亩法算,一六亩又二七六〇一田等于一公亩(Hectare),而一公亩等于二英亩又四七一,所以一英亩应等于六亩六分。然而在南洋的耕种的人,我问过他几次,他都说一英亩等于他们乡里四亩多,不够五亩。那法律上的亩,实际是我们所称一亩的四分之三,也可以和上一节相证的。

古人的度量为什么要变大呢?这个可以从收税收实物来说明他的,丝和帛都是汉以前就算做一种税品,所以汉尺不会比周尺再小。

李悝的说话以外,汉人还有日禀五升的话(记不得那一个人说的)。赵充国说:“一马自负三十日食为米二斛(石)四斗,麦八斛。”算麦做马料,米做人食,也是一天八升。他是出征西羌的,或者算少一点,也总不能加到两倍以上。这都是古人吃东西的考证一个资料。

二月一日再附记

原载于1920年1月31日《建设》第2卷第2号。

复许贯三函[1]

贯三先生：

你的信早已收到了。因为是旧历岁底，印刷所催并着要提前付印，所以耽搁了几天。请你原谅我复信的迟慢！你的父亲既然是克强先生的同志，那我们总算有点关联，所以我看见你的热心研究的态度，尤其觉得高兴。

你对于孙先生的发展实业计划一段怀疑，差不多我们同志里头也常有疑心这一点的。但是孙先生的意思，以为这个是方略上的计划，不是工程上的计划。工程上的事情，要等实测过以后，才能够决定。比方北方大港的计划，孙先生也只指定一个地方说可以做，至于他的详细工程计划，就要等实测决定。现在经美国工程师实测以后，就有决定的工程做法发表出来。他这详细的工程上事项，尽有和孙先生原案不同的，却是于孙先生本意毫无所背。将来改良扬子江和广州港，也是如此。如果还有更便利的地方，不便利的地方，要

---

① 许贯三是南洋公学的学生，1920 年 1 月 31 日致函朱执信，一、寻找孙中山《实业计划》的英文原稿。二、谈对于铁路的意见。三、拟向《建设》投稿。许贯三来函，原载于《建设》第二卷第二号，兹录其第二部分如下：

我常想到如果全亚洲的铁道的网也像美洲、欧洲一样的密布，那时的世界，定是大同的世界。我们中国人的责任是何等的重大呵！！！对于现在发达我国各种实业，我想交通是第一要素，铁道又是交通的第一要素，因为于今科学发达，那自然所给我们海岸线的长短是不足以定文化的迟苦了。不过我常常为我国怀疑，如果国内交通一齐便利，我们的利源固可以发达，但是那时外国雄大速资本“入据中原”，经济上的缚束是很可怕的。一国人民受他国人民政治上的束缚还容易解脱，如果经济上宾主“倒持”，痛苦是不堪言。像于今我国关税只好奖励进口，国内想发达实业的已经吃着的不少了。我这个疑问你有什么见解可以开迪吗？

在详细工程上计划来定的。而且我以为这两项计划里头,像江阴和下关两处的浚宽,恐怕是不能免的事。其余大概可以容技术上的修正的。扬子江出口,差不多也是非把三个水路塞了两个去不可。广州的通路,从前我们在广东做事的时候,曾经略为调查,大约零丁和第二闩洲的浅处(第二闩洲有石要爆去),非浚深不可。是一般的议论(海军将校的话),这几层都是不可避的事情。所以我们只能望专门工程的人实测以后,有比较用力少的方法就是了。其余真是工程上困难的地方,在我们外行的人,或者不觉得,这个是很欢迎讨论的。

孙先生的英文原稿,第一计划已经没有了。现在寄去的是第二计划和第三计划的前半。那第一计划,在去年六月的《远东时报》Far Eastern Review 登过的,这杂志是上海的英文工程专门的杂志,想南洋公学应该有的(北方大港实测后的图和工程概略,也登在这杂志的正月号里头),请查一查看。

你对于伯达铁路那一篇觉得有趣,我很喜欢。我常常怕我做的文字太艰涩,没有趣味,如果多几个人看了我的议论,能够了解得中国人这个重大责任,那算我的微力,还能够在社会上有一点贡献了。你讲的发达实业交通是第一要素,铁道又是交通第一要素,这一层和我们的意思一样。你所焦虑的外国资本入据中原,也是一个重要问题。我们现在分开两方面说:一面是外国的货物因交通便利,进口容易;一面是外国人投资开发中国的天然富源以后,捆载去了,中国人不能倚赖天然利源,发达自己实业。前一层是关税,厘金两件事作梗,这种不合理的税法,无论如何,断不能容的。如果能够裁去厘金,免除出口税和本国两埠间出入口税,中国的产业发达,大概还不十分艰难。后一层就全在借款的方法条件。从前北美合众国也是靠外资发达实业的,现在南美阿根廷民国也是靠外国资本的,也不见得有弊。我们不主张独占的借款,主张共同的投资,就是这个意思。天然富源,本来不是为一个国家、一个民族设的。我们自己没有能力开发,人家自然生心。我们想免了人家霸占的毛病,只有自己赶紧去开发。这开发所用的机器,就不能不仰仗外人。所以结局一部分的借外债,总是免不了的。外债能够借得妥当,也不一定有害。

你想译这两篇,我想一定有益的。但是我们从前所登的译稿,或者有问过原著者,或者豫料定不会生版权问题的,才翻译他。这个 E. N. R. 的论文,可以翻译不可以,我们不清楚。请你查一查,如果不生出版权问题. 我们是最喜欢登载的。

祝你的健康,和你的学业进步。并谢你的好意。

朱执信　二月九日

原载于 1920 年 3 月 1 日《建设》第 2 卷第 2 号。

致杨庶堪函[①]

沧白先生大鉴：

曩致一柬，妄抒其狂言，来书不以为忤，又引使商榷，此见先生冲和虚受，非仆辈狷急者所及也。往书尝以破坏伦常扰乱秩序自任，义固不专主文学。符常谓中国近人好言上轨道，此即无异昔人欲造常动机，社会上事岂能容其有轨道。今试想大地之上，本可随推挽所之者，一旦限之以轨道，尚有何处容人择途命驾。所谓伦常，所谓秩序，亦正与轨道同，皆欲以一终古不变之规绳，驭转变无常之

---

① 杨庶堪致朱执信函，原载于《建设》杂志第二卷第二号。节录如下。

执信先生教下：

……承示谓，将有销磨精力之他一途，以为世界伦常尚有待公破坏，秩序尚有待公扰乱者。此志锐烈，亦何可畏敬。贱子颓散则同，而其流必至于放浪形骸以外。老庄之毒，自谓中之，新事伟业，则当让公等独步，不敢循例谬诩同志。非甘腐窳以自绝于人群也，厌世之怀，夙于辛亥以前具之。癸丑以后所为，尝告展堂，以谓争闲气而已，不得谓为行心所安也。今更亲入地狱，以觇饿鬼变相。畴昔所志，益证非诬，行当破出以返吾初耳。顷答展堂书，似类笃旧者之言。实则执事所谓离经叛道者，在我思之，亦了无骇理。又见执事于《星期评论》亲为白话诗，而辱书仍行也、者、之、乎之旧。贤者固无适不可耶，抑现拘儒身而为说法，以为故无失故也。怀疑之论，已于展堂笺微发之，盖仍相对之诤言，而非绝端之敌拒，一旦折服，或且从之，今犹未有以醳然也。……十年以往，谬为中学讲师，其论国文则恒举《水浒传》、《石头记》、《牡丹亭》诸书，以为例证。甚者至手钞《石头记》文，以销长夏。……白语散文，于语录、小说以次，间已略涉其藩。至于韵文戏曲，则自元人百种曲选，暨明清两代名著，下至洪氏唱本（按：四川书商洪金山，刻印唱本很多），固尝已罗列窥之，略知其意。然恒狂论，以谓文言白话，厪符号之差殊耳。文心雕琢，正复相类，其难易亦非有等夷。负文言以轻白话，固自迂疏；持白话以废文言，其理据亦非复完美。用是迟回，妄有言说耳。贱子虽寡薄，亦绝不求为所谓选派、桐城者之功臣，徒致疑于廿纪中国之新文学即为白话，是否可下此定义耳。如其未也，尚当任人商榷，以蕲最后之解决。不容有我之见存，而为最新学术思想之专制也。制庶堪再拜。十二月卅日。

人类社会，犹复望其一一适合，而其终则无一而可，惟有祸患贻人类而已。纵使不能一切蠲弃不道，而现代之所谓伦常秩序者，已成死骸，不足以牵制恶人，而恰可以束缚良士，必须立为湔洗改作。如此巨业，初非一人一时可毕，要当自勉，期与当代知者共行之耳。至于厌世而犹争闲气，则所厌者固不多。先生不许为吾辈同志，符亦不敢谓先生真中毒于庄氏。以先生之于物论，尚有所掎击，知先生虽曰破狱返初，未得如柱无情也。且老氏语陈义或不高，庄则断无毒可容人中。异时先生舍弃政治生活，又岂能不有以为世界益哉。

来书问符白话诗文事。符对于此之意见，略具于《建设》一卷一号通讯[①]。所以主用白话为文，以其渐近自然也。所以自不多用白话为文，以少日惟操粤语，其以普通语为文之不自然，犹之文言，抑又过之，故常不乐为。然而自审学荒文退，已如前书所言。今之操翰，期于便利，不复雕镂。吊建光诗，一时抒情之作，后亦鲜为之。其于撰论，文话颇复相参，期能尽达委折而已。先生非笃旧者不待言，而白话文言，文心雕琢，正复相类，非有难易等事，尤为通论。但今兹所议者，当分二涂：

其一，从艺术之眼光立论，不特文言可用，即震霆无瑕塞聪，亦何尝非一格。世上既有人曾用此语，有人能解此语，则此为敝帚，彼为千金，更相非议，滋益笑耳。然而有不可不辨者，假如吾人今日虽甚浅薄，亦能假字典之助，读数行外国书。人以外国为文，我亦不必尽不了解，则可以主张用外国文乎不也。讨论此种文学上之工具，固当以多数人为断，而少数人相与谈说娱乐所可行者，不必以强之他人。非独新旧之问题，尤非作制难易之问题，乃人能曲喻与否之问题耳。且今日吾辈所治之古文，固非今人之今文，亦非古人之古文也。取周、秦、汉、唐以来，迄于宋、明所用之语，而一合之以为古。故用周、秦之字，宋、明人常不解。用宋、明之新语，周、秦人固不知。今法兰西人谓廿世纪之拉丁语，罗马古人复生听之，不必解也。彼

① 即 1919 年 7 月 2 日《复黄世平函》。

徒异音尚尔，则异义者何如。然则吾辈所用之古文，始终为少数传习者圈内跛行，使用之一种工具，谓之死语，诚为大过，目曰贵族的，则无可辩者也（贵族的本不含恶义，只对民众的艺术而言）。于此将求艺术精神之发展，而不用白话，固无所可。至于雕虫祭獭，尽可任我辈为之，初不相妨。钱氏废汉字之议①，利害如何，向待讨论。然废字与废文言，则自有殊，不必持以入此论范围。且符平昔论文，固宗桐城。亦常劝学文者读《文选》。盖以为“桐城而非谬种”，“选学而非妖孽”者，自有可能。且今日以白话作文，势不能以保姆为师，其吞吐流转，正复须脱胎古人。不作古文，非不治古文也。顾最新学术思想之专制，固不可有。而不适用于多数人之工具，必有自然淘汰。所以然者，艺术之精，贵知者稀，而其效用，乃在动不知者。必令解嘲有作，止于密尔自娱，则非所尚。持此而论，则虽难易雕琢适齐，文言已当避席。何况艺术之进，方自今兹始乎。

次之，从应用之方立论。文言于多数地域，不敌白话。其能有相等之效用者，独闽粤等不用普通之省分而已，而又别有闽粤土语自存。故文言之在中国，可谓之不甚通行之第二国语，不能应用无憾。夫离艺术而言文字，则文字真以代表谈言为其最上职分，期使识字者皆能著其所言于文耳。须字字窜易，以合文体，则能言者不能以其所识之字，记其所言；能听者不能因其所识之字，以解其所读；此何以为应用乎。先生举语录、小说、戏曲以论古之白话文固当。然以符观之，则在公牍文字，尤见其然。明代公牍（如《纪效新书》所载），皆杂当时口语。所谓上谕者，亦率写话不用文。即清代州县所用公文，亦多口语。非其能知改新，乃必要驱之也。然应用于一部，则承认之；应用于全部，则有不敢；岂非一蔽。即如今日公牍中，“据报称……等情前来”及“将……打死”等语，断无人改作文言。然则惟的、呢、啊、吗是责者，固不解孰为文言，孰为口语者耳。

---

① 钱玄同主张废去汉字，采用世界语。在过渡期间，可用英文，最好是用法文。1918 年 4 月《新青年》第 4 卷第 4 号，曾载其《中国今后之文字问题》一文。

然符于此，非谓不当参用文言，纯用口语。以现在口语之不完全，有时须赖文言为之补助，故将来尚须多插意义简单确定之文言于口语间，构成较完全之国语。此不特有资于古代文言，亦有待于外国文。但其旨在补其所本无，非易其所已有，此不足为主白话文者病也。往昔之应用文学，已不能不参用白话。将来白话文，亦不能不补以文言。必要所驱，固不能以口舌搪抵也。

先生既夙以口语之文教蜀人，而惟待自由研寻商榷之最后解决，不欲有所专制。则符以为吾人可有共通之标准存在，即修补整理口语，以为一国平民艺术上及应用上之文；钻索斧藻古语，以为二三同好趣味玩赏之文。如此，则不特僻典惼诗，不妨羼入；即庾词歇后，亦所不禁。如此之酬复，在外人可以密码电候视之。丹书石髓，嵇生尚或以福薄不得窥，何必与人同乐，始为贵哉。若是者，先生可以消日，符辈腹俭，不能参角，亦颇以得观为乐。即令仓颉字废，佉卢[1]道行，断不缚吾辈作妖言咒术治罪。则钱氏之论，又何伤乎。

致展堂书到日，展堂已赴粤，归来当有书奉报。今姑陈所见，以为一笑之资尔。吏事当不易摆拨，形骸之外，亦无复执政存。古有在家僧，今岂不容在官逸民乎。然则先生之返初，固又不待摆拨也。此复

即候兴居。　朱大符　二月十日。

原载于1920年3月《建设》第2卷第2号。▲

---

① 佛经传说，古代佉卢仙人造文字，其字左行。

没有工做的人的“生存权”和“劳动权”

现在有许多人对于中国的劳动问题,只看见一个“从业者”的问题,没有看见一个“失业者”的问题,于是他们便空空洞洞的说:只有做工的人才有革命的权利,没有职业的流氓土匪没有革命的权利(杨亦曾君在《时事新报》所发表的议论也是如此)。这种议论都是一相情愿的话。流氓土匪和工人是有区别,他们看得见的。流氓土匪为什么和工人有这个区别,他们就看不见了。

流氓和土匪的发生根源,完全在这中国的经济组织和经济状况上头。如果是世界上没有掠夺劳动阶级的资本家,决不会生出掠夺资本家的土匪,也养不起许多变形掠夺的流氓。凡有现在的工人,都是时时刻刻可以做土匪流氓去的,所有土匪流氓,除了几个头子以外,也是时时刻刻可以钻进工人阶级去的,本是没有严密的关阑,可以弄到他老死不相往来。他立这界限的,不过是在一个时间可以分得出,不是一个人做了这种就做不了那种。

这一件事最显著的,就在所谓会党的范围里头。会党本来没有区别收工人、收土匪流氓的,所有秘密会党主要的分子,还是现在做工或做过工的多。但是社会上一般的人看见做工的没有觉得他是会党,就不怕他。看见流氓土匪,以为是会党了,就怕起来了。他只晓得抢夺敲诈资产阶级的人是流氓土匪、是会党。他不晓得资产阶级所抢夺敲诈的工人也是会党,他更不晓得这个会党许变成那个会党。他们看见流氓土匪就把他不当人,认为罪大恶极,万无可宥,这是事理当然,我们只可说他不明白就完了。然而想要改造社会的人,就不应该一味盲从,一面跟着人拼命恭维工人,一面又跟着在那里大骂土匪流氓。既没有理解人类之经济的权利是甚么,所以就再也不会更进一步去研究工人和流氓土匪,在现存社会制度上的位置,和这两个阶级所以成立的原因。于是所讲的社会改造的话,也就只是架空在虚无飘渺的上头,和现存社会的实生活,没有切实的交涉。和讲女子解放的人,不能理解娼妓问题,正是一样的空疏。

工人(包含农业劳动者说)为什么会变做流氓土匪呢?这是经济上变调的必然结果。国内国外的资本家压迫来了,从前中国的工业本来是某一种工作可以用三个人做工,现在只用两个人;从前可以用两个人做工,现在只用一个人。由三个工人变做两个工人,就是一个工人要做流氓土匪。三十个工人,就有十个工人要做流氓土匪。假如四万万人里头本来有一万万人做工,那至少要有三千多万人因此要做流氓土匪。如果是由两个人变做一个人,那就有五千万人要做流氓土匪。这种流氓土匪,还是要拿所谓实业家从别人身上刮来的钱,分一部分去用。筹饷咧、借粮咧、好看钱咧、掩口钱咧,终久还是实业家负担一大部分的。悖入悖出,有什么地方可以告诉。

流氓土匪所做的真是恶事,他们都是恶人。但是他这做恶人做恶事,都不是愿意做的,是没有方法不做的。一面是赃品的诱惑,一面是生活胁威。他做工的时候,已经由雇主把那愤恨现社会的感情灌注满了。等到他没有工做的时候,他那有拣择不做流氓土匪要做点金道士辟谷万户侯的权利。我看见英国司梯文生的一段小说,叫做《法兰西威龙》的里头,讲这一位流氓诗翁和一个老贵族主人对谈的时候,有几句话很动人的,我且翻他一点出来:

贵族　你真是偷盗么?

诗人　我先主张我的受保护的神圣权利(不举发躯逐他),是的。

贵族　你年纪还轻啊。

诗人　(拿出指头来给他看)我如果没有用我这十个东西的本领来养活我,我还长不到这么老哩。这十个,就是我的养父、我的乳母了。

贵族　你还能够忏悔更改啊。

诗人　我天天忏悔,世界上比这可怜的法兰西斯还忏悔得多的人,大概也少了。但是讲更改总得有人更改我的境遇啊。一个人如果是只能够一路忏悔下去的,那也还一定要一路吃东西下去啊。

贵族(满面严肃的讲)更改总要从心里头起。

诗人　我的先生,你以为我因为想快活来偷东西的么?我憎偷东西和憎做别种工、憎冒别种危险一样。我看见绞首台,我的牙齿也打挂的。但是我不能不吃啊,我不能不喝啊,我不能插身进一种社会去啊。……

这一班流氓土匪里头,总有大多数的人怀着心事,和这四十年前小说家所描写的十五世纪诗人的心理,真没有什么区别。我并且可以说,第一革命的时候,有许多流氓土匪参与了革命之役以后,还不愿做兵,回去做生产或不生产的工。然而不到一下子又走到匪的路上了。他只管愿意做工,社会上并不容他做工。

所以我们讲革命是要更改工人的境遇,同时更改这土匪流氓的境遇。土匪流氓有革命的权利,不是有做官的权利。和工人有革命权利,不是有做官的权利一样。把一个政府换一个政府,把一般官僚换一般官僚,不算是我们的革命功成。要把我们所主张的生产分配方法来换了旧日的生产分配方法,才可以算是我们的革命成功。

现在的实业家,说是振兴工艺,增加工人职业,这个名称是很好听的。但是如果不看他内容,随便恭维他,就大错了。就一般来看,比销外国货的时候,内地多了许多工厂,多用许多工人,岂不是应该令工人多一点事业。其实大不然,消外国货的时候,外国货固然不用中国人制的,却是仍旧用中国的农产品换的。少了许多外国货进口,也少了许多内地农产出口,跟着也是少了内地农人做工的机会。所以普通办实业的,如果能够开一个工厂,抵制了一百万元的外国货,用了一千个工人,而内地农产品输出减少了的结果,内地做农工的有八百人失业,那比较还长了二百人。这实业总算于国民经济有益的，若果只用得五百个工人，那较从前还要少养三百人，就大损了。所以挽回利权的话，我们要看清他。振兴实业，如果不注目在他分配一方面，决没有好结果。

虽然上头所讲三个人的工两个人做，两个人的工一个人做的话，是极端的例。但是决不是虚构的。中国所以因为贸易上吃亏，发生生活上不安，都是由国外有这个力量来的缘故。但是中国如果兴起实业来，人工更便宜，机器一样新鲜，内地的手工业更灭亡得快，土匪流氓就要越加多。他们办实业的只管着攒钱就是了，那里晓得这许多。所以在中国办实业的利益，是人工较欧美便宜，工人较欧美耐苦。如果用新式的机器，周到的管理方法，不怕不战胜欧美。这种说话，我听得多了。但试一想，现在已经是工人不能不变做土匪流氓，将来用更便宜的工人，更耐苦的工人，去实行资本主义的生产，内地的工人不更要快变做土匪流氓么？

我看见《纱厂联合会季刊》里头有一篇《今后纱厂应有之觉悟》，痛骂工人的“惰容满面工作迟缓”。要纱厂以后给工钱只计出货，不论做工时间。他以为觉悟了如此可以多榨取一点余剩价值了。可惜他没有觉悟到，如此的缩少工人就职机会，就是造就土匪流氓。资产家碰着了他们，只管叫苦连天，不晓得他们还是自己“觉悟”了想出来的妙计制造成的啊！

我们以为土匪流氓和工人一个样子，都是有生存权和劳动权的。现在的社会组织威逼到他的生存权和劳动权上头，所以他们对于这种社会组织的打破，不能不认做他们的权利。但是他们如果不打破这个组织，自己占了利益又去压迫他人，他们自己终是没有好结果。这是革命没有成功，他们投降了旧制度的现象。流氓做官的现在很多，固然有由利用革命来的，也有大半是由投降来的。请看陆荣廷、张作霖，他们何尝干过革命呢。土匪流氓靠革命做官吃饭，也是对于旧社会制度的降伏，受招安也是降伏，都是抛了革命权利，就是不能认识生存权和劳动权的真意得来的，不能认做靠着革命权利做到的。

认他是一个人,不能不认他有生存权和劳动权,所以不能认他反抗伤他生存权的制度的权利。我们决不以为做土匪流氓是好的,但是我们却只见这是现存社会经济组织所发生的必然结果。所以我们也就不能轻轻的否认他们由生存的必要发生出来的一种权利(关于生存权和劳动权的研究,将未有机会再详细发表)。

原载于1920年2月15日《星期评论》第37号。▲

实业是不是这样提倡

穆藕初君为招湖南女工的事，在《时事新报》发表一篇东西。我看他里头再三注意聂云台的恒丰纺织新局的工作时间，和"聂君的感想"，很像是专向聂氏辩护的样子。本来互相攻讦的事情，我们不愿意管的，但是我也不愿意过于立入他的心理内容。先就他表面上来看，可以算得一个代表的错误。

他说："人家徒倡道多给工值，而不问工作能力大小，责任心有无。……实业界中固直接蒙其害，因此而投资人多所顾虑，工业振兴将无望。国货空虚，外货愈得安然占据我腹地之市场，制我全国之死命，然则社会国家，亦间接蒙其害焉。"这是向来做生意的人不敢讲的大帽子话，如果没有把"留美六载"的金字招牌，随时挂在嘴边、笔上的大实业家，我们检直听不到如此妙论。

从前将本求利的生意人家，自己看着，比那上京求名的还低了若干倍，这真可以不必。然而如果说刻薄求富，一定比钻营做官高许多，那更没有道理了。富贵本来相差不远，求富求贵，一样是古来奴材的名称。但是从来做官的，总爱说忧国忧民。做生意的却老实不客气，说句："但觉眼前有生意，不知门外是何人。"如果要在求富求贵，这一大堆号称为人的动物里头，勉强说那一个比较好，我也不能不推奖这个老实的。可怜这老实一层，都给近来的时髦企业家遭塌了。"商战"、"抵制外货"、"振兴工业"，这都是近来新出的好题目。讲起这个是提倡实业的人，就像已经有大功德于民，不肯同那一班做官来发财的，相提并论。把做生意的话. 完全不提。似乎提倡实业，是牺牲了自己，来利益社会的一样，不许人家问他一问。先假定了提倡实业是一个神圣不可侵犯的事情，一概反对，都拿实业蒙害的题目来压住。我试问一问，他们的提倡实业是有利益于他没有呢？现在尽有办了没有利益的事业，他们并没有提倡。提倡来，提倡去，还是他自己有利的实业。老实说，还是检最好做的生意来做。既然做最好的生意，又要说是“救中国贫弱”、“使地方进于治安之轨道中”，不许人反对，这样便宜的事情，恐怕没有罢。

振兴工业，还是做生意。几个人做生意攒钱，中国就不穷了么？现在中国果然工艺没有发达，天然富源没有开发，但是如果照他这种办法，得来的结果，中国可以算做富么？就算说是富，这种富于中国人民有何益处？本来讲国家富不富，不应该只看总额若干，还要看每人所能受的分配额若干。所以就算天然利源开发了，实业勃兴了，提倡实业的人，个个都在那里面团团得意，而一般工人，求荐觅保，仍旧是做每月八元的工，中国并不算是富了。况且物价跟着采矿冶金术的进步来腾贵，是现在货币制度里头免不了的趋向，将来这些工人恐怕实际上比现在更苦，就是中国一般国民比现在更穷。他不肯多出一点工钱的提倡实业者，能够救中国贫的地方在那里。

说到救中国弱，就更远了。如果他们纺纱织布等等一概有利的生意，都是养成良好军人的机关，只要由工厂拨进营盘，就立刻可以成一枝劲旅。那就南北军阀，都免不得三薰三沐，请他把留美六年的经验教给他。可惜从统计上来讲，农业劳动者变做工业劳动者之后，他的征兵成绩，实在坏了许多。如果像穆氏所说的“做工做到十五点，污秽儿非人类”的工人，尤其不适合于兵役。所以要救中国弱，正要把他这种工业的组织来大改良。如果不许人主张改良，那完全是致中国弱的实业，不是救中国弱的。

我们且把他这门面上说的话揭开，试看提倡实业有什么真正价值呢？我决不做无条件的反对提倡实业，却是我批评提倡实业，要注重在分配一层。从分配上来看，如果认外货占市场为比国货占市场更不好，自然要主张提倡，但是这要有比较的。

为什么外货占市场有不好的结果呢？普通都叫他作漏卮，以为金钱因此漏出去了。这是大错的。因为金钱本是无用的东西,我们能够将他换有用的货物,是毫无妨碍的。没有现钱,就用纸币也好,有什么不可以的。有些人觉得这个错误了,就改一句说,外国买我的生货,卖给我熟货,他攒了我的钱(这个实际是货物,不是货币)。所以我们做多许多产出生货的工作,才能够换他用很少的工作做成的熟货。这个说话,精透得多。有点智识的人,听了都点头了。但是这层只把全国合在一起来说,全国是吃了亏了,如果通用国货,这个亏就不用吃了,岂不是应该提倡国货么?

然而这后头却有一个误谬,看不见的,就是分配的问题。我们假想他全国出口的生货,是要一千万人每人每天做十二个钟头的工夫,才做得成的。换来的东西,就是人家用八百万人,每人每天做八个钟头工夫做出来的,这是大吃亏了。如果我们提倡实业,这外国八百万人所做的熟货不进来了,一千万人所做的生货也不出去了,立刻便有一千万人没有工做。如果实业家做国货的时候,仍旧招了一千万工人,叫他做每天六个半钟头的工夫,或者因为不熟练的缘故,做到八点钟,究竟还是一千万人,没有一个失业,工却做少了,工钱也不见少去,那是可以赞成的。如果提倡的人说,这些工人尽可以做十二点钟的工,所以只要招六百七十万人做工就够了。于是乎实业提倡起来,外货不进,生货不出,做生货的人少一千万,做熟货的人加六百七十万,两下对销,就逼出三百三十万个失业的人。平心想想,这个时候,社会上是有益还是有损呢?这六百七十万人,本来做生货的工,是在家乡的,有家族的乐趣的。现在因为提倡实业的缘故,他那老营生干不成了,离乡背井来做一个工人。做工时间是一样的,工钱也还公道,没有比从前减少,他们还要歌颂实业家的恩泽。然而这三百三十万人无端失了生活,坐着等死么?不能够的呀。所以就成了流氓,成了土匪,成了兵队,成了督长的附属物,来敲诈这提倡实业的大财主,分他的钱去用。虽然有些算做抢骗,有些算做保镖,究竟没有这一批失业的人,是不会有这些事的。他们虽然不晓得,实业家的钱也是一千万个工人身上出的。他们总晓得,你这种实业家是可以出钱的。我们冷眼看他,这种国货占市场的情形,恐怕比外货占市场的时候,还是一样。有眼光的人,一定要痛恨这些令工人做十二点钟的工,来榨取余剩价值的人。既愚且妄,自贻伊戚。然而现在国际劳动会议,已经决采八点钟制;关于中国,也决定采十点钟工制的时候。中国的留美六年实业家,还要主张十五点钟的工,还说是使地方进于治安轨道。大概还嫌中国的流氓土匪兵队少,多制造他一点,要等他们做出一个治安轨道么。

我们现在可以到达我们的主张了。就是提倡实业,能够令得工做的人比较失业的人更多,就应该赞成。如果能够令失业的人比新得工做的多,就应该反对。而失业的多少,就看要求工人作工的时间长短,像他这十二小时工作纱厂,就不能说是有益的。

最奇怪的,是穆氏说人反对招工的家长署名铺保,是未明职业界习惯法。如果说习惯有铺保,我们可以不管他。但是从来也没有由湖南招女工到上海的习惯。讲到法么?最少总要社会上承认他的强制力,可以适用来裁判,才可以当得起。光是社会上所容许的,只可以叫做习惯,不能叫做习惯法。美国也是有习惯法的国家,有人敢把普通的习惯当做习惯法的么?留美六年的大实业家,连习惯和习惯法都分不清,那“置身局内实地考察”的本领,只好对他的同业聂云台君互相标榜了。

而且是真法律也有讨论改革的余地,是习惯法便怎样呢?野蛮的人,生第一个儿子,要宰了来吃,叫做宜弟,这是他的习惯法。哥哥死了,要拿嫂嫂当老婆,也是犹太的古代习惯法。不是不可以改革的。在穆氏的意思,以为人人都如此,你为什么不许我如此。我的意思,是人人没有知识,已经不应该如此;你既然稍有知识,何以还要如此。

尤其不可恕的,就是篇中屡次用“欧美先进国不曾以不合卫生停办纺绩业”,“亦未曾芟除而封闭之”的话。人家不封闭不是不理。要整理的时候,除了封闭以外,还有许多手段。第一,就是工作和休息的时间。第二,就是工场改良的强制。第三,就是工人住宅问题。

第四,就是疾病、保险、废疾、年金及其他等等。这几层藏起来不讲,似乎除了封闭之外,只可同厚生恒丰一样,没有方法。你以为上海看报的人的了解力判断力,都是和你这留美六年的人一样么?或者你以为还有人再比你笨的呢。

穆氏又举出河南招工溢额,工人无虑缺乏,较之穷无所归为愈。几乎要以万家生佛自任。但是我们所注意的,不止在受雇的几个人,要在失业者的全体。这种最长时间工作,最低工银的结果,一定发生社会上的危险。危险在雇主自己终归是不能免的。他叫人"宁以行胜,勿以言胜"。大概所有改良的批评忠告,都是他所厌闻。如果他有力量,不难还要要求张敬尧命令报馆,不许再登台反对的议论。但是我替他想,还希望他的理论到底是一个空言。如果说对于这个"工银制度资本掠夺"来以行胜,那小的就是同盟罢工和怠业,利害一点就是俄国的榜样来了!宁以行胜,这句话不是容易讲的呀。

附记 万国劳动会议的结果,或者穆氏可以说:"我留美六年,不曾有这事情。现在报纸上的说话那里可以相信。"但是美国自1908年阿力根州女子十时劳动法,被美国高等法院判决为不违宪法以后,大概的州,对于女工,都采用一礼拜六十时间以内的制限,并且有限定一天九时间或八时间的。穆君在美国工厂的时候,难道不晓得时间和法律么?或者他蒙厂主特别优待,叫女工多作两点钟,来表示敬意吗?不然,或者是买了一个特别走得快的时辰表,看见女子做十点钟,他掏出表一看,已经是走了十二点了。所以到现在还不曾晓得,以为美国不叫做十二点钟,只有封闭工场一个方法。然而可惜这个表,没有放在厚生德大厂里,做时间计算的标准。

原载于1920年2月29日《星期评论》第39号。▲

解散议会后之日本

政府党占多数,反对政府党提案将近要否决的时候,由政府解散议会。这个先例,不特是日本没有,就是世界立宪国的先例里头,恐怕也没有的。这是在日本第一次平民政党内阁底下做出来的把戏。

为什么日本政府要解散议会呢?他自己发表的理由,说议会里头有危险思想,要诉于国民。但是他所谓危险思想,却是普通选举案!日本的政党政治,快要到末路了!他真是苫块昏迷,语无伦次。这八九年来的政党举动,都是表白他比人民的程度低下若干倍,证明他毫没有力量。不特政友会是这个样子,就是国民党、宪政会也没有两样。

日本的军阀已经是晓得自己没有压伏全国的能力,才来借重政党。所以政党没有力量,就是不能再同军阀狼狈为奸的征兆。日本这个局面,是不容你再拿天皇万世一系来骗人的了。政党所以还有受军阀利用的价值,就是有担当恶名的本领。本来像原敬这种大党魁,尽可以把普通选举案打倒了,不解散议会。但是他又不肯背这个恶名,他还想看风头,等到选举以后,如果势头不好,还是要投降的。

可是这一层就是日本军阀顶不愿意的,他宁愿你内阁倒在这个问题,接手的内阁还是一样的东西。假使加藤组织内阁,犬养组织内阁,还是一样要伺候军阀的鼻息。这个怨气,却是政友会受了去了,试看从前增师案就是如此了。军阀所以要政党,就在这一层。现在政友会既然不肯代负恶名,还要讲诉诸国民这种好听的话,军阀的不愿意,是不用说的。

除了军阀的援助,日本政党还有什么实力呢?日本各党的基础,就是一般的地主和财界首脑。政党就靠这一班人才能够存在。这些财阀所以豢养政党,也以为他到吃紧的时候,有拥护资本家的用处。资本家的地位要摇动的时代,人民要起头的时代,他认做有危险思想发生的时代,却要诉诸人民。财阀自然也是不满,所以军阀财阀此后一定觉醒了,晓得不是靠这班不负责任的政党,可以骗人民的了。本来政党是没有势力的,从他的全体上,除去军阀财阀的帮助,和无觉悟的人民的属望,就等于无力。所以此后一定是站不住的。到底一定是军阀财阀自己露面,来和人民冲突,政党从此完了。

军阀财阀的直接和人民冲突,结果是可以预料的。日本现在军阀和军队组织的主要分子,完全是两样。财阀和产业组织的主要分子,也完全是两样。在军队里头,他的实权都在曹长下士里,下面就是每年换的兵卒,这些都和军阀的利害没有什么相同的地方。财阀的权力只管大,他产业组织里头,究竟还是多数劳工,有实际左右大势的本领。这些军阀财阀要脱了假面,和人民决斗,他自己的基础,就要摇动起来了。从前骗士兵去打仗,骗劳动者去做工的说话,都用不着了。那军阀财阀还有站得住的道理么?

日本的解散议会,本来是原则,不解散满任的才算例外。但是这回解散,不止有政府党和在野党冲突的意味,实在有政党不敢负政治上责任的意味。所以日本的前途,或者竟以这个解散来划一个时期。我们应该注目看他的将来。

原载于1920年2月29日《民国日报》。▲

直隶湾筑港之计划

（一）

于中国北方设一世界大港，此中山先生在发展实业计划中，所最先提议者也①。此议宣之本志②以后，仅阅二月余，而直隶省议会已议决依中山先生所示地点，以定筑港之计划，可谓神速。顾此议出后，反对即兴，近日转觉沉寂，将来如何，尚复难料。此项反对主要之动机，为党派互争利益，而对于其计划内容、实行方法之评论，皆非实际以诚意为之，事已大明，不必吾人举证。但此计划之能否实行，不在现在倡此计划之人之少数意见，而在一般国民对此计划之批评眼光如何。诚使人民知其有利于国，有利于己，而乐观其成，则今日主张者已得不少之援助，反对者亦未遽敢以其一人之私干众怒也。抑且以人民洞然于此中利害，能防中饱垄断之故，即在发起之者，亦无不正利益可图，反对之党派，又当然消其嫉妒之心。故不论彼主张者反对者之意何在，吾人只须向于一般国民，喻以孰利孰害，如何而得利免害，则此问题自无患其以不利之结果为解决。今

① 孙中山著《实业计划》，第一计划即在直隶湾建设北方大港。最早刊于《建设》杂志第1卷第1号。

② 即《建设》杂志。

试先就《远东时报》所载之计划，述其大要。

此港在北直隶湾滦河、青河两河口之中央，离瑞清河口站一十二英里。瑞清河口者，唐山南境之旧市镇也。依此计划，应有左之三部：

一 建新式港湾及必要之设备。

二 筑一铁路，自此港与京奉路相连，以通天津。

三 浚一运河，经唐山以至天津。

其筑港所选地点，中央有小河贯通，南面临直隶湾，河口左边有一大半岛，右边有三小岛相连，于此两侧，各有遮蔽。今于其间，再设防波堤，令冬季强风能将港内所结之冰吹去净尽。则此地可成为水深三十四英尺、周年不冻之大港矣。

据现在规划，应有广大之船坞、大起货场及设备，又加以货仓及载煤场，其他种种船运中心所需之建筑。

商埠所占地域，豫定为一百英方里。除建置上条所述各项外，又建避暑地区、工厂地区、磨厂地区、渔业地区、制盐地区，以及住宅地、官公署地。

所拟筑两铁路之中，其第一路仅与京奉路之一点相接。他一则至唐山。由唐山更开二线：一至唐山北境农矿区；一至通州。其运河则经唐山至天津，接于大运河。以此运河之力，可令中国北方内地得由河运，以与深水海港相通。

此项规划所费，豫算为三千七百万元至四千万元，由直隶省发行公债充之。据《远东时报》所闻之消息，则此项经费实不足以筑此巨港、二铁路、一运河也。此项规划有关系者，为施肇曾、边守靖、李纯、曹锟兄弟及徐世昌之弟某。外国人方面，则有哈里胡西与洛克费拉财团有密切联络者也。……

（二）

依据上所述，则知此次直隶省议会之提出此案，已得外国专门家之赞助，经实际之调查，立最新、最宏大之规模，可谓空前之举。今试以与中山先生原案比较，则可知其主要差异之点有三：

一、中山先生原案为用现规划地之河口左岸半岛，向半岛之东深水处开港口，而浚阔横断半岛之小溪，以为港面。此计划则用河口为入口，以左边半岛及右边三小岛及小岛间之联络堤，圈成港面，港外更设防波堤。

二、中山先生之计划，由此港直筑铁路向多伦诺尔，以为西北铁路系统之终点。如此，则其与京奉路线相交，必在唐山或其附近。则此计划所拟定之一线已包在内，其他一线则任诸私人企业。此计划则以直隶省内极短之两线铁路为限，不涉及西北铁路全盘计划。

三、中山先生之计划，此项地区，一切土地皆归国有，以为偿还本息之最大财源，且免发生土地上独占之危险。今计划于此一点，全缺规定。

关于此第一点，吾人当然准据最近之实测，赞成新计划。盖此项港面，容停泊巨船若干，及其防波堤建筑难易，进口水路如何，均为决定筑港详细规划之要件。今案既经实测，能于河口得有内外两港，容纳多数商船，而右边三岛相近，只须设堤联络，均为始计所不及。所以变更中山先生之计划，固无碍也。

然在后两点，则吾人以为现在计划，实有缺憾。使孤行现在之案，则不特自身将归失败，亦令其他计划因之同受阻碍，不可不察。

(三)

现在计划,除以一运河通天津外,尚有一铁路接京奉路,一铁路经唐山入矿农区,并达通州。比之毫无交通计划者,自有不同。然比之中山先生之计划,则已远不及。何则?今日之计划,不过以发展唐山以北小区域之矿业,且以运河分天津之出口载货,纵使有利,决不能凌驾天津与秦皇岛,其极不过分其商场,成为一竞争港而止耳。以唐山北境论,虽曰富源不少,而今日已由唐山次第运出其产物,可以无窒塞之忧,所急者不在一新港也。通州已有运河,尤无所事于此。今日北方所以贸易不进,固亦有由海港缺乏来者,然其最大原因,乃在于内地农业之不开发,输出之困难,从而不能有巨大之购买力。虽有大港,亦无如何。故中山先生之发展实业计划,以五纲为一计划,互相关联,而西北铁路统系与此港关系尤为密切。使其铁路完成,则此港为内外蒙古、新疆、陕甘、直隶、山西各省,举中国北部全部之惟一出口,所以豫期其殷盛,可与美之纽约争衡也。今若缺此铁路系统,则不过一府数县之物产,可由之以进出口耳。夫贸易之额大,则出入之船多。不惟其数多也,其船体亦随之巨。惟船巨故港须深,惟船多故港须广。今此港所以为有天然之利便者,即以其深且广也。而无巨大之贸易额,则本无需于多数巨船,又何须于此广深之港。然则此种经营,非有铁路计划同时并起,使腹地与此港呼吸相通,直无利益可言。依彼现计三四千万元之巨款,投之建筑者,皆将无所取偿。此其危险为何如乎。依此计划,新筑之港,不特以为商业港,又以为工厂、盐业、渔业之港。此项利益,非不显著。然以鱼盐之利,合之唐山附近农矿所产,可以使此港为中等商港而有余,若言一国大港,则尚未也。所余者,独有工业问题。虽然,但以此隘陋之经济圈,为其工业成品之销场,果何如哉。今以中国工业发展程度言，新兴之工业，不足以输出外国与人竞争，明也。其市场必将求诸国内。又其工业材料，将求之何所乎，亦非有内地之供给不可也。唐山及其附近，所能供给材料几何，其人民所能消费者几何，可度而知也。虽曰以内地交通不便之故，外国不易与我竞争市场。而实际乃以交通杜绝之故，亦并无市场可以独占。夫不培养北省之购买力，诱发其企业心，减轻其接近之困难，则此港之工业，亦必归于萎靡，决不能因之以得一港之繁荣。

依中山先生之计划，此港或者可先作为中等商港，恃鱼盐之利以立，而徐图与铁路并进。则此新计划可姑视为不求一时完竣，不求目前利益者。然以将来成为世界大港之豫期，而设立此项一时的中等商港者，其成功之第一条件，则在土地问题。

（四）

今以中国向来开港之计划论，对于土地之注意，可谓缺乏。即如浦口，至今计划尚为此一批地皮掮客所左右，其归于失败，宁复待言。今以此新港言，假其仍循向来之复辙，以土地委之私人之手，则今日之发起诸人，买地占田，扰攘不定，已足倾复此计划有余。此项计划之经费，既为一省所负担，则其事业之失败，即为一省人民之公共苦痛，而其得利者则少数人也。吾人又安用此计划为。

依此次之计划，市区定为百英方里，可谓大矣。然在始筑港时，决不能同时经营此百英方里之地也。最大之市区，至十英方里内外止矣。此十英方里之土地，以中等商埠之发展言之，已令私人所有土地者占不少之利益。然在此尚不为重要之问题。最要者，乃在铁路逐渐发展，商港日渐扩大之时，此时商埠之内，固见土地投机之盛行，其沿市街之空地，价亦必随之俱涨。以此之故，一切都市发展应须之设备，皆以地主跋扈而受窒碍，至无一事可以如意进行。就使以公用征收之法行之，其评价亦必至贵。故经营之费积而愈多，则发展因之而迟，内地之农业亦随之而受沮害。夫以数千万元可经营者，经地主之侵蚀，则变而盈万万矣。以万万易数千万，其损失尚可计也。而为此数千万之支出，变为盈万万之故，直隶一省增筹两倍之经费，固属不易。即以全国，恐亦须增若干年之豫备。因之，在此发达中途，因经费而阻碍数年者，内地农业所受之损失，恐又不止每年逾一万万也。此其损失在全国民经济言之，实不可胜计也。

且不止此也，以数千万之经费可成功之计划，一变而为逾万万，则渐减可以收回其所费资本之望。结局为投资者之畏缩，工程之中止，已设者归于荒废，而土地投机者终亦至于两败俱伤。故为北方大港作计，则于开办之初，先定土地国有计划，实为尤切要之图。若欲先设中等商港，徐图发展，尤非如此不可。

今先为土地国有之豫算，一百英方里之土地，约为四十万亩，现在北方地价高下虽不可详，约其情况，当不过二十元一亩。故就令全买取其地，亦止数百万元之费用而已。此数百万元之土地，将来若于初开商埠之际，止能用其什一，则其余三十余万亩，即可专为供给此商埠野菜及家畜所用之地。依各国惯例，此项土地所生利润，必多于余地，亦足以偿还买地本息有余。将来都市逐渐扩张，即可无虑阻碍。如使现在土地已为少数投机者占尽，则亦未尝无相当之对付方法。盖现在地价，依吾人推想，不过二十元，在实际或不及之。而其价值，只须于附近之地，一为调查比较，即可证确。所以买占之地，其价若比旁地加至数成或一倍者，明为希图利用公共建筑以获私利，即可以强制征收。若不欲以强制之道取之，亦又有术，即按各土地原价比较，使一切地主，各自报其增加之价值，实行土地增价税而按年征之。即如以二十元一亩为标准价值者，若地主自报值三十元，则每年征其增价之部分百分之五，税五角。若报四十元者，则征一元有奇。由此累进，以至年征十分之二，或其以上为止。如此，则每年征百分之五者，二十年而国家所收已等于其增价年额。以标准价值，加此所征收者，即可敷买取其地之用，与以标准价值买取之不殊也。若其增价愈多，则国家能以税入买取其地之期愈近。一经报价之后，国家即可随时按其原价征收，彼亦无可专占矣。

能实行此种土地国有之计划，可使现在计划不完全之点，一切留一改良余地。抑且以此四十万亩之地言，开港之后，即令每年每亩收租不过二十元，已有一年八百万元之收入。将来全市悉依计划完成之后，又岂有不敷偿还投资本息之忧哉。

（五）

最后尚有一问题，则美国资本输入可否如何是也。此案为美国资本家参与，事实已明。且美国若不投资，必有日本资本家继踵而至。故开港与借债为不可相离之事实。今日反对派所持以动人者，则亦在此外国资本一点。现在之美国资本，自中国人眼中观之，决不含有侵略的意味。但自理论上言，以一国之投资，独占一世界要津之权利，必至引起国际间之嫉妒，而受其害者即为独占之人，与以其利益供人独占之人。土耳其与德意志，即其前例也。美国虽不必有侵略之心，中国决不宜诱起此种独占之行为，自致纠纷。故此项借款，吾意必置之共同借款之基础之上，排去一切损及中国主权之条件，使其借款纯然为经济的，不生势力范围之问题。若是之外国资本，吾非惟不反对之，且欢迎之。

而若是之投资，正须求中国国民一般之了解，绝对禁止回扣红利等等不正行为。以此一节而论，则吾甚不敢致信于前述发起各人。此则虽离乎党派的立论以言，吾人犹不能以为安福部之反对，而废其言也。夫开发一国之利益，必须令其住民，确信其非与二三宵小狼狈为奸，此所望于美国有志者也。

原载于1920年3月《建设》第2卷第2号。▲

千贺博士之金本位废止论

自从克纳普的货币法定说出现以后，对于金货本位的疑心渐渐增加。到飞沙教授的新货币数量说出来以后，金属论者更一天一天的失了势力了。中国的学者还没有弄清头这一层，还在那里主张金本位（十三四年前我也是一个金本位论者）。民国元年的时候，孙先生发表不用金银的议论，一般人没有用真正研究以前，早已拿套话来排斥去了。日本那一方面，虽然早已有福田博士一班人，在那里研究货币价值，但是到现在还没有那一个有一定的提案。在欧美，近来废止金本位的说话，虽然不少，也还没有到得彻底的办法的议论。去年年底，我忽然看见《太阳杂志》十二月号里头有千贺鹤太郎的一篇文章。他虽然不是拿经济学出名，却因为没有受过去学说的束缚的事情，比的真的专门学者或者聪明些，所以居然占了首先提出废金本位案的人的位置。我所以把他这篇摘要来绍介一下子。千贺博士的论文，大概说：

> 现在已经暴腾到极的物价，应该怎样调节呢？没有解答这问题以前，我们先要晓得清楚，物价何以至到这样大暴腾呢？他的原因在那里呢？我们看现在物价腾贵，根本原因有两件：第一，是日本受欧美列强的物价腾贵影响。……第二，是大战乱的结果，日本化做制造国，一下子就变做大输出国。……所以日本工业界各方面都呈活气，自然工人、农民、商业者的工钱也增加了。……农工商都增加了收入，所以日用品是不消说，一概物件的需用，都是激增。但是只有一样没有增加的，就是金块。所以一切物价，一切工钱，和金块的比较，失了权衡。自

> 然金货轻了,别的东西重了,物价就暴腾了。世人举许多事情来论物价暴腾,都是一时的近因、诱因,决不是根本的大原因。

这一段议论,不过是一般的批评,或者还有不彻底的地方。但是也没有大关系,他跟着举出日本现在一般主张的救济方法,——纸币减额、代米食料奖用、奖励输入外米、取缔奸商、法定日用品价格——逐个来批评他,说他不能实行,没有效果。然后举出日本政府官吏和有产阶级所受损害三种来讲:

一　因为物价腾贵,政府所收地租(地税)的收入,实质上减少许多。

二　官公吏因为物价腾贵,要受非常的损害。

三　光拿着资金,自己不去从事实业的人,和官公吏一样受损害。

他所着眼的,只在这一方面,没有完全深透的批评,我是很觉得不满的。但是他却立了一个案,求救济物价的动摇,并且是一个很有价值的案。他说:

> 救济物价腾贵的根本大策,有没有呢?决不是没有的。但是这个策,真是理想的,真是根本的,现在的日本,不论是政府、是议会、是实业界,都不容易答应。我早晓得透了。凡有政治家实业界,总是被私利党利不可告人的事情拘束住的,一切政治上的事,只管有根本改正的想头,他决不要这个药。只管有妙案奇策,如果是根本的,就没有实行的勇气和果断了。然而我姑且不问他实行能够不能够,在理想上,且说我的意见。
>
> 世界各国所以拿金银做通用货币,不能不说因他的价格比较的高低少一点。然而今天各种物价工钱,已经暴腾到这个地步,金货的价值,比较的就很下落了。而且他的下落,还要一路继续下去,没有底止。社会民生所受的害,又和上面讲的一样。将来要弄到什么地步,真是料不到。照这样推下去,恐怕两三年间,弄到一升米卖一圆(日本的一升差不多有漕斛的二升),

卖一圆半，卖两圆也不晓得。对于这一件的根本大策，就是在这时候，断然废止金货本位，把金货当做和银货、铜货一样，算做补助货。纸币上面，不要写金几圆，只要写粗米几升、几斗、几斛，那纸币可以和现在一样通用。而兑换的准备，本来不是金货，是粗米，政府就不用藏金块了。只要处处设粗米货仓，兑换纸币，就用粗米，这样一行，物价腾贵就没有了。至少总是除了比米还要腾贵的东西，都不腾贵了。拿这一件来，可以把上头因物价腾贵生出来的患害，不花什么工夫，就芟除尽了。实行这种政策，政府要到处做米仓，年年卖旧的，买新的，事务非常之麻繁。的确不错，并且因此多用几个钱。但是因这种所用的经费，比起地税自然减额，官公吏年年要增俸，就不止做得过，并且政府收入大增了。而且既然有许多的米仓，就算不意之中，有饥馑的时候，准备也有了。既然拿米来做本位，由外国自然诱致米的输入了。虽然还有外国交易稍为不便的地方，论起来总是大事里头一件小事，为国家民生来打算，忍他一会子有什么要紧呢。况且欧洲因为金的价格变动太多，已有不少的议论，或者欧洲就要把金货变做补助货，也不可知。我们的议论，总要超然于私利和“不可告人”之隐以上。没有方法和世上情伪错综的政治家实业界意见相吻合，我们的话，他们惟有笑一笑，我是早晓得的了。但是如果日本始终都被这些私党和“不可告人”来决定万事，那真可以寒心了。论者或者有说通用货币，不是要少量有大价额极便运搬的么。现在拿米来做通货，在这点就很不切当了。这个真是知其一不知其二。如果买卖和付工钱，都真是用粗米来替金钱，自然是运搬不便，到底做不到了，我也决不主张他。不过现在不是绝不用金货，单用纸币么。政府有信用，有兑付的准备，普通的交易，单用纸币，不独是便利，从经济上来讲，也可以说是有益。即使拿米做本位货币，那不必徒然把米搬来搬去，和不必把金搬来搬去一样，断断不要怕的。……

我虽然论拿粗米来做本位的事，但是如果用和粗米同一程度始终腾贵的东西，拿来做本位货，经济上的效果，也是一样。但是日本用米比用麦多，和欧美不同，在日本来讲，还是用粗米好。

他看到这和粗米同一程度始终腾贵的东西，都可以拿来做本位货，真是一个大进步。但是他这思想完全是断片的，他所设想的攻击和卫护，都太浅薄。我们还想另外加一点更深的批评。现在只做这介绍的工夫便完了。

原载于1920年3月《建设》第2卷第2号。

匈俄苏域[①]政府的兵

前几天看见新出的《北京大学学生周刊》里头，有一段是讲俄罗斯和匈牙利宪法的，他责备俄匈两国的兵农工苏域制；说"兵虽做工却不生产"。这一层我以为他是有点错误的。不做工而不生产的兵，固然很多，专做不生产的工的兵，世界上更多。但是俄罗斯的兵，恐怕还不到这个地步，这是兵向那个方面做工的问题。

如果拿生产解释做极狭的意义，那直接生产者以外，都不能算做生产者，自然兵队不生产。但是政府也不生产，苏域议员也不生产，大学教授也不生产，不止兵不生产。要把生产的范围扩大了，这种使生产便宜，使生产可能的，当然也算在生产里头。所以俄国的兵也当然有要求生产者的徽号的权利。

现在俄国的赤卫军，就是国内劳农阶级的乳母。有了赤卫军的保护，他国里头的种种组织，才可以保持发达。所以俄国的兵，决不是做不生产的工的。现在除非适用托尔斯泰的无抵抗主义，不管那一个在那里发狂，我总是"勿与恶为敌"到底，那自然用不着兵。要不然罢，说俄国的兵做工不做工，生产不生产，还要审慎一点。

原文批评是拿匈牙利、俄罗斯弄在一起的。但是匈牙利政府早已倒了，他所以倒的缘故，是十五万国防军之内，只有五万人信社会主义，那反对的势力倒占了多数。所以罗马尼亚的兵一到，就完了。匈牙利的结局，是很悲惨的。现在复辟之举动，虽然难做到。另立新王的事情，就保不定没有了。如果俄国也拿兵当做不生产的，有

---

① 苏域，今译苏维埃。

主义的只肯做工,不肯当兵,那苏域政府不早已完结么。这纯粹生产者组织的苏域,想在什么地方站呢。俄国的兵,训练的时候,关于主义的训教和军事知识是并重的。这两天报上,有列宁的演说,说平和以后赤卫军还有帮助经济建设的任务。这种军队,我们不好拿中国的“领饷土匪”来看待他。

原载于1920年3月《建设》第2卷第2号。▲

女学生应该承袭的财产

北京高等女子师范一个学生叫做李超，因为过继的哥子将他“先人遗产”占住，不容他拿来做学费，逼到他生病死了。于是胡适之先生提出四个问题来：一个是家长族长的专制，一个是女子教育问题，一个是女子承袭财产的权利，一个有女不为有后的问题（《新潮》二卷二号《李超传》）。这几层本来都是应该研究的。但是我以为如果另外从别一个方面来看，我们可以看得出几个更根本、更明了的问题。

第一，为什么财产应该承袭　李超的父亲是有钱的，他有钱，死了，就李超应该拿来读书求学。不给他用，便是情理不平。反转来看，就是如果李超父亲是没有钱的，就李超不能受教育，也不算做情理不平了。教育是因为做人类社会一个分子的缘故，应该受的，不是生长在有钱家里头的人，才应该受的。如果是只有父亲死了，“有钱而不得用”，才算情理不得其平。那这个情理，是专为千金小姐而设，还有什么价值呢。现在一般工女，不认得一个字，不懂得一点情理的，很多很多。这为什么呢？没有教育罢了。他这没有父亲留下一点钱给他读书求学的人，连写几封信诉冤，得一个人做传的机会也没有。揆之情理，便很平么？我以为根本上国民受教育，不应要费。有了受教育的机会，就用不着承袭。李超父亲拿生女不当做有后，不许女子承袭财产，是很顽固。我们去主张女子可以为后，女子应当承袭财产，也太不聪明了。本来承袭财产，不过是资本阶级保存自己的一个方便，国民经济上绝对没有必要。况且实际承袭财产的人，不定是死者愿意给的人，只由法律上定出来就算了。这种承袭,从那一个方面都讲不通。大概向来因为立后打官司的,没有一件不是说明这个矛盾的。如果所有财产都不许承袭,归了国家,做教育经费,那不特李超可以不死,还有许多在那里羡慕李超的不幸境遇的做工女人,也居然可以受他们应受的教育了。那岂不是根本解决了么。

第二,为什么财产应该私有　从上头这一层看,可以见得因为要人承继财产,所以李超才有个继兄。因为有承继的财产,所以李超的继兄,拼命的想阻止李超用钱读书求学。然而这个还不是这罪恶的根本问题。因为李超的继兄,那一种恶劣根性,是从私有财产制度养出来的,所以他的财产,本是李超父亲积起来,他固然不愿意李超拿情理来用他;若果是他自己积起来的钱,一定也更不愿意李超拿乞求来用他。就算这些钱是李超自己得来的,他也免不了想法子去截留他。这个动机,是一样的。因为社会上容许一个人私有财产,不许别人分他的享乐,所以没有财产的人想得财产,已经占了财产的人想保住他的财产,于是生出了保护财产的规定,又生出利用法律保护来得他"情理不平"的利益。承继财产,不过是一个派生的事实,他的弊害根本,还在私有财产。因为社会一切关系,都放在私有财产制度底下,所以这变相的谋财害命,是随在都有的。

第三,存续家族制度还有什么用处　李超的死,是不是家族制度误了他呢?照我看来,家族制度完全是门面话。李超的继兄说五叔、二伯娘最尊最长,不敢启齿。如果真是尊重族长、家长的话,不敢启齿,如何敢擅自阻止?我看见过乡里头的族长,大概都是朝银子说话。假使李超有钱,他的族长不要赶快恭维他么。现在的家族制度,用得着的时候,搬他出来;用不着的时候,收藏起慢慢讲。家族制度,恶人可以利用他做坏事,好人断不因为他才做好事;好人或者被他牵累做坏事,坏人断不受他束缚来做好事。在这个境地,还要说他有用,真只算做在李超的继兄方面有用罢了。

关于李超一生的评论,大概还有许多,我没有通看完他。我且把这几层提出来,供大家的研究。

原载于1920年3月《建设》第2卷第2号。▲

体育周报

湖南《体育周报》出了一个特别号①,有信来叫我批评。我向来是很推重这个杂志的,并且他这增刊号,的确不坏。但是我总以为《体育周报》的价值,不等到这个增刊才增加。《体育周报》的始终一贯精神,就在乎排除竞争的运动方法。在这些拿学生的偏枯发达,来做学校广告的组织底下的教育家,那个敢讲这话呢。他这增刊里头黄醒君的《我的体育观》一篇,确是言人所不言,很有益的。近日出版物非常之多,出版物里头讲有益的话又居多数。但是这讲有益说话的中间还要分做三种:第一种,因为有有益的话要讲,来办杂志的。第二种,是因为要讲有益的话,来办杂志的。第三种,是因为要办杂志,来讲有益的话的。第一种是改变思想、创造新时代的一种原动力,万不可以缺的。第二种是在他发行的地方,和讲说话的信用,有个时候,很见力量。第三种就可有可无了。第一种的杂志,除了最出名的几种,不要我来介绍以外,《体育周报》我也要推在里头。我并且希望以后所出的新杂志,都是和《体育周报》一样的第一种杂志。如果要办第三种杂志,那不如拿那些钱帮第一种杂志。

原载于 1920 年 3 月《建设》第 2 卷第 2 号。▲

---

① 《体育周报》1919 年创刊。从 1920 年 1 月起又增出特刊,每三月一册。本文所谈者为特刊第一号,1920 年 1 月 5 日出版。

野心家与劳动阶级

《民铎》杂志的第七号里头，有一篇不出撰著人名的论说，题目是《阶级斗争与现在环境的打破》。里头有几句说："我国雄厚之资本家既不多见，而劳动阶级组合能力之薄弱，尤在零点以下。则震撼全球之劳动阶级战争，在吾国目前之极短时期，除野心家煽动不计外，决不致成吃紧之问题。"我以为他的议论，有二层缺漏：第一层，阶级斗争，不是可以专由煽动而起的。第二层，阶级力量不足，和不成吃紧问题，大有分别。这两层《民铎》记者或者是疏忽了。他本来是认劳动阶级斗争，不成吃紧问题，这个是可以讨论的。但是以为没有雄厚的资本家，劳动阶级组织能力弱，就不成吃紧问题，这是错了。阶级斗争，成不成问题，是看资本家取得余剩价值多少，和劳动者生活工作条件如何。现在中国虽然没有雄厚的资本家，这小资本家的取得余剩价值的手段，要比欧美的大资本家凶十倍。中国的劳动者虽然没有力量，他所受的痛苦压迫，比别的国民也要加多几倍。我们如果是替资本阶级打算，当然觉得劳动者没有能力斗争，可以说不是吃紧问题。但是要从国民着想，从人类的进步着想，那一般劳动者还没有能力斗争，岂不是最吃紧的问题么。他这斗争是应该的，他这斗争的能力是没有的。我们正应该扶助他，替他想解决的方法。为什么幸灾乐祸，说不是吃紧问题呢。比方有几个小孩，被人掠卖，他没有组织的能力，不能斗争，我们除了变做同情于掠夺的人以外，那一个敢说这个不是吃紧问题。比方有几个妇女，给人家侮辱了，妇女的能力，不能斗争，我们如果是站在侮辱的一方面的，或者说句不是吃紧问题；我们站在人道方面的人，如何可以说不是吃紧问题呢。再讲野心家的煽动,从来只有向有斗争的原因,有斗争的能力的阶级去煽动。如果真是斗争不成吃紧问题,劳动阶级能力薄弱,他这煽动还有什么效力?比方日本人常讲中国人排日,是英美煽动的。煽动有没有姑且不论,试问日本现在能够煽动中国人排美不能?阶级斗争是什么事情,岂有野心家可以无因煽动的道理!大概《民铎》记者观察向来的革命,只注目于有人煽动,没有注意到中国社会组织的缺陷,和改革的真正动力。所以把这几年的历史,都认做野心家所左右。其实所谓野心家的能力,并不像记者所豫料的强大。社会上这种生活不安,是逼人而来,没有什么野心家,革命也是不能免的。讲到将来的经济上阶级斗争,也是如此。没有能力,就无从煽动。有了能力,不要等煽动,也会爆发。说不成吃紧问题,却拿没有野心家煽动做条件,未免太轻视了劳动运动了。

《民铎》这一篇文字很有解决中国问题的勇气,可惜他所观察的党人动机,不外乎“思于政治上占一优越地位”之类。他所希望的,就是市民团的提出条件,不采纳不遵守的时候,即作革命团体。他没有想到那组织成市民团的“工商学界确有实力之拔萃人物”,还是一句空话。照他所说,劳动级阶能力薄弱,那工会当然没有力量。农人当然不在市民之内。剩下的商学界,来找出有实力的拔萃人物,想独肩这个革命重任,恐怕不容易罢。

我以为中国的革命是难免的,工人的力量是一天增加一天,说不成吃紧问题这句话,未免要后悔。离了农工的帮助,学界也没有真正的力量。中国的商人(实在多半不是商),多是靠这社会的缺陷来得利益的。我不敢希望他的团体有打破环境的举动。我知道学术研究社诸君,是很热心的,是完全无党见的,所以希望他更进一步,讲不靠资本阶级的方法,讲说话的时候不要受资本家的灵感。

原载于1920年3月《建设》第2卷第2号。▲

议会政治试验是否失败

昨天张东荪先生讲他的非国会主义,有“八年不能制一宪”,和“此数年来谓议会政治实验而失败未尝不可”的话。我也是对于现在的议会政治不满足的人,纵使有了先入之见,也不到得成见牢不可破的地位。但是对于他这个论断,觉得未免太早。

我们论事,要分开组织的分子,和组织自身来讲。组织成现在的旧国会许多人,我不敢说好。但是要举他的罪案,都是各议员各党行动的罪案。说他议会内举动如何,说他成一个机关的举动如何,就不能说他和现在的所谓总统内阁等等,有过同一的罪恶。也不能说他和新国会一样,成了一个代人受谤的无聊门客团。

张先生对于国会在北京这一年多的内容,应该比我晓得的还多。何以会把八年不能制一宪,算做国会的一个罪案呢?我们试想民国二年四月八日才有国会成立,决不能在国会没有成立以前,便算起他不能制宪的时期。从四月八日到十一月底,不过七个多月,就是解散了。民国五年八月一日恢复,到六年六月十二,也不满一年,又解散了。通算起来,国会能够制宪的时间,只有一年有半。

这一年有半的宪法制定事业,可以分做两期。前一期,是因为将就袁世凯的意思,把所有《临时约法》上束缚行政部的国会权限,削除了大半,另外又加上许多行政部的特权。这种宪法,本来是跟着美国所谓“牵制与平衡”的原则来的。这个原则,先在美国已有许多人攻击。自然这个宪法,也有同一的缺点。但是尽管有这缺点,还不为袁世凯所容,才有各省督军通电反对,解散国民党的事。他反对的理由,不过是破坏行政首长的权利,酿成暴民政治。他的嫌弃议会政治，和我们两样。我们嫌他所代表的太少，近于贵族富族政治。他们却嫌他所代表的人太多，近于暴民政治。在这一个情景底下，可以说国会不能制宪是罪么？

到民国五年的时候，入了第二期了。这一期的宪法会议，开的次数大概也不算少，但是议不成的，就因为几个问题意见不合。这里面最主要的争点有几个：就是孔教问题，省长民选问题，解散权问题。这孔教问题，不用说。省长民选问题，要争中央任命和地方选举；大概现在冷静一点的人，也会看出是非的。独有解散权一层，还是问题。但是共和国有解散权规定的最著名的例，是法兰西了。他的解散权，除了第一任大总统用过之后，就到现在了。可以见得这几层多数人的主张，都还不是无理。可惜他那个原案是在民国二年起草，这一班议员，都是没有受最近的教育，所以不能采用最新的学理。然而少数人的争持，的确是不合的。那这制宪不成的责任，谁应该负，就可以晓得了。

设若没有督军团的事实，宪法还是可以早成功的。然而成功了，也不过一个空文。当时的政府也到底没有实行宪法的意思，国民也没有勉强他实行的力量。

议会政治光是议一个宪法，总不算是试验。除了议宪以外，议会在民国简直没有什么事情做出来。这是“牵制和平衡”的原则弄出的结果。然而议会主张的事情，到底没有做出一件。所以在中国讲，总可以说，议会政治还没有真正实验。

我们要注意旧国会里头少数党和各督军所主张的，比起国会里多数所主张的，还要近于我们和张先生所共通不满的独裁制。要接近张先生所主张的职业政治，还要先把那些反对旧国会现在所起草的宪法案的人所主张的谬说打破才好。在这一点，国会不算无用。

还有张先生所讲的国民大会俄、德的先例，都是革命政府保护着开的。要取这一个手段，先要有用武力把现政府推倒的事实。没有这个事实，国民大会是无从召集，行会也无从组织的。所以这个不是替代国会的问题。现在如果能够有一种势力，能够使旧国会议决的照行，再用这种势力来主张行理想中的职业政治，议会也无从不听命的。可是现在还没有这种力量。

原载于1920年3月1日《民国日报》。▲

外交秘密的危险

福建日人行凶的案子[①],已经由两边调查过了。调查的报告,是公道的么?是正确的么?我还不敢相信。但是日本报纸上,早已说中国调查之后,还要主张撤领事、赔罪、赔偿的话,和去年初起时学生所主张的相差不多。就这一层,他已经不满起来(昨天的《上海日日新闻》[②])。我于是看见中国外交一般的危机,和所谓交涉的真正价直。

当初学生主张的事情,经过调查以后,北京政府采用了。那就可以见得调查的结果,刚刚和学生所陈述的相合,才可以有这要求。如果调查的结果不合,那就不用提起。现在调查的结果,并没有发表,那日本新闻记者从那一点看出来,晓得中国在这回调查的结果,一定不应该再主张撤领事赔偿等等事情。难道中国委员的调查,没有实行之先,已经有个印板的报告书,派定了他不能不如此报告么?做调查员,真是一件危险的勾当。

到底是这回错了,还是这个中国外交向来错了呢?我不晓得。但是这个中国的外交,实在有点令我们过不去了。日本记者看见中国有要求,便大惊小怪,这到是应该的。因为中国向来外交的惯例,

---

① 1919年"五四"爱国运动以后,各地人民经常有反日示威和抵制日货等爱国行动。十一月十六日,福州人民的反日行动,竟遭受日本帝国主义的袭击。福州日本领事馆竟组织多人用枪刀铁尺等乱打参加爱国运动的福州人民,当场打伤十人。愤怒的福州人民拿获日本凶手三人。由此,激起全国人民的反日运动。当时北京政府和日本政府曾派人到福州进行调查。

② 《上海日日新闻》是日本帝国主义在上海办的报纸。

一到派员调查的时候，就只有外国人讲话，没有中国人讲话。中国没有去调查以前，不能有一个印板的报告。他外国人没有去调查以前，总可豫先做一个印板报告书，说得斩钉截铁，证明中国理亏，外国理直；中国该赔罪，外国要占便宜的。这个印板报告书，最少在对日本的交涉里头，可以算做惯例。所以日本的新闻记者，在那里可以豫先断定，说中国既经调查之后，一定不能照学生的主张。现在有了要求，就像煮熟了的鸭子会飞起来一样，简直是日本人所不解的一宗奇迹。

这一次调查报告，能够正确么？能够公道么？我先说过了，我是不敢相信。但是我想如果照向来的规矩，就调查总不过是一个仪式，是一种延缓的手段，是避国民的注意，利用群众弱点的一个诡计。为什么呢？当初事情急的时候，人民反对是怕的，外国压迫也是怕的，左右做人难，最好就是一推把他推在调查员身上。等到事情稍为过了，人民没有从前一样的注意了，调查报告就可以来了，交涉就可以办结了。如果碰到人民另外有别件事注意的时候，更加是办结这种交涉的好机会。交涉的派员调查，和议案的托付委员一样，可以由政府党魁，随意弄鬼。等到人家不注意的时候，马上就提出来，决不待时。这个交涉，便呜呼哀哉了。这叫做老例，所以说他是诡计，是手段。为什么可以成这一个例呢？就是那个普天同愤的秘密外交做出来的。国家是公然的事情，交涉却要秘密。日本人闹事是公然的事情，调查的结果却要秘密。因为秘密，所以调查应该报告中国人理亏。日本人那边早已晓得，调查报告是不是说中国人理亏。中国人究竟不晓得，依赖"政府"，信任"政府"，请愿"政府"，"政府"就是"秘密"两个字到底。这秘密的结果，不用说是强国的运气来了。交涉的定义，就是等着一个秘密决定的机会。我希望中国的人民，觉悟了这外交的危机，全在秘密两个字，不要再相信北京政府外交秘密的话。北京政府派出委员调查的结果，设若有不可以给国民晓得的地方，那国家的前途，也可想而知了。要看闽案失败到什么程度，就看他秘密到什么程度，就可以晓得了。

我们不讲中国一定理直，但是调查员的报告，是不是合于事实，要求是不是恰当？应该给人民晓得。经过人民的审查，得了人民的同意，才可以根据着去做交涉。秘密两个字，永远用不着。这样办去，就算失败了，国民也还可以甘心。

原载于1920年3月2日《民国日报》。▲

军阀的破产宣告

李协和本来是带滇军来广东的，现在接李根源的手，总算是名正言顺。李根源自己本来没有可以说的话，才叫部下通电拥护，拥护就是不要命令的话了。却是这些不要命令的榜样，传递下去，拥护李根源的人的部下，还未必肯拥护这“拥护”的人。

其实我看滇军兵士，真是怪可怜的。从前拥护了方声涛、张开儒，就不拥护李烈钧了。到了拥护李根源，就反对方、张了。现在又反对李根源，一个盘旋，回到李烈钧的脚下。尤其奇怪的，每次拥护一个人，反对一个人的事，都少不了朱培德一个主动。因为这个理由，三四年间，由支队长升到师长，前个月娶小老婆，花到几万块钱。他的门口守卫的兵士，从离云南的时候，给过一两块钱以后简直摸不到一个大钱，还要在那里对着川流不息的贺客，来立——正！举——枪！这些人不会想的么？他再拥护一个人，反对一个人，不好么？

滇军不是李烈钧可以弄得好的。不特滇军，现在西南的军队，北方的军队，都有同一的趋向。就是晓得了长官要他拥护，才站得住。那现在做师旅团营司令指挥的人，想再借着兵力，满足他的欲望，恐怕就难了。所以拥护的电报的反面，就是军阀破产的宣告书。

军阀的末日近了！国民赶快起来罢！当兵的还是人类，得着拥护人的教训，总会回头的。从前替李——方——张——李已经牺牲了许多人了，骨头砌起的司令、师长、镇守使衙门，血写的纪功碑，大概也没有什么兴味去重修再建了。拥护的声音,变做裁判的声音,那时军阀才晓得他招兵的结果。瞧着罢!

原载于1920年3月2日《民国日报》时译二,署名前进。

倒叙的日俄战争史

十七年前日本和俄罗斯打仗[①],十七年后的现在,日本也和俄罗斯打仗[②]。可是这回打仗,什么事情都和十七年前相反,这真是一件奇事。

十七年前打仗的地方,是我们的东三省。现在打仗的地方,恐怕也不免打到东三省来了。但是前一回的打仗,中国的人老老小小,都是以为日本很帮忙我们的,只有在战地的人苦一点罢了。这一回却是中国的人老老小小,没有不希望日本人打败的。这个转倒,几乎令人莫明其妙。如果有一个从一千九百零四年睡着了,一直睡到一千九百二十年才醒的人,他看见了这个局面,也一定晓得这一次的日俄战争,不是前一次的日俄战争。

俄国的兵,在前一次,起首占到高丽的地方,后来一步退一步,旅顺、大石桥、辽阳、奉天、四平街,一路要回到西伯利亚去了。日本却是长驱直入,没有什么阻拦。现在日本的兵队,是从西伯利亚西部一路缩回来,这几天,差不多也要离出俄国的境界,弄到中国地方来扎兵。从前俄国人一步一步向北走,日本人一步一步向北追。现在却是日本人一步一步向南走,俄国人一步一步向南追了。昔人弃妇的诗有说:“伤心双履迹,一一来时路。”佛偈也有说:“你从那里来,还向那里去。”日本参悟了没有。

---

① 指1904年爆发的日俄战争。

② 1917年俄国十月社会主义革命以后,日本帝国主义,侵入西伯利亚,企图以武力阻止社会主义革命。侵入苏联国境的日军,最后都被苏联驱逐出境。

打仗是日本人和俄罗斯人,本来中国没有份的呀。却是受打仗的牺牲的,是谁最多呢?前回不是东三省人民遭殃的最多么?他两国打仗,不在自己地方打,却要在中国地方打。打了不算,这两国战争的损失,也要中国赔他。中国却是叫做中立,这已经奇极了。现在又出一个新花样,日本和俄罗斯在俄界打,中国政府却去和日本结个密约共同出兵。现在眼看着要退下来了,却又赶忙去讲中立了。然而日本的将来在中国界里头打仗,恐怕这回中立,还要和前回的中立一样,吃苦头的还是东三省的人民。

为什么十七年前的日本,打赢了俄罗斯呢?那个时候,日本人个个都愿意拼命打仗,俄罗斯人多数不愿意打仗。日本人的愿意打仗,是因为没有觉悟。俄罗斯人不愿意打仗,还是没有觉悟。可是这一回俄罗斯人觉悟了,日本人也要觉悟了。俄罗斯人觉悟了,就十分愿意打仗。日本人将近要觉悟了,就十分不愿意打仗了。

人是要由不觉悟走到觉悟的,断不能叫他走回头路。由觉悟了走到不觉悟的线上,是不能够了。那有什么方法?思想不能背进的,军队是很容易背进的。将来日俄战争的背景,恐怕还要映到图们、鸭绿江以南去,完成了这一回倒叙的日俄战争史。

原载于1920年3月3日《民国日报》。▲

再答东荪先生

我所讲的“国会实验失败说尚早”一段，得了东荪先生的回答，更觉明显。本可以不再说，但是因为东荪先生有了“如以为然不必答我”的话，所以我再讲几句。我想东荪先生不说我嬉笑怒骂的。

我对于东荪先生的行会一层，虽然还不敢主张（因为认真比较研究的工夫没有做，俄国现在制度其他报告都不完全），决不是反对的人，大概总可以得东荪先生的了解了的。但是在这个制度实现以前，要不要国会做一个时代的国家机关？在现在的国会选举法，加以改良，是否还可帮将来进步一点忙，是我们的研究点。我相信国会如果改做普通直接选举，再拿罢官权、复决权来监督他，不至于不能做一个改良国家组织的工具，这是主张国会可以存留的意思。

又因为议会这几年的成功，虽然没有，他所议决的、所请查办的错过也不算多。无奈没有实行，所以说他实验是还早。

东荪先生说的国会没有实力，是和我的意思完全相同的。我所以极力反对现在的间接制限选举，就是为此。但是如果有完好的选举制，和直接民权的监督，就容易发生实力。所以我的国会存留说，并不主张继续现在的选举法。

恢复国会，和另做革命，果然是两件事。但是另做革命，我们决不用在这里讲。所以讲恢复国会，不过人家能这么做，我们就可以不用武力革命的手段罢了。不用武力的革命，恢复国会以后，还是要的。我们姑且把恢复国会，做一个不得已而思其次的事看。东荪先生以为如何。

比我们更进步的主张，决不当做反对论看。我们决不学那些保旧迎新的人"秽恶不可不去,而亦不可尽去"的主张,所要求的就是对于现在制度的缺点指摘,没有过于其实的地方,才成一个真讨论。在这一个观察底下,我还是维持我的尚早说。如果将来另设一个国民大会,有力量可以制定行会制度的,那时候,没有新国会,也没有旧国会,未尝不是一个试验(虽然不是惟一的),我们尽有再商榷的地方。但是现在中国的旧国会、新国会,争来争去不过一年两年的任期。行会和国民大会的组织,先要差不多好几年的预备,决不能凭县官乱报,像现在选举一样。所以恢复国会,决没有碍行会的理想。况且要这班军阀自己投降,愿意招集国民大会,断没有的。所以用国会来通过一种更进步的组织,总算比较容易。我们也决不至于恢复了国会,便苟且偷安。这是我前天讲的"打破谬说未尝无用"的意思。

东荪先生声明过讨论终结。我现在说的,也只算做解释前论罢了。

原载于1920年3月4日《民国日报》。

实业家的危险，危险的实业家

力主格杀勿论促成辛亥革命的常州富翁①死了，分财产的官司，不晓得要打到几多年。法律本来是为保护财产设的，我们在这个地方，说他是非，也是没有用处。

但是要晓得，他是压成革命的一副水压机，他受尽万人怨恨，临死才把汉冶萍等等许多中国的天然富源，送在日本的势力底下。如果二十一条是亡中国的条件，那他就可以算做在亡国里头尽了二十一分之一的力量。他就为的这些财产了。然而死了，不过送给律师用，剩了之后，再给他并不认识的漂亮男女用。他的官司，总可以给我们一个大教训。

他在中国讲起来，总算一个大实业家了。在那些矿工和一般人身上，刮来的钱太多了，恐怕保不牢，就去做这卖去中国二十一分之一的勾当。到头还是不认识的人，用他的钱。你说这些实业家的名义，何等名贵！这些实业家的行动，何等危险！这些实业的结果，何等无聊！我希望现在炙手可热的实业家，不要跟着这些天字一号的危险人物走才好。实业的名号，不能够当做罗马教皇的赎罪状用的啊！

实业家的财产还没有聚拢来，将来用他的钱的律师，已经在学校里快毕业了。那些漂亮男女，都将近要晓得性欲了，他等你的钱用呢，还是你的钱等着他用呢！

原载于1920年3月4日《民国日报》时评三，署名前进。

---

① 常州富翁，即盛宣怀。

勤工俭学与工读互助

法国的勤工俭学会,发起以后,想去的很多,去了也有不满意的,这是李石曾先生已经讲过了。要有许多条件,才可以去。去了还是先勤了做工,再把余力来学。这个简单说:就是在工的上面,再加一点学,不是在学以外加一点工。

现在内地办工读互助团,也是很发达得快,却是因为不能向工厂里做工,所以非得了一个出钱的,或者散募捐款,不易成立。

但是这两个比较起来,内地的工读互助,总少了一个四等船费,和一千法郎,又用不着预备法国话,所以至少每人可以省下二百块钱。如果攒积起五十个人做一团,不是有上万块钱的资本了么,这个工读互助团就大了。

横竖做工,在中国的平等组织底下工作,不比在法国资本家组织底下工作坏;要学罢,还是可以学的。那赴法不合格的诸君,何不作退一步的想头。

工读互助团的理想,谁不赞成。但是要等捐款筹钱,还觉有种种障碍。现在有不用向外面筹钱的方法,何不试一试看。

原载于 1920 年 3 月 5 日《民国日报》时评三,署名前进。

群众运动与促进者

群众运动的效果，是已经看见的了。群众运动何以有效果，有许多人实在没有看见。照这个样子，糊里糊涂的做过去，恐怕有许多失败跟着要来。

群众运动的真实力量，是多数人的意志力。因为根据多数人的意志，不能多数人逐个表示出来，才有少数的人出来代表他讲说话，代表他做事情。先有群众，才有代表。不是先有代表，才有群众。群众除了几个代表之外，另外要有一部分不出风头的人，在那里提挈鼓励他，养成他们的勇气，制止他们退转的行动。这是不可不晓得的。

所以群众运动的成功，第一个要紧的，就是不出来做代表，不出来做发起人，不留名声，不做目标的一类促进者。这些促进者，要享一般人的待遇，和一般人一起动作。于没有成为群众以前，用他的力量聚拢他；于成为群众以后，还用他的力量防止他涣散。他这努力，固然不此寻常人；他的能力，也要特别的；却是他最大的长处，就是不出名，因为不出名，所以他的运动有效。

现在中国的群众运动，我看就是代表太多，促进者太少；站在人面前的太多，站在人背后的人大少。同是一个人，叫他做代表，就许毫无所能；留他做促进者，就会力量很大。把这些应该做促进者的人，都推他做代表，这就是群众自己减杀自己的力量。

试看中国的群众运动，总是最初很有力量，到后来就不济了。不留心的，以为组织不好就算了。其实他成功的时候，也并没有什么好组织；失败的时候，人人讥诮我们只有五分钟热度，也不能全归咎到组织上。他的组织越完备及代表干事越多，越没有力量，这一层只有一个理论可以说明他，就是向来做促进者都做代表去了。代表出现，各个人的责任就解除，代表便成了悬空的代表。出去做的事情，固然是没有力量，就是开了全体大会，也是没有什么精神。这是举出代表同时就有卸责的意思的缘故。

本来要代表办事有力量，一定要代表者和被代表者保不绝的联络。宁愿办事迟滞，万不可以专擅不恤公议。群众的运动，不要处决详细各点的。群众所能够一致的，只在大纲。决定大纲，要使群众的意志都归到非如此不可的一个样式去，并是保持这个意志不变，到成功之日为止。要得这个结果，就是时时直接与闻代表的办事情形，引起一般人的兴味，才能决定保持这个意志。如果把促进者都推了做代表，那去检点代表的人就缺乏了。团体的行动，各个人就难得问他了。就想问他，也是因为全都是向来不能说话的人，对着向来会说话的人质问；向来不大通晓外面情形的人，对着比较通晓外面情形的人来质问；总搔不着痒处的，所以断断没有兴味。这做代表的，只凭着自己的所想去做，做好事到底没有实力，做恶事就是全体被了恶名。民国这几年来，各种团体是有始无终的，大概都是受这毛病。就去年新发生的团体，我也恐怕要蹈这复辙。

从来团体成立以后，代表者的行动，都似乎不用再问团体里各员，团体各员也不必再问代表。现在要矫正这个毛病：(一)总要减少代表，留一点人在后面做促进者。(二)所有想尽力于团体的人，要有一部决心留自己做促进者，不出去做代表。(三)做代表不成的，万不要以为没有尽力的机会了，把责任都推在代表身上。如此代表也不能反于团体的意志来行动，并且有群众的意力，可以左右代表的行动，才没有失败的危险。

我们要牢记着，社会上不出来表面讲说话的人，做的事情顶多。要想做事，还要尽力所至，做一个不出名的人物。干这些出名的事业，要当做一种不得已，不要当做光荣。

原载于 1920 年 3 月 5 日《民国日报》，署名无名。▲

特别保护归国华侨

华侨唐清渊归国，领事移文地方官特别保护[①]，这是很平常的一件事情。但是中国能够特别保护华侨么？岂止不能特别保护，并且没有寻常保护。如果还有寻常保护，也没有这许多华侨年年向外国走了。

唐君要到南京置产，我便想起一个死去了的朋友。这个人是有功于民国的一个归国华侨。大局定了，就想去兴农业，招了美洲和吕宋的许多资本，在南京附近买些田地，用土人来耕作。刚刚弄到有头绪，二次革命就来了，张勋的兵、冯国璋的兵骚扰过了还不算，究竟我的朋友也捉在监房里，等他的福群公司的钱通用尽了，才放他出来。这便是特别保护之一例了。

实在特别保护，是领事的官样文章。在有知识的华侨，只要你寻常的保护就够了，本来用不着特别保护。华侨回国，要经营产业，并不是想学现在那些新式职商，要和官厅狼狈为奸，敲剥一般人来得他的利益。如果要做那些新式职商的举动，那自然要特别保护了。现在不学那些新式职商，这特别保护真没有用处。

我们试想像，那些华侨回来是为什么？他不是因为在外国受胁迫不能安乐么。既然如此，他回国来置产业，是想求一个安乐的居住，可以终身不出去外国，受人家的气。断不是想在一个地方，做一

① 唐清渊，福建人，在南洋泗水行医，营商。因不堪荷兰殖民主义者虐待，携眷回国，拟在南京置产定居。由我国驻泗水领事贾文燕函江宁县知事特请保护。唐清渊，原文作唐潘渊。据三月六日《民国日报》所载泗水领事致上海华侨联合会函改正。

时的持别优待阶级的。一个人要和一个土地生出关系来,除了先能够和他的邻里街坊得一个平等交际以外,决不能达目的。况且现在唐君,不止一身回来,他还带着家眷。家眷也要到南京去生活,那就不止他自己一身一世的问题,并且是这个家族,就是他的子孙永久的问题。所以得一个特别保护之后,他便和本土人民生了隔阂,他的目的就达不到了,充其量还是客子畏人,与他本来回国的理想,完全相反。

所以华侨回国,所要的只是寻常保护。寻常保护,就是除了保护这个新来的华侨,也一样保护旧管的非华侨。一定要这个样子,实业发达,才是真正的发达。在这个保护底下,华侨所经营的产业得利益,才算真利益。不然,一两个人得了利益,全体都不参与,成了一种特殊阶级。碰着一个反动,华侨就不难被土人仇视。那些华侨,在外国被人仇视,可以迁回中国。在中国还被中国人仇视,那就无所逃于天地之间了。

中国的特别保护,实在还是特别摧残。只看福群公司一案就晓得了。如果真是特别保护,也是不相宜的,我所以单替华侨要求一般保护。

要求一般保护,不是说华侨回来应该和一般人一样不保护。是说一般人应该和华侨一样保护。是说华侨要求保护的时候,应该记着,另外还有许多同胞,一样的要保护,是同休共戚的,不要再上官厅的当。

华侨联合会和领事不同,应该有比较远大的眼光。我希望他招呼唐君的时候,还要体察唐君回国的心事,不要把四万万人平等的原则看轻了。

原载于1920年3月6日《民国日报》。▲

运用军事密约

日本电报说:“奈良中将来中国,是想谋军事协约的运用,不是想改订。”我不晓得什么叫做运用,我怕他的运用甚于改订。

日本军阀想出兵,打西比利亚,不能够得中国的赞成,就想利用中国军阀,来达他目的。他这运用,不晓得要怎么样,然而中国人民,要做的牺牲,定了。

我想反对军事协约的人,现在还要睁着眼睛,看着他这个运用。不要给手订军事密约的人,再替日本运用这密约!

原载于1920年3月6日《民国日报》。

送回俄罗斯去

《大陆报》批评卡尔密考夫和谢米诺夫两个人[①]逃入满洲说："应该置之不理。武装军队逃入满洲者，须卸其武装。"这个和荷兰收容德皇一样，决不算做偏袒。但是我们看北京政府的处置，恐怕未必有什么主义法律，止是把两边的势力利害比较，来决定引渡和不引渡算了。

然而我另外有一个看法，比方英国和瑞士都是从来亡命渊薮。但是亡命的人，通是向来承认英国和瑞士的法律和主权的。现在谢米诺夫一辈人，天天在那里和华人做仇敌，没有承认过中国的法律和主权。我们觉得也没有保护的必要。

上海近来有俄国人在工人集会里头，讲世界语可以连络工人对付资本家，便触犯了捕房，受了警戒。说：如果再这个样子，要送回俄罗斯去。我想这正是中国对付俄国旧党的好榜样。如果谢米诺夫一班人，要来中国，一步不乱走，一话不乱发，中国还不少了地方，可以给他容足。要不然罢，止好照上海捕房的办法，送回俄罗斯去！

原载于1920年3月6日《民国日报》副刊《觉悟》，署名前进。

---

① 两人均为俄国反革命分子。曾盘踞西伯利亚一带，武装反抗社会主义革命。被红军击溃后，逃入我国境内。

滇军为谁自相残杀

滇军和滇军，在广东打仗[①]，受苦的自然是广东人了。但是云南人得了益没有？广西人得了益没有？湖南、江西、福建人得了益没有？通通没有得利益的呀，那是何苦！

滇军来广东的时候，是帮广东人驱逐龙济光，广东人很希望他能够令广东人有利益。到后来却把广东变做陆荣廷的征服地，实在是算广西人得了利益，却是云南来的军队到现在还是很苦很苦的。中间护法讨龙，许多事情，云南兵士死的不在少数。现在李根源盘踞住了，不服从就要有桂军来缴枪；服从了又有家属被唐继尧治罪的危险。我想中国最苦的，还是受人的钱帮人去打人的人。

滇军的争，固然是有曲有直，不应该一律排斥。但是要主张滇军是谁所有的，无论那方面，都是一样可笑。当民国五年的时候，滇军饷项问题没有解决，滇军便算做中央军队。中央军队又责成广东筹饷，这种矛盾的论理，在滇军身上已经发生过不止一次。从来领饷的时候，滇军总不算是云南军队。惟有用人的时候，滇军总不能不算是云南军队。这是无论如何讲不通的。莫荣新拿着广东的钱，养起云南的兵，叫他们做广西人的把门狗，以为是千妥万当的了。却是他的养法太拙，养的钱是出了，滇军究竟还是饿得半死不活。他这狗的义务，自然是尽不来，到头还是一个造反，给了唐继尧一个机会。这种蠢办法，大概和他学写虎字，想叫人挂来当中堂一样，可以人传的。

---

① 指李烈钧与李根源在韶州的战争。

所以滇军两下打起来，论理是李烈钧比李根源理直，但是我们要更进一步，问这个兵是谁养的？这个兵替谁养的？广东人出钱养的兵，为什么不听广东人的命令？既然是中央军队，为什么关于滇军的事情，不对国会负责任？苦是苦了滇军的兵士，滇军的兵士到底晓得这苦是谁给他没有？如果是国会政治，有名有实，滇军不会发生这种问题。如果广东人养兵，广东人自己选择将校，更不会发生这些问题。滇军死了，还不晓得哩。

滇军也许可以排去了李根源。但是滇军在广东，还是一个问题，不能解决。或者滇军完全被李根源改编了做边防军，这也还是广东的一个问题，以后的纷扰更多，更难解决。滇军的问题要想解决，只有由滇军自己觉悟了，他不应该做广西人的机械，也不应该吃广东的饭，听云南的指挥。愿意帮广东人的，和广东人一起，排去征服广东的广西人。要不愿意帮广东人罢，赶快丢了枪，回去耕种，不要再在广东人身上剥皮。这样做去，我不敢说滇军就不受苦。但我相信这个苦受了，是于广东有益的，于世界有益的，是觉悟了的牺牲，是有价值的牺牲，不是为着钱帮人打人的牺牲。

滇军里头，帮李根源的不用说，帮李烈钧的也要晓得，现在这样做去，于你自己还是毫无所益。广东人有一天革起命来，这些吃广东人的血的军队，终归是要消灭的。无论怎么奋斗，都是白奋斗。

原载于1920年3月7日《民国日报》。▲

开课了——怎么样？

各校的学生，陆陆续续回来了，各校陆陆续续开课了。

我想各学生临来上学的时候，一定有许多人，受了尊长的训戒。说："你们去年一年也闹得够了，既往不咎。今年须得替我好好读书去罢！"

学生——一般学生，不论有尊长没有尊长的，都要想想！我们自命能够救一国，能够抗一国的侵略的学生，连这几句话，都抵敌不来么？连打破这个拘束的勇气，都没有么？抵敌不来，没有勇气，就应该赶快请人救自己，不要再讲救国了。我想去年轰轰烈烈的学生，应该不至于甘愿这样收场。

现在直接交涉要秘密开始了。京津学生，捉的捉，伤的伤，死的死，停课的停课。上海的学生也要表示一点力量。等世界的人，也晓得上海学生，不是两三句训戒束缚得住的。等京津学生也说；上海的学生，究竟是和我们一样热心做救国运动的啊！

原载于1920年3月7日《民国日报》，署名前进。

查禁主义的人要先晓得反对的学说

现在有些人看见无政府主义就怕了，看见共产主义就怕了，他完全忘记了为什么要怕这些主义。这是人类感觉最易错误的凭据。因为怕这些无政府共产主义，查禁他，想绝灭他的人，还是实行欧美一般学者所指为无政府共产的危险行为的。如果这些人非常进步了，能够看到批评攻击无政府主义的书，他或者自命为无政府党、共产党也说不定。

攻无政府的最浅薄的，是说无政府就会强有力的人随意抢夺。难道现在不是随意抢夺吗？现在中国的保障财产，只有对于穷人，没有力量的人，来侵犯的时候，做一个保障。对于拿着军械来抢夺财产的，不论他是兵、是匪，向来没有效力。中国现在还有有钱的在内地的缘故：第一，是因为有钱的人不敢倚靠着政府和法律的保障来对抗抢掠，只用着巴结纳贿的手段来敷衍一时。第二，在抢掠的人一面，把这些有财产的当做酿蜜的蜂，生卵的母鸡，并且把他所没有抢来的东西，也算做置诸外府。第三，也不能不算这些抢人的人，究竟还有餍足，断不像欧美一般人所想像的凶恶。并不是有什么财产能够得政府的保护。

常人总觉得奇怪，为什么中国这些奸淫掳掠的军匪首领，到临走的时候，一定有人挽留；不特挽留，并且歌功颂德忙个不了。而这些歌颂挽留的，大半还是遭过殃来的。这个在有政府有法律的假定底下，算是一个难解的现象。现是如果想一想，军队抢了东西，横竖没有地方告诉，为什么他不把所有的东西通抢完，还让你积下这些钱，等到他走的时候，可以做挽留的电费，可以做去思碑、遗爱庙的基金，就可以晓得他的挽留歌颂，也未尝没有一些道理了。如此看来，如果说无政府的时候有人要抢人家的财产，那现在做兵、做匪的固不应该怕无政府主义；现在被兵抢被匪抢的，也不必怕无政府主义了。因为最多不过如此。

驳共产主义的人一定说，这个制度行了之后，个个都懒惰，不做工，社会就会复灭了。这是就着现在的欧美制度，形式上究竟还是做工的工人有钱养活的看法来说。如果说中国，现在不做工就没有饭吃么？决不是的。现在许多无业游民，总是不做工，不拿工钱，也有饭吃的。今天去吓诈，也弄到一笔钱。明天去撞骗，也弄一笔钱。这里偷一把，那里抢一段，就把许多无业游民养了。今天匪洗村，明天兵清乡，兵匪过了，还有衙门的需索，经手的谢礼。再不然，聚拢来的钱，放在窑子里，就养了许多卖淫附属游民了；放在古董里，便养了许多贩假货的游民和门客了。抽来的税，也是养无业游民。抽税的时候，许多吃钱中饱，也是养的无业游民。我们虽然没有统计，到底看见饿死、刑死、穷病死、自杀死的无业游民，比那饿死、刑死、穷病死、自杀死的工人少得多。这样看起来，中国的社会真是奖励懒惰的。这些富贵的懒惰不用说，就同穷人那些不做工的，此做工的总是好过一点。惟其不做工，所以好过。但是仍旧有许多穷人，不去做兵匪倡优隶等等高下级游民，却去做工。可以见得懒惰是不必怕的。纵使有懒惰的机会，也未必个个懒惰。如果共产社会奖励懒惰，那现在的官、绅、富豪、强兵、悍匪、卖淫、吓诈、鼠窃、狗偷等等脚色，就应该众口一辞，来欢迎他，为什么还要反对。

所以现在如果有人怕无政府主义，怕共产主义的，还是没有看见欧美批评无政府主义、共产主义的学说的缘故。他们如果听了反对这些主义的话，他们一定没有工夫反对这些主义。

现在中国的政治，不是证明随意抢夺的社会，也叫做治安的么？不是证明奖励懒惰的结果，还有许多人做工的么？中国一般的人，不是反对改造么？不是很想保持现状么？那又何必怕这些主义，何必禁这些书呢？可见得欧美的学说，到底在中国有些行不去。

毁谤这些主义的，尚且不能说得他比中国现状坏，那赞成的更不消说了。可惜查禁的人，到底不看见。

原载于1920年3月8日《民国日报》。▲

不批准和约之美国

昨天电报说,美国这一回上院的保留案,是非通过不可的。通过了之后,威尔逊是一定不答应的。结果就是和约批准成一个虚话。美国花了若干人命,费了若干金钱,到底得一个这么的结果。在我们同站在对德宣战的名义底下,没有签德约的国家,应该对于美国,尤其有同情。

但是美国这一回,是不是上当呢?我以为美国断断不能够说是上当。因为美国的国民,从此得了一个大教训。晓得当初当做战争目的底几项事情,要人牺牲生命去取得的,去拥护的,到底不能成为他们的利益。他们的利益,到底还是阶级的,不是国家的。所以美国的工人将来决不会再被国家利益这个名目骗了去,这是顶大的利益。

上院的保留,总统的拒绝,都是表示失望的。保留的意思,是以为如此订约,美国就受束缚,就有损害。拒绝的意思,以为若果保留,美国更受损害。都没有讲到如何才有益于国家的话,也并不能专拿公理正义来做根据。达两边都说不通了,才有这些内讧,也决不是宣战当初所料到的。

实在因为战争得利益的,只有少数企业家。大多数人是受了苦的,受完苦以后,还要丢脸。这个不平,简直没有地方可诉,所以只可互相埋怨。他所争论的,虽然在将来。所以使他争论的,还是过去和现在的吃亏。说什么于门罗主义有伤,投票权不得均等,都是借来发挥的。实际的不满足,还是因为没有照美国人当然意想中的条件来议和。

我对于这一个事实，决不非难美国人的无远见。因为在当时一般人的推想，只有以为美国胜不了德国人会生不满的。结果，再也不想到全靠美国的力量，打破德国，仍旧生出这种不满的结果。美国在讲和会议中间，会弄到蓝辛和威尔逊不合；签字后，还有保留批准的风潮；都是没有人料到的。但是从休战的时候起，美国在讲和会议上没有力量，就渐渐明显了。所以没有力量的缘故，都推在国际联盟一件，说因为求国际联盟成立，不能不让步。等到国际联盟成功了，才又晓得，美国的投票只有一票，英国却有六票，于是乎美国成了永久的没有力量了。事情相逼而来，当初是除了天才，都看不到，就有看到的人，一般的人也不能了解，可是现在都看到了。

所以这回的战胜国人民，很不满足的。战争下来，罢工怠业，到处响应，却是把那战败国的德、俄阶级打破了许多，差不多农工阶级都有脱离资本轭制的趋向。换一句说：就是少数企业者获利的国家，一般人民都有失望的不满足，有追悔的不满足。如果是全国都受损失没有人获利的国家，那些人民有不满足，都是对外的。在他一国里来讲，倒是可以趋近满意的。战胜国工人的牺牲，都在战败国的工人阶级里头生了效果。可见这回大战，决不是无意味的。

美国人民觉悟到那一个程度，是不容易量度。然而只看他政府对付罢工要用到法律制裁，对付出版要用到干涉出版自由（阿力根州最近的事实），就可以晓得他国里头的纷扰，和治者阶级的不安了。这些不安不是表明美国已经在改造的程途上的么？光是这一件事情，我已经觉得不枉了美国人出这一个大牺牲了。我们要注意着美国人的今后的努力，并且可以拿来做中国改造的指导。我们要晓得外交失败，还是可以于国民有益的；国家的名誉，领土的保全，权利的均等，一条一条的路都走到不通的时候，国民就会找到达该走的那一条路了。

原载于1920年3月9日《民国日报》。▲

不要辱没广东人

广东人打电骂军政府①，可以算做一件快事，可惜骂得太没分晓。他说："赌博徧地，盗贼蜂起，人命草芥，负担累累。"这都是真的了。但是为什么说："曩因护法，隐忍不言。"难道护法的政府可以有糟蹋地方的特权么？就讲了他，是开赌纵盗，杀人谋财，怕什么。

他既然因为护法可以连这些事情都隐忍不言，可以算得很热心护法的了。那看出了护法是一个假面的时候，应该自己去一面驱逐，一面自己去做护法事业。为什么只求人卸去护法招牌，苟延旦夕。一个人自己声明只求苟延旦夕，还有脸面去要求人卸招牌，这真比前清那些主张不革命要求立宪的还要肉麻得多。

实在这"苟延旦夕"四字，的确是他们心里发出来的，从前也是苟安，不是因为护法隐忍。现在口头要求，还是"苟延旦夕"里头的一种冲动的呻吟，不算做有意识的讲话。

我以为广东人不满意军政府，可以推倒军政府，另立政府，或者做到护法以上之事情，都是很不错的，却是万不可以坐在上海讲。广东人也是人，万万没有"苟延旦夕"的道理。广东人里头，除了打电的这一个人，恐怕没有一个主张"苟延旦夕"的。当心着，休要辜负了广东人这个"人"字。

原载于1920年3月9日《民国日报》。

---

① 1920年3月9日《民国日报》载旅沪粤人团体致电粤当局。

广东土话文

广东新出了一本《新学生》月刊，是高等师范学生李同和君等组织新学生社发行的。广东已经有《民风》和《人》两种好周刊，现在又有这个月刊，我觉得很有光荣来绍介他。但是同时有点讨论。

《新学生》的第二号有一篇《对于肇庆西江星期报用广东土话做文章的意见》，里头说："有一点我是抱极大的怀疑，就是不用国语做文章，而用广东土话做文章。……若果各省的人照这个样做去，福建也用土语做文章，云南也用土话做文章，各省都是如此，就把白话文字的意思弄糟了。……我以为国语体的文字很易识晓，稍受教育的人便看得明白。我也是广东人，看嘅噃咯咪等字，反觉得非常累赘，不如看国语的通顺。……如果说受教育浅的人，不会看国语文字，难道你用德谟克拉西、女子解放的名辞他们又能了解？"我以为这个观察是错误的。这一种错误，是向来有的，就是那些攻击白话主张文话的人，也陷在这一个错误里头。

本来我们主张用白话做文字，是什么意思呢？就是说白话是活的，文话是比不上（说文话是死，或者太过。文话最少在从前所谓读书人的范围里头还是活的。但是活得很不完全，很不灵动。所以我想叫他做中风麻痹，不叫他做死）。何以说白话是活呢？第一，是活在我自己的嘴上。我们一开口讲话，无论是谈天、是演说、是讲学、是骂人、是下命令、是供状、是求救命，冲口总是讲话的（不一定是国语）。不要慢慢想过，翻过字典，才念得一句，这是我的活白话。第二，在人家耳朵里是活的。无论我讲的话，是快是慢、是自然流露、是郑重来讲，那听的人不假思索，就能受领我所达的意思（误会是另一个问题)，这是他人耳朵里头的活白话。由嘴里头的活白话，可以变做纸上面的活白话。由耳朵里头的活白话，可以变做眼睛里头的活白话。这是顶便宜的、顶自然的。如果把嘴里的活白话，经一道翻译，弄到纸上的中风麻痹文话；再由看的人，把眼睛里的中风麻痹文话，翻做心里头活白话；就太不自然、太不便利了。不特不自然、不便利，因为做的人和看的人，翻译工夫都是不很够的，所以有许多时候，简直弄到意思不对。就算不至于完全不对，他这语气轻重之间，一百回总有九十九回不能刚刚巧合，这是无可如何的。因为避这中风麻痹所生的结果，所以主张用白话做文字。

所以白话文的长处，可以从两方面来说明他。从应用上来讲，就是不至于意思不对。在文话不特字不能通认得，认得的字也不能通记解法有几种。除了专门的人以外，这种误解，一定有的。如果不信，只要摊开所谓经史的注来看看。毛传怎么样注，郑笺不一定这样解的。如淳这么注，晋灼不一定这么注。你说他们不懂文字么。懂了文字，尚且如此。那现在的一般人，会错了文话的意义，是无论那一个人，不能责备他的。如果写的文就是他们平常所讲的话，识了字就没有不明白的了。如果从艺术上来讲，文字的好处，不在乎一个个字表现的是什么意思，却在乎选择，能够把他的"幻想的实在"，完全表现出来，不多不少的几个字。并且用方法配列他，使他表现出来，仍旧不多不少。这个"幻想实在"，有时不能解说分析，只可暗示的，尤其要讲究选字和排列的方法。却是选字拿什么来做出发点呢？就是避去引人家的感觉到别一个方面去的字眼。比方释齐已早梅的诗，把"数"字改做"一"字，欧阳永叔叹服杜工部"身轻一鸟过"的"过"字，都是引起联想在那一面的讲究。就是用什么方法，把人的意思集中在一点的讲究。所以尽管有意思相同的字，不能互代的。例如杜诗的"树搅离思花冥冥"，这个树字万不能用木字代的。"无边落木萧萧下"，这个木字也万不能用树字代的。因为前头一个树字所引起的联想，和他的离思配景恰合；而后头这个木字，借着《淮南子》"木叶落长年悲"的话的助力，刚刚可关联到登台感叹去。这种选字,非常看古书的人,是做不到的。做出来之后,看的人如果不长看古书,光看他这一句诗,也无从说他好坏,艺术的目的,就达不到。所以避去文话,避去古典,就可把这选字的工夫,完全放在现在口语的范围里头。那一个字会生出那一种联想,引人注意到那一点,都拿现代口语来做基础,所以所说的一个个字都是从许多句话里选出来的。只要选得适当的字,经适当之排列,决其不会怕人误会了他的语气,不副他的豫想。这才把贵族文学变了做平民的文学,把机械的文学变做自然的文学。

由上头所讲的文学好处,就可以见得白话文所以能够活,全在做的看的都是用惯了白话。一种话活不活,完全由对着某人来定。比方现在英国人也学拉丁文,但是拉丁文在英国,还是死文学。然而如果找到二千年前的拉丁人,他只可以说拉丁文是活文学。我们也学一点英文、日文,然而在我们来论,还是中国文真活着,外国文究竟没有活透。这一层决定了,才讲到广东人的白话。拿文话、国语、土话三项来讲,那一种是活的呢?在一般的人,文话是中风麻痹的,国语是还没有活的,真正活的还是土语(东北江不讲广州话,西江、广西界内有讲广东话的可以相补)。所以如果不关联于将来的要求来讲,广东人做文字,给广东人看,只有用广东土语,才能适合艺术上应用上的要求。和英国人做文字给英国人看,应该要用英国文一样,决没有主张用法国文,才不算"弄糟意思"的道理。一定说多数用国语,我就不能用土语,那和守旧家"从古至今皆用文言"一个理由,横竖相仿。又像吴稚晖先生笑那班讲古音的人,"声声失败放口中",都是一种拘迂的结果。这勉强做去的国语白话文,在艺术上就失了自然的好处,在应用上就失了明白的好处(即如上头"弄糟意思"的话,就有欠自然、欠明白的缺点。这是广东人做白话文的通病,我自己大概也常犯着)。

我想各省各县,除是没有土话,或是土话太不完全,不堪用的以外,都可以各自用土话来做文章。广东人、琼州人、客人、潮州人、福建的漳泉人、福州人、浙江的温台人、宁波人、江苏的苏州、上海人,都可以各用各地的话来做文章，不独西江流域的人，可以用广东语。这是和用白话做文的真正理由一致的，是把活文字换死文字的一种必要手段，不是弄糟。这个最明白的，就是像广州或上海等地，有一种土话，能够独立的地方，大概会讲国语的人，总是经过认字求解的阶级。所以他了解国语的力量，也和了解文言的力量相差不远（除去用典故古训不算）。如果勉强他做国语文，看国语文，那也和勉强他做文话、看文话一样。做的也是嘴里的活土语，变做纸上的麻痹国语。看的也是把眼睛里的麻痹国语，翻做心里的活土语。而在做的人，总有许多达不出的意思；在看的人，也总有许多囫囵吞下去，解释不清的地方。这种用国语白话文字装饰的理由，是很薄弱的，不必主张。

但是上头完全是假定，不管将来的要求如何的讲话。如果论到将来世界应该有人类公用的言语，那就不能不逐渐想法子减少说话的差别。所以用国语做文章，就是先在中国里头，引起利用全国共通语言的趋向。所以广东人对广东人讲说话，也应有用国语的时候。然而却不是正宗，不是目前迫切的要求。我们用广州话讲给广州人听，拿福州话讲给福州人听，比较多数的人能够明白。广州人讲广州话，福州人讲福州话，比较能够自然。所以宣传新文化，当然要用土语，不要顾虑将来。

做这篇文字的黎君，以为国语体文字易晓，稍受教育的人，看得明白。这个明白的分量成色，是不很充足的。实在广东稍受教育的人，能够看国语体文字，而不能看文言体文字的人，有几多个呢？所谓明白真是一个一句，没有含糊的，比起来又有几个呢？比起广东的看木鱼书，唱粤讴、南音、龙舟班本（皆土语之文）的那一种多呢？教一个人弄到他能理会粤讴容易，抑或是教到能理会新诗容易呢？这是一个事实，不能含糊的。广东人只要认得这几个字，他读粤讴，没有不受他的感动，发生一种情绪的。这是白话文的真正长处。国语新诗，断断做不到这个地步（就广东讲）。

黎君说："难道用德谟克拉西、女子解放，他们又能了解？"这一层也是错的。因为旧文学家，现在也正拿一样话来驳我们。“道有深浅，故言有难易。”就是他们辩解的话。但是我们要分清楚，一个是所讲的东西难解，一个是所用的说话难解。所讲的东西难解，是有方法的。比方“德谟克拉西”（其实还可以翻译）难懂，我可以用说话解到他懂。如果我的说话，他先不大明白，就东缠西扯，解说不来了。所以讲的东西越难懂，越要求用易懂的话来讲他。不能拿所讲的难懂，来做用“人不会看”的文字的理由。我们现在反对旧文学，正注重在这一点。自己也总得检点一下子。

还有一层，现在我们所用国语，都是经过选择来的。除了“的”、“呢”、“呵”、“吗”等助字、介字以外，所采用的很不多。北边形容词、副词还有许多没有采用的，名词差不多除了椅子加“子”字之类以外，采用的很少。所以看着，还是易懂。广东话将来也要这样办法，少用本土的形容词、副词熟语，自然不会累赘，并且用不着添几个生字，看去也一定不繁难。

我没有看见这《肇庆西江星期报》，照他的名字来看，已是累赘太过(肇庆和西江尽可以删去一个)。他的国语白话文，被《新学生》这篇引来的，也有点不流畅，或者有该改良的地方。但是用土话做文一层，我却很赞成。凡以地方开发为主的出版物，都应该如此。

但是这个界限，是不能不划清的。我主张广州人对广州人，讲广州土话，并不主张广州人对中国人、对世界人，都讲广州话。更不能要求中国人、世界人，都对广州人讲广州话。而现在广州人，除自己谈话以外，还有对中国人讲话，听中国人讲话的必要。所以没有地方性质的出版，应该用国语，就算不自然、不明白一点，也是没有方法。到万讲不清的时候，也可以用文言来补助。这都是论外的事。

原载于1920年4月《建设》第2卷第3号。▲

中等社会的结合

从资本、劳动阶级对抗的中间，插进一个中等社会，就一定引起一种四不像的盲动出来。这些中等社会的人，劳动阶级一方面，可以放得他进，而他自己不愿；资本阶级一方面他愿意附进去，人家又不收；于是乎成了一个牵扯弥缝的局面。还有许多社会政策学者，想拿来做一个解决社会问题的基础，天天在那里想保存他，扩张他，做劳动、资本中间之屏障，所以想到用种种方法来防止他的没落（德国的国民经济学协会曾因讨论保存中等阶级的问题，起过大论战）。但是近来一般的人，都已经晓得这是不行的了。因为这二十多年的继续的产业集中，物价腾贵的结果，所有中产阶级，除了特别有好机会的以外，都跑到劳动者一路去。那些要有学问的工作，虽然还是雇往日自命中等社会分子的人来做，这些人早已以有识无产阶级自居。这些碰着好机会留着财产的人，也只好钻到资本阶级里头并附庸。独立的小资本家，再没有占势力的机会。所以十多年前，属望中等社会的气派，现在总算少了。我们中国人从前是不晓得中等社会要来这么用，本来不要理他。但是现在还有人主张中等社会的结合，我就觉得可以不必。

《少年世界》二月号里头，有李贵诚君做的一篇《中等社会的联合问题》。里头主张中等社会联合运动，免除黑暗势力，保全当享权利，指导劳动社会，协助群众运动，监督政府。这所做的，都不算坏事。但是我可惜他，以为中等社会还要保存，还要自成一个阶级，要自外于劳动者。这一层是李君还没有看透的地方。

为什么要成立一阶级呢？为什么会生起阶级斗争呢？这是先

决问题。假如大家都做工,就分不出劳动阶级来了。大家都不做工,又没有资本阶级。在人人做工里头,特别有一部分人不用做工,而享很多的结果,于是成了所谓资本阶级。又有一部分人,做工是特别少,而享结果比较多,就成功了中等阶级。然后把其余的人,编在劳动阶级里头。劳动阶级是这两种阶级的反射做出来的。阶级斗争也是这两种阶级逼出来的。劳动社会要混在别两个阶级是不能随意的。这两个社会的人,要到劳动社会里头,却毫无制限。所以社会问题的解决,是要把阶级构成的特权消灭去。如果站在劳动运动以外,以指导者自居,自成一个联合,以能够推翻劳农政府为能事,这种指导,决没有好结果。

我以为现在的中等社会,应该有撤去中等社会、劳动社会的界限决心,把中等社会合并进劳动社会里头。如果是能够指导,就站在劳动社会里头指导他,不要站在外头,另做一个团结来指导他。

李君所指为中等社会,有"出租税的中产家",也有"教育界人"。然而要联合起来,保全当享权利,这两种人是不相容的。教育界的前途,一定要编进劳动阶级。中产阶级权利,却是劳动阶级不会去拥护的。如果把教育界人,附在中产阶级里头,组织团体,保守权利,那就是永远和劳动阶级反对,使问题更加复杂,解决更加困难,决没有什么好处。

反抗黑暗势力,是应该的。但是黑暗势力,不过是我们加上的名称。在他们那一班人。是全然不觉得的。所以我们得想一想,万一人家也叫我们团结起来的势力做黑暗势力,我们又怎么样呢。我们可以骂他做黑暗,是因为不劳而食,并且要逼到人劳而不得食。我们便当反其所为,不特不许人家不劳而食,并且自家也不能不劳而食,这才是彻底的办法,才可以拿黑暗骂人,自居光明。所以我们对于这个中等社会的名称,万不能再有丝毫留恋,尤其不可以拿一个阶级来做团结的基础。

法国的革命是什么?就是第三阶级反对僧侣贵族的斗争。当事的市民,决没有把第四阶级放在心上。这一种不彻底的平等,才弄出一百多年的阶级斗争。现在中国还希望有一个恐怖时代么?还希望有几回革命么?还要蹈这种复辙么?这中等社会的权利,保全他做什么。何不把他来放大了,做全劳动社会的权利。

少年中国学会的会员,都是很肯虚心研究的。如果见了我这段话,再去推寻一下子,我想决不愿意仍旧去保存中等社会这一个不名誉的阶级。

原载于1920年4月《建设》第2卷第2号。▲

杀人不是革命的要素

二月二十日的《正报》里头，有一段评论，叫《革命的遗憾》里头说：

> 中国辛亥的革命，讨伐的目标是满洲政府，结果决没有杀满洲政府一个人。丙辰的革命，讨伐的目标是洪宪皇帝，结果也没杀袁朝一个人。这种不名誉、不痛快的革命，直教人肉麻，那里配说革命。我劝以后的革命党，惩前毖后，确定革命的要素在那里。

这种论调我是听得多了。有一部分，是做过革命的事业，受了反动派的气，借此发泄的。也有新受激刺，进革命党，本旨只是复雠的。更有一部分人，是想革命党受他利用，做杀人的工夫，他自己不花一毫力量把政敌推倒的。但是这种议论，很容易引起革命党里头少数的盲动，和革命党外头对于革命党的误解。所以我借这一机会指明这个观察错的地方。并没有研究过现在讲这说话的人，由那一种动机讲这个话。

革命的目标是推倒不良制度，另外拿一个良制度来替他，并不是复雠。所以革命的要素，破坏同时建设，不是杀人。我们革命的遗憾，就是破坏不尽，建设不来，不是杀人不痛快。就是没有杀人，也不是不名誉。

我讲这个说话，并不是袒护从前。从前不杀人的责任决不在我身上，并且我现在还得忏悔，在当时还有求痛快的心事，和现在论者没有分别。但是痛快决不能有益于革命。革命的事业，要在耐烦和公平的条件底下做去的。满洲政府的罪恶,本来不是政府里头一个个人的罪恶。政府里头虽然有坏人,也是社会制度不好养成的。又因为政治的组织不好,所以把这些坏人弄到政府里去。所以有政治组织的彻底改革,这种坏人自然是钻不进,那是一层。如果社会也完全改革了,就是坏人也有变好的日子,那更【没】有杀的必要。这几年间袁朝的许多不好政治行出来,也不能指为他各个人的责任,只是这全社会的组织不好。所以弄到如此,也决不是杀几个人可以了事的。当时如果把满洲政府里头的人通杀了,袁政府里头的人通杀了(这原是做不到的事情),我敢决中国的革命还是不成功。现在的扰乱依然不能免。因为把这个罪恶认做由几个人生出来的,只求杀这几个人的痛快,那就一定看不清组织上应该怎样改良,事情还是弄不好,人家也要想痛快一下子了。

试看袁世凯拿惩治盗匪条例来杀革命党,他心里何尝不说痛快。然而袁世凯究竟倒不了革命党,可见得痛快无济于事。社会的组织是这样不完全,所以作恶的官吏也不断,反抗政府的革命党也不会断种。所以要免除这一个(不是永远免除,因为永远免除是不可能的)革命的原因,才算这一次成功。辛亥革命本来有三个目的:一个是由民族间不平等生出来的,这个原因已经由清帝退位除去了,可以算个成功,本来不要杀什么人。第二个是由政府组织不完善的原因生出来的。第三个是由经济组织不完善的原因生出来的。这两个原因都没有除去,所以不能免以后的革命,纵然多杀几个人也不中用。

我们以后的努力,要向觉悟革命的目的在那里一方面做去。我们认从前的革命是失败,是有遗憾。但是以后决不可以求痛快来杀人,也不可拿没有杀人做遗憾。

原载于1920年4月《建设》第2卷第3号。▲

米本位说之批评

前一号①里头，我曾经把千贺鹤博士的废金本位论的大概，介绍出来。本来他这议论，在日本人里头，总算是有眼光的。但是他所看见的物价腾贵里头，最动他的，就是米价腾贵，所以想拿米做本位货币，来得根本的解决。这一层我们如果拿来详细研究一下子，就觉得他很有缺点。

第一 米的交换价值到底不免摇动。这个说话，是斯密氏以来，一般经济学者都承认的。从前以为一个世纪和一个世纪比较，谷价的变动就少。一年一年的比较，谷价的变动就多。他虽是就麦来讲，其实用在米一方面，也是一个样子。比方日本近来的米价，说是上等米一石要八十多圆。而经济学家据着去年米的生产额和朝鲜、台湾的输入米来算，可以敷他们全国的用，就豫算可以有五十圆一石的米食了（《东洋经济新报》二月号）。但是其他的物价，决不跟着他变动。所以假想用米来做本位货币，这几个月间，物价便会腾贵了五六成，那经济界的动摇，和一般人的困难，也是免不了的。所以拿着米来做标准，仍旧不妥当。

第二 和消费情形比较起来，实在不方便。如果在米本位底下来兑换，一定要把所有的米都归了国管。现在假定每石五十元算，全国（日本本国）米共有六千七百万石（政府发表的数目），应该有三十三万五千万元的价值。日本现在本国通行纸币额，只有一十二万二千七百多万元。所以如果把全国的米都收到国家的管理底下，按

---

① 指《建设》杂志第2卷第2号所载的《千贺博士之金本位废止论》。

着一元两升的比例来发行纸币，那纸币总额就要一个个月不同。在收获之后（日本叫做米年度的开始在每年约十一月），政府手里头，有六千多万石米，就发出三十三万万元的纸币，在市面流通，那未免太多。到了米年度末的时候，照他平常的情形，只存三四百万石旧米，就只可发行二万万元以下的纸币了，那用米流通，未免太少。如果碰得不巧，还许有一石都不存留的时候，岂不是把货币制度弄到大乱么。如果实行起来，那当米年度的开始，一定争着拿纸币来兑米，等到年度末，就要米吃，也很难得到一张纸币去换米。这就是经济上的一个大不便了。所以在这个制度底下，消费者长要受这一种经济上的胁迫，而没有方法可以避得去的。因为纸币数量定期的增减的结果，物价也变了定期的腾跌，这个毛病，尤其可怕。

第三　米的投机仍旧可以流行。米是个政府独占经营的东西，当然应该再没有投机的了。但是因为拿着纸币的，都可以兑换，兑换了之后，便成了私产。等到米年度末的时候，政府手里头没有米了，市面上也没有纸币了，就要回到物物交易的状况。这卖米的独占生意，就要比现在更可以多攒钱，回头就是贫者阶级的大不幸。

这几层都是因为生产消费的时间不同生出来的，无论怎么样都避不开。要免这个毛病，只有另外找多几种物件，做兑换的东西。这几种东西，收成的时间，是不在同一期的，消费也不在同一期的，大概总是每个月，或者每个季节，都有相当额的生产，也有相当额的消费。于是量着社会上的纸币流通需要总额，来贮准备的物件，一面按月收进，一面按月兑出，不一定要把全部的纸币同时发出流通。就没有流通货币总额忽多忽少的毛病。如果办到这个地步，就上头所讲的几种弊害，都不会发生了。

现在假定拿米、棉布、丝、茶、盐、油、煤、糖八种东西，来做兑换品，那国家仓库里头，就可按着季节来收进货物。这里头像布、油、煤、盐、糖这几种，差不多整年有产出的。丝的制出时间也很长，只有米和茶，是一年中只有一两月有货出。所以把这几种拼拢来做准备，就一面每月由生产者买进若干，每月仍旧兑出若干，市面流通的纸币数目,却依旧一样。

如果做到这个地步,就无论什么米多米少,一涨一跌,不会摇动纸币的根本。因为纸币是几种东西合起来做准备的,如果是米的交换价值增加了,我们可以按着普通物价来算出他的增加程度,用同比例来减少兑付的数目。假如照物价指数来算,米的价增到百分之一的时候,兑出的米从来一石的,现在就只兑九斗九升。那货币价值,还是没有摇动。如果丝的价减到百分之九十九,那从前兑给一担丝的,现在就要兑到一担加一斤了。丝的价只管变了,纸币的价值也还没有摇动。这样转移,就能够使货币价值不至受时代的影响。就是物价除了因他自己的生产消费的条件以外,不会有变动。现在所谓金融士的变调,大抵可以免去了。

这一种准备,不必等到能够把米、油、茶、盐、丝、煤、糖、布等等,全数作为国家专利经营的事业,只要政府定一个价钱而收买,定一个价钱来卖出,和现在的大商店到各地方收货回来,再行转卖一样。国家和商人可以并立,各做一部分的买卖。这个时代,国家一方面,就是一个大的“小卖大店”Department Store,一方面就是发行纸币的银行。商家只管站在可以和国家竞争的地位,他也只可以要求正当的价值,不能过多过少。市面上的价值,总由交换价值构成的正当原因来决定,所以这物价指数,也不会不准。

这所举八件东西,虽然是假定,但是在东方人的生活上,这几种东西。总可以说是生活上不绝需要的货物里头最主要的(土地问题另外应该有解)。所以用合理的方法,来作成的物价指数,(应于重要之度来附以系数,再求平均数),一定可表示人的生活上头,每一元(假如用这名称)有若干力量,并且可以使这力量长久不变。如果将来再发现生活必需的重要品,那又可以随时加进指数表里头,做他一个元素。

拿货物准备兑换,在普通人看去,觉得很奇怪。但是如果有工夫把各银行发纸币的实在情形,来察看一回,就晓得这是很平常的事情。只要不把那些先入的学理来遮蔽着自己的眼睛,就立刻可以了解的。我们试就战前的银行来讲,英、德、日本等国,都是在一定限度里头,许可银行用证券来做准备的。法国是用比例准备法,只要有三分之一现金,其余三分之二,也是用证券做准备的。美国完全是公债准备。比如日本,民国二三年的时候,正货准备不过一万万元光景,证券准备却有一万四千万元。其余的国家,大概平常都是只有一半现金准备,一半证券准备。试问证券准备的性质是怎么样呢?我们第一,可以说他是将来会变成现金的,因为普通说证券准备的话,就是银行借给人家现钱,取回人家的仓单儎纸期票做抵。这些单上的货物,可以卖了做现钱来还债,所以把他替代现钱。就算不是把仓单儎纸来押的,一个凭空的期票,也要这票上负责任的,有动产不动产,或者有债权(这个间接债务者还是要有货物财产),才能够有替代现钱的效力。在这一层看,证券准备,是因为有可以得到现金的性质,才能够许容。银行的信用维持,也靠在这一层了。

然而我们如果再留心一点,就会看出这个可以算做一种的遮眼法,不能算做正当的解释。因为“将来会变成现金”和“是现金”这两层,是完全不相同的。将来会变成货物的,究竟是货物,不是现金。现在想像可以换到的现金,不过是拿来做计算货物交换价值的一个标准,并非有些现金在银行之外,等着这货物财产来交换。所以在兑换纸币制度里头,证券准备的真正性质,还是拿货物财产的交换价值做基础,来做兑换准备。我们试想像,银行被要求兑换,而兑换了的现金,各人都死藏着,不放出来的时候,怎么样呢?那证券准备的一半纸币,不是没有方法再兑换么?拿着银行纸币的,一定吃亏么?并不是这样的。如果银行的基础是很好的,他做准备的证券,还是可以收回现金不用说,就算没有现金把他那些货物财产收起来,还是有相当之交换价值。那拿着纸币的人,分有这些货物财产,就借交换的方便,换得他所要的东西。可以和他兑了现金,去买要用的东西的时候一样,没有分别。拿纸币的人,并没有损失。如果为银行倒了,受银行纸币的亏,那一定因为这些证券准备的内容,在当时没有和纸币额面相当的价值。换一句话说,就是所押的货物财产交换价值不行，所以拿着纸币的人，会受损害。讲到这里，就可以明白证券准备的真相了。

我们从上头所讲的，可以看得出，在欧洲大战以前，各国银行发出来的纸币，只有小半是预备着现钱兑换，大半是拿证券做准备，结果是拿人家的货物财产来做准备。但是人家很相信他，因为口头他答应是随时全发现钱。到现在，我们提议用自己手里头拿着的货物财产来做准备。但是没有骗人说，随时可兑现钱，就不相信了。这不是自己骗自己是什么呢？

还有一层，我们不可以看漏了，比方一个银行，他所放出的钱，若果都是做人生必需物品的生意，那他做抵押的货物，还是人人要的。他就算自己倒下来，拿着他的纸币的货，还是很容易收回他所要的有交换价值的物品，这是没有丝毫危险的。若果他所放出的钱，做些人生不很需要的东西的生意，那他做抵押的货物，不一定有人要，回头要周转不来的时候，拿纸币来兑换的人，只得一大批不必要的货物，就麻烦了。前一个例，就像米的押儎，万一银行停止营业，米商找不出现钱来，只可把米献出去。米到底是人生所必要的，所以拿着这银行纸币的货，可以等着米卖去，偿还他损失。后一个例，就像军火的押儎，那一天战事停了，用不着了，这银行就麻烦了。如果倒下来，这些拿着纸币的人，分些军火，自己也没有用处，想换别的东西，又换不来，所以吃亏。同是银行放钱出去，同是拿这些放钱所得来的证券来做准备，只因他银行选择放钱的事业不同，所以结果一个纸币所有者很安全，一个很危险。这就可以证明银行纸币准备得周到不周到，要看他放资的事业性质来定，就是看他间接做准备的货物的性质来定。

前头所举第一个例，是银行放钱出去，在做米的生意的，以为比较是人生必需的东西，所以比较安稳了。但是这些做米的生意的人，还许把米卖了，没有钱还，所以再进一步，一定想道，如果银行的准备不是米的押儎，简直是银行自己有所有权的米来做准备，不是更妥当么？然而这个提议，和千贺氏的议论相去就不远了。只是千贺鹤的米本位说，是拿米来做标准。现在这个案，却拿钱做标准。论他做准备的东西，还是一样。

如果我们再推究他深一层。假使这些银行放钱在米上面太多，偏重了，万一周转不来的时候，除了米以外，再没有别的东西可以给人，不是还有危险么？那最好的方法，还是除了米以外，更加上别种人生必要的东西。无论那一个时候，这些东西都是人所要的，并且可以在很短时间里头消费完了的，那就不怕东西滞积在那里，拿着纸币的会受损害了。如果实行这一步，就和我的提案差不多相同。所以拿货物来做准备，决不是凭空的理想造出来。实在最近来银行发行纸币所指示的趋向，自从英伦银行改革，用限额证券准备制度起，一直到现在，七十年的银行纸币历史，都是说明这个趋向的。只有那顽冥的金属论者，到底了解不来。

货币用什么材料，本来是一个很可以研究的问题，现在不能够详细讲了。单讲中国古代的货币，也可以见得货币的起源是两路的。古代货币，一种是由装饰的奢侈品发达来的，就是贝壳。这种贝壳，到近代还有通用，就是云贵土司所谓贮钱。另一种是由直接满足生存欲望的东西发达来的，就是布帛，到唐时还有论绢计价的风气。所以关于经济上所用名动词，都用贝、巾两个部首来表示出来。货币这两个字，便是代表。钱字却是后起的，代表金属货币。金属货币形成的时候，还是偏在奢侈品一路。却是到了钞法行了之后，那做钞的准备的东西，成了茶、盐、矿产、香、药等等东西，就是奢侈品和必要品混起来了。因为从前的贝壳，是少数人的奢侈品，所以到交易发达之后，不能不让布帛这种一般必要品出来占他的位置。到交易再发达的时候，布帛也有不能分割，品质不齐的毛病，才又让金属出来。但是金属的产出，是受天然制限的，所以到不得已，才用交钞。而交钞的本质，就是代表国家专利的几种必要品和奢侈品。但是因为他经过交钞一个中间作用，所以不怕不能分割，也不怕品质不同。在欧洲的一般学者还没有做发明货币材料的几个要件以前，中国是早已解决了，实行去了。所以中国宋元交钞的制度，真是一个应该研究的事情（参看《建设》一卷三号《中国古代之纸币》一篇）。如果把这交钞的制度，变做可以兑米，就是千贺博士的案。如果把来扩充一下子，就是我们现在的提案。所以如果研究一下子中国经济史，就对于他这个提案，一定可以有很正确的观察。

原载于1920年4月《建设》第2卷第3号。

寄赠书籍

《社会主义批判》　日本室伏高信著　东京市京桥银座二之廿七批评社发行

室伏氏在日本,关于民本主义之主唱与大山郁夫略齐名。其在思想界之功绩,殆不可没。其于经济组织改革上,亦以其民本主义之眼光为批判,持论似于罗塞尔等为近。此书只为比较研究,著者不自下一主张。然而非无主张也,特不敢公言其所主张耳。故室伏氏之自序云:

> 予固民本主义之主张者也。于政治、于社会、于产业之中觅出民本主义者,予之批评之根底也。故先察正统社会主义之立场,次及就于此之右翼的修正运动,更于极左派社会运动之各分派,亦概加以研究。于是乎在劳动组合主义自体之革命,工会社会主义之诞生,——此等之中,吾终不能有所与矣。以为社会运动之光明,有如已在一处出世矣。

全书分——国家社会主义——修正派社会主义——散的加里主义(产业管理主义)——工会社会主义——劳动组合主义——波尔失委克[①]主义——无政府主义七章。于明了各派之纲领异同一点,确为有益之书。在日本两月余而重版十次(约万册),亦可知其在日本读书界之流行也。(室伏氏曾译脱罗斯奇之《过激主派与世界平和》,及著《民本主义》等书皆风行一时)

---

① 波尔失委克,今译布尔什维克。

柏格森《创化论》　张东荪译释　商务印书馆发行

柏格森为近世哲学家中最重直觉者，其排斥十九世纪中华之主知主义，恰与德之倭铿相应。其“变的哲学”之语，实足为其学说研究之要领。此书本名为《创造的进化》，以活动、创造、转化，说明宇宙间一切范围，极便于窥知柏氏学说之内容。译释者张东荪君，学术文笔久已知名。今兼据英日两译，取其要义，略其细节，以成此书。取法于日人主解说体，故曰译释。张君自言：以达为第一义，于达信之间，宁重达而轻信。其译名，于东译派认例外，于译音及立新名，皆非万不得已不为，皆足为绍介学说者之法。以中国今日一般人基本知识之缺乏，专门书籍出版之少，此种译释书籍，尤为适于时代所要求也。此书为尚志学会丛书之一种，同丛书已出数册，皆颇有益之书也。

原载于1920年4月1日《建设》第2卷第2号。

改革者的两重义务

我们在改革社会进行的中间,常要负两重的义务。这个两重义务,是我们有意去改革社会的人很大的一个苦痛;却是能够忍受这个苦痛,是我一个很大的满足。

前十多年,我看见一段新闻:说鲁意佐治初做大官的时候,有人诘问他:“你平常主张,无论何人,每年不应该有多过五百镑一年的收入,为什么你现在又受这一年几千镑的俸钱?”他说:“我不是又曾经说过,劳动者不应该甘受此同等作工的人较少的工钱么?”问的人没有话说。

近来我看见日本杂志上,讲列宁政府底下的工人,都做十时间以下的工;惟有革命党,一天总做十六点钟的工;列宁有时做工做到二十点钟,只有四点钟休息(两件因为行箧无书,是记忆的事情,但大致不会差)。由这样看,鲁意佐治的主张,恰是两重权利;列宁一辈所实行的却是两重义务。比起古人来,鲁意佐治便是东家食而西家宿的新嫁娘,列宁到底是吃苦辞甘的好人物。

列宁不是不晓得作工的时间不应该过多,他叫人做工的时候,是很规矩的。但是在他自已做工,却是从来最苛酷的资本家,还没有勉强劳动者做的长期工作。他明明有一个对于社会上的义务,是做相当的工,受限定的给养;他是没有逾越界限,破他的义务。然而对于十时间以下的工作的权利,他完全抛弃了。却把十几时间的劳动,也当做一种义务。这种义务,在一方面说,可以叫做对于过去社会的义务,因为过去社会才要求他尽这种义务。在另一方面说,可以叫做对于将来社会的义务,因为他要尽这种义务,才能够产出新社会。然而总不是对于现在社会的，所以在普通社会上的人，不敢勉强他负这个义务。而在改革社会的人，却不能希图避免。所以现我们分出了两种义务来：第一种是一般人的义务；第二种是改革者的义务。既做了改革者，就不能不兼负担这两重义务。

除了做工以外讲，比方我们主张，凡人生出来，有受教育的权利；而且如果对于研究学问，有特别相宜的地方，还有免除其他义务，专心研究学问的权利。我们自己批评自己，有时也可以说：我们是很相宜研究学问的。但是不敢说：因为这个缘故，我便免除其他的义务；还是要做我的工，有余多的时候，才来做学问，我们做改革社会的人牺牲生命，牺牲财产，是早已见到才来做的；然而把学问也要牺牲了，把名誉也要牺牲，却是当初料不到的。假使没有改良社会的工作，能够给他终身只研究学问，他所成就的，一定不止于此；然而他不能够丢了社会的事业，去做学问；又不能丢了学问，所以也负起了两重的义务来了。

又比方就家庭问题来讲：我们主张个个人都应该用自己的力量去做工，对于社会上的不能工作的人，有供养的义务，却没有对于特定的人，有供给的义务，这是不可摇动的原则了。所以我如果不做工，决其不能要求任一个人来养我，我也不应该要父母养活，也不应要儿女养活，这是一种普通人的义务。然而在改革未完以前，如果我父母还在，我能够不养活着他么？我现在有儿女，我能够不养活他么？这一种扶养的义务，明明是旧社会的结果生出来的，但是我所以仍旧负担这个义务，却是因为非如此做去，新社会不能成立；所以这个义务，还是对于新社会，对于将来的社会的义务。

又比方贞操上的问题：我们现在断不应要求人的贞操；但是我们自己，没有贞操么？这个相对的义务，我不要求人的贞操，人也不要求我的贞操，是一般人应该有的。然而在改革社会的人，固然不要求人家贞操；却是自己对于配偶者，还不能解脱这守贞操的义务；这个义务，并不是违背主义，实在是要如此，才能够免了这些无谓的冲突，"事出有因"的批评，于人家了解我的主义，最为切要，所以特别要尽这一个义务。我们自命改革社会的,大概都应该有这苦痛。

这个改革者的义务,在种种方面,都可以看得出。因为现在的权利义务关系,就像一堆互相钩联的铁扣子,积起来成了一个铁练。这样条练子,一定要有一个扣子,一头没有受人家的钩联,一头却钩连着人家的,才能够起。也一定要有一个扣子,一头受了人家的钩连,一头却不去再钩联前一个扣,这条练才有个尽头,不致于循环无端。所有现在的权利义务关系,都是从前有一部分人没有尽义务,就主张权利来的。如果晓得这个权利不该要,就当然不主张了。但是如果在权利者一方面,他不能懂到不该要这权利的道理,就生出冲突来。固然有许多冲突,是不可免的;也有许多,是可由一种只尽义务不主张权利的人,去做他的缓冲地带,便可以避免的。这些义务,就生出来了。

为什么这个特别义务,要叫改革社会的人负担起来呢?这个可分两层来说明他:第一是能力,第二是知识。

凡有改革社会的人,他的前提,是自信他的能力。因为觉得自己是有力量转移社会来就我的理想,不能甘受社会的转移,所以以改革社会自任。如果不能特别多尽一点力,多受一点痛苦的,那是人情之常,不必怪他。然而他的对于自己能力,是完全没有自信的了,只可等人家改革好社会,他来尽普通的义务,享普通的权利,不能再把改革社会的衔头挂出来,辩护自己的行动。如果是真有改革社会的能力的人,决不会对于这种义务,负担不起的。大概人有一种欲望,总要先有一种能力。没有消化能力,不会起一个食欲的。所以有改革社会的能力,自然有一种特别欲望。负担这个义务,固然是很苦痛,满足这个欲望,也是一个很快乐的事情。因为这一个欲望,在其他所有一切欲望的上位,所以为他的满足,可以忍受其他一切的苦痛。

再者要尽这种义务,自然重在意志的条件。既然自己想做改革的人,自然晓得他所以要改革的缘故,也晓得如何才可以改革下来;

所以这一个特别的义务,终归要有一些人尽的。然而除了要改革社会的人,不容易晓得。所以横竖是勉强的事情,在已经知道社会要改革的人,就容易勉强他;还没有晓得社会改革的人,就很难勉强他去做了。所以一切方面也可以说,因为他的知识,生出他的两重义务。

为什么要有知识有能力的人,多负担这些义务;不是很不公道么?实在讲起来,丝毫没有不公道。不过因为近代的私有观念,太过浸淫得深了;把这公道的真意义掩住了,看不出来。知识是一个人发生出来的么?能力是一个人发生出来的么?不是的。知识也是旧社会流传下来的,全社会的公产,不应当作一个人私有的。

能力也是社会上公共保存发达出来的,不是自己做出来的。知识能力既然公有,那有知识有能力的人,负担这些更重大的义务,是当然没得说的。他的知识能力分多了,他的义务也要分多一点去,这才是真正的公道。白痴人没有负担有正常知识的人的义务;废疾人也没有负担平常工人所负担的义务;在普通人来讲,不说是不公平,因为白痴人实在没有知识,废疾人实在没有能力的缘故。所以在这些要改革的人来讲,一般的人,不负这些特别两重义务,也因为普通人的知识能力,比不上改革社会的缘故,都是很公道的。

尽这些特别的义务,真是一种苦痛。做工的特别加多,贞操的特别制限,学问修养的阻碍等等,都是令人苦恼的。不止有肉体的苦恼,并且有精神上的苦恼。只是把所有苦痛总结起来,底下一个,如此做去,可以于将来社会生好影响,有许多人因此免有苦痛的信念。拿自己的苦痛,换多数人的不苦痛;拿多数人的不苦痛,补自己的苦痛;这就是大满足。要能够了解感觉到这一种满足,才可以算得改革社会的人!

从来改革社会,都是少数人的做出来的;等到多数的人,都了解了这一种改革的必要,实行起来的时候,已经是改革成功的时候了。到这个时候,又有第二个改革要来了;又有新的改革社会的少数人出现了,社会的进化,是一定如此的。不甘做改革的人,不甘做附和人的人,一定要负这两重的义务。

原载于1920年4月23日《闽星》半周刊。

兵底变态心理

现在我们想改造社会,有许多要排除的制度,要变更的款式,一时间不能不理着他。比方硫酸原是没有直接供人利用的性质,不特不能直接供人利用,还会伤害人的身体;却是为满足人的欲望起见,我们非制造硫酸来用不可。所以有许多我们现在受害的东西,我们不能绝对不理他,我们要研究他的害人性从那里来,有什么方法能够用别种东西来替代他,这个替代他的东西如何做得成(就用这个东西来做成他抑或用第二种东西)。假如私有财产制度如何有害,在那一点有害,是第一个问题。对于这个制度,想拿集产主义来换他呢?抑或拿共产主义来换他呢?还是用别种样式呢?是第二个问题。假如定了做集产主义了,用那一个方法,用那一个式样来实现他?还是守着马克斯所指摘的那一种历史的过程,等到产业集中到少数人手里头来得到集产的结果呢?还是用革命的方法,一概没收他呢?抑或用组合的方法,来集结资本,弄到现在的生产制度变了,才废私产呢?还有其他种种提案,都是想解决第三个问题的。三个问题里头,最重要的是第三个问题。因为这个问题如果不能解决,就第二问题的解决,是无效的。如果所有提案都不能得第三问题的解决,那第一问题的解决就和没有解决一样。然而第三个问题虽然重要,却要晓得这些过渡手段的研究,实在根据在现在要改造的东西的性质上。所有过渡手段,都是在从前所有的坏制度里头变出来的。所以改造的具体办法,就是如何这个坏东西才能够变。得这办法的手段,还是研究这东西何以会坏。我现在先拿现在人人所怕的兵来讲。

人人晓得说兵的坏处，却是都只从受兵害的人一方面来说。究竟做兵的也是人，为什么做了兵便坏？中国人当兵和外国人当兵，都是以杀人为业的，何以中国的兵特别坏？答不出这个问题，便没有解决方法。

我们答这些问题，可以有一句顶取巧的话，就是说环境不同。然而事实上所要求的，不是这种无责任的笼统答案。我们要把所谓环境，细细研究一番，才可以说答了第一个问题，才可以进入第二个问题。我们可以把中国兵的生活，和兵的心理，来稍为说明一下子。

兵的生活第一种特征，是继续的不安定生活。却是他的心理，要拿这不安定的来当做很安定的看待。我们先从从前的防营水师说起，这种军队，驻扎得散漫的，地方防务的责任很重的，制度上所要求他的，就是不断的注意，今天有土匪来打也不定，明天有盐枭来扑也不定，一打仗有性命之虞。然而到底一个月不过四两多银子的饷，可以算做顶苦的了。今天犯事会打军棍，明天犯罪会砍头，就不送命，一革出营门就算了事。兵的驻扎地常有离家几千里的，一个大钱没有，怎么样可以回去呢？可以算做顶危险的生活了。再不然，老了不能当兵了，一碰着整顿营伍的时候，就要淘汰出去。回家也不能，做工也做不得。这种危险天天胁迫着他。还有阵上受伤的，养伤费拿不到几个钱，粮子串不成了，这个危险也是天天胁迫着他。所以他们就要适应这个生活，造成一种心理：一方面把制度上的敌人（土匪等等），看做不得已的伙伴；一方面把随便指定的驻扎点，当做家乡。把随意由长官任命下来的哨官什长，当做生活中心，把全棚兵士的生活都委任了他，自己不耽一点的心。到了革出来的时候，还要拼命钻回去。总而言之，样样可以忧虑的事情，他都推了出去，像于他无关的一样。巡防营的化身，到了近年，有警卫军、警备队、安武军、振武军等等名目，他的性质还是继承以前的，更加上种种恶性。至于所谓陆军，在前清时代讲，本来是很平常的生活，和外国的兵相差不远。但是到了近年，陆军的特质，已经销磨了许多。他的不安定的生活，因为这几次内乱，弄到比巡防营加几倍，所以他的心理变态,更是显著。

他的生活第二特征,就是突然而起的过度劳作。因这个结果,令到他生出一种自暴自弃的心理。从来讲究用兵的人,都说爱惜士卒。这个爱惜,实在和耕田的爱惜他的牛一样。一到了用他的时候,就不爱惜了。讲到现在的人用兵,更是不晓得什么叫做爱惜。不特不肯爱惜,并且要利用他这一种过度劳动的事实,令他不觉得生趣,才不怕死。所以不怕死的兵,原不是好兵。

他的生活第三个特征,就是完全不容他自由决定一点事情。然而这个结果,一定弄出很放纵的心理。最迫促的环境,弄成一个最惫赖的心理。最拘束的环境,弄成一个最放纵的心理。虽然像是不合理,实在真是理有固然,逃不脱的。兵队的教育,是上官讲得着也要服从,讲得错也是服从。兵士的心里头,就成了一个"不一定要做着的"的信条。所以上官讲的,到不能不听的时候听一点。除此之外,都是任着本能去盲动。他本来受的教育,是不管是非,你如何还能用是非论他。

兵的生活第四种特征,是做了事不用负责任。所以他的心理,就变了兽性的间发的。本来受命令的行为,不应该负责任。然而中国的兵官,他并不想到有什么事情,要豫先下命令。所以没有命令的行为,带兵的人也只可容认他。因此做兵的,无论做什么行为,他都不晓得什么叫做责任。有时有一两个按军法办了,他也不以为是错了的结果,他只叫做碰钉子。这种不负责任的生活,自然有不负责任的心理跟着来了。甚至于敌人来到几百米突以内,还在那里抽鸦片,打纸牌。然而有一时又有非常锐敏的注意是平常的人想不到的。总而言之,任他们兴之所至去做,没有准头。

以上种种的变调生活,弄出来种种变态心理,一时也说不尽。所有兵的奸淫焚掠,都从这变态心理发生出采。晓得这层,那就救济他替代他的制度,立刻可以指得出了。

现在简单来说,我们想像中将来可以替代现在的兵的,就是劳动军。这劳动军的组织,和发达的途径,我们都可以从现代兵的研究寻得出来。因为现代兵的生活,是令他不好的,所以将来的劳动军,一定要有生活安定的保障,一定要避过度的劳作,一定要留他自由决定的机会,一定要使他自觉对于自己的责任,以至用其他种种方法,变易他的生活,才能够变易他的心理,才能够有力量替代他。

兵的问题,我想讲的很多,却是我才回上海,《星期评论》社要我做文章,没有多时候了,所以只先写个大概,迟一点再把详细的论述,发表出来。　九、四、二六执信。

原载于1920年5月1日《星期评论》劳动纪念号。▲

诗的音节

《神州日报》登了胡怀琛先生《读胡适之尝试集》一篇，就音节一方面来批评新诗。后来胡适之先生又在《时事新报》登了一篇，对于怀琛先生所改的，表示不满足，同时解释《尝试集》里头的音节。这是很有益的事，因为现在的做旧诗的人也不懂旧诗的音节，许多做新诗的人也不懂新诗的音节，是很危险的事情，将来要弄到诗的破产。

去年《星期评论》的纪念号，适之先生曾有一篇《谈新诗》，里头第四节专论音节，举出两个重要分子：一个是语气的自然节奏；一个是每句内部用字的自然和谐。但是他所举的“平仄自然”、“自然的轻重高下”，到底还是说得太抽象，领会的人恐怕不多。余外所举，尽管是双声叠韵的例，令人家觉得，似乎诗的音节，就是双声叠韵。到现在说明《要想不相思》这一首，还是用双声叠韵来做理由，那差不多更容易惹起误解。

怀琛先生所批评，我实在不敢同意。他讲“当年曾见将军之家书”要改作“当年见君之家书”，把“娟逸”改做“雄逸”，都是不懂旧诗音节，不懂作诗人趣味的证据。把多字改做再字，尤其无理。因为“何可多得”说话，很像现在有这个人，而实在是没有这人以后评论他的神气，这才是诗人的口气。如果用“何可再得”，本来是应该没有这个人以后的说话，却用在现在有这个人在前，而豫想到异时何可再得，拼命珍惜的时候，那才是诗人压榨出自己情绪的巧妙。试读古人的“宁不知倾城与倾国，佳人难再得”，和“良时不再至，离别在须臾”，可以见得用再字的方法。如果用“当年”一定用“再”

字,那是做试帖诗和八股小题的规矩,不是做诗的工夫。如果要这样照应,恐怕将来的诗要弄到"案奉将军家书内开……等因奉此"出来了。

他改"也无心上天"做"无心再上天",也是一样不懂音节的毛病。这话都留在后面讲。

但是适之先生的答复,只说明《也想不相思》一首,是用双声叠韵的尝试,和句中用韵的尝试,却并没有说明这几句所以是自然轻重高下的缘故。所以虽然是讲了一大通,到底人家不懂。假如说双声叠韵就是好的,那李义山的"落日渚宫供观阁,开年云梦送烟花",就可以作声调谱的模型,苏黄游戏的口吃诗,也算上等了。然而沈约讲究声病,他偏有要避忌声韵相同的几个例,是什么缘故呢。适之先生《谈新诗》那一篇里头,已经表明把段、低七个阴声字,和挡、弹等四个阳声字,参错互用,可以显得出三弦的抑扬顿挫,这就是不能织双声叠韵笼统解释的暗示。然而究竟无论用双声叠韵的字,抑或非双声叠韵的字,都应该另有一个标准,决定他音节和谐不和谐。发现这个标准,虽然是很困难(纵使非不可能),然而暗示他一个大略的框子架子,未必是做不到的事情。这研究新诗音节,正是一个阐明一切诗的音节的好机会。

我从起首懂得一点字义的时候,就有一个想头,是"音节断不能孤立的"。这个想头,到现在还没有更改。然而我的学问一天退一天,看书所得的,比起所忘记的来,真是算不得数。所以这个想头,也一向不能再进一步。只有十二三年前,当教员的时候,曾经对学生发过一段议论。这个议论,不是专为诗发的,然而在诗一方面,尤其显著。我说的是:

> 一切文章都要使所用字的高下长短,跟着意思的转折来变换。

我叫他做"声随意转"。譬如"西出阳关无故人"的"关"字,是全篇所注意的,经过他这一个字才到"人"字,所以关字长而高,人字长而下。那上句“劝君更尽一杯酒”的“酒”字,因为是促起下句的,所以虽然用顶高音,不用长音。这是全首诗的意思,流注倾向到这一路,生出来的。如果是“两岸猿声啼不住,轻舟已过万重山”,上句的落字“住”就较低较长,下句“过”字较低而“山”字就高且长。因为这个“啼不住”是直贯下去的,他的意思是在过万重山,而他的神理是在猿啼不住。所以要用这住字这一种类的音,来煞上句,拖长上句的声音,却不令他过高,来挑起下句的不调和。下句用“山”字结一句,这“过”字不能停顿,所以不用高音的字。一个字在一句里,是不是合自然音节,不能凭空拿字音来说,一定要从有这个音的字,在一句一章里头的位置,来判定他这个音是不是合于音节。

然而用字决不是如此束缚的,有许多时候,是应该注重在这一个字义的效能,就把音的效能来放在第二或者竟牺牲了。就如“池塘生春草”这个春字,如果照普通来讲,一定用去声的字,较低较长才好转折,和李长吉的“不知花雨夜来过,但觉池台春草长”的春草,一定要用清平才好刚刚相反。然而“池塘生春草”的价值,并没有减少,因为这个春草,位置在役格(Accusative Case),受生字的动词作春字不过是役格的形容词。在一般人看春草,本来当一个字,所以春草还是结成一气,春字就跟着草用,字短了下来,而生字的仍旧长。假使“生春”两个音,表一个动作,光是草一个字,表示受动作的物件,那这个说法,就完全不能适用了。这一层叫做“音受义的干涉”。因为字在句中的职役不同,所以读他先有长短高下不同了。然而在每一个合成字的煞尾,和一句之末,这个仍旧难通融。古人用韵所以渐渐弄到止有句末,又渐渐弄到止有偶数句末用韵,都是这个原故。

以上所讲的,仍旧不过两条暗示。然而我自己觉得很可以作为探路的一个小火把。我们先拿他来照照适之先生《读新诗》里头所举的例。他说“我生不逢建章柏梁之宫殿”,如果换做“仄平仄平仄平仄平平平仄”就不见得他音节很好。所以举出逢宫梁章叠韵,不逢柏建宫双声,来说明他。但是如果我们用注音字母,写起这一句来试读一下,就晓得还要拗口,不觉得音节很好。他这一句里头,我字完全是衬字,“生不逢”当普通的两个字。(适之先生把这个当做两节,我以为不然。拿“生不逢尧与舜禅”来比较,可以晓得,这一句尧字独一字而成一节,应该注意。)之宫两个也是衬字,所以不字和宫字在句子里发生的影响较少。他这句子,逢字是注重的,读长的音,却不要高。梁章两个字一浊一清,恰合他一顺叫下来的两个殿。结煞这个殿字,恰是受上头那一个逢字的动作,用较高而仍旧长的字来同下文游宴相应。而下文游字,声音太低,故此用宫字在上头,来补救他。(这一层可以拿“人生不学李西平,手枭逆贼清神京”来比较。)如果把字义抹了去,这音节便不成立。

不特在一句里头,在全章里头,有一句是意境忽然变转的,他的音节,也要急变。上头适之先生那首《蝴蝶诗》,“也无心上天”一句,正是这个例。上头一路“不知为什么,一个复飞还,剩下那一个,孤单太可怜”四句,都是一路沉下去的。到这句一扬高了,便用“心”字,接连用个“天”字,用“无”“上”两个字来跌起他。因为句势先缓后急,所以前头还用“也”字。“也无心”三个字,已经高了,“上”字折在中间,比较还是高的促起下头这个“天”字,所以能副这一句的神气。若果改做“无心再上天”,前头两个字,觉得声还不够,下头“再上天”着了“再上”两个低音,声音便加长了,成了平宕的句子,完全不能和这一句位置上所要求的音节相符合。所以音节不是一句一句可以讲的。到这句意转了,调也要转。从前五古转韵的,如“青青河畔草”一章,转一个意思,转一个韵。后来七古转韵,大概都是跟这例的。还有通篇一个平韵,煞尾忽用两句仄韵来收的,尤其明显。姜白石说:“篇终反通篇之意。”实在如果已反通篇之意,当然也反通篇之调了。(韩退之喜欢拗气,有时不等讲完,忽然转韵。转了韵一两句后,再转意思。如“嗟哉董生行”,便是一例。)

这个原则,从前的人,像没有提出,然而实在是人人践履的。所以要改“也无心上天”做“无心再上天”的,真是不晓得如何叫做音节和谐。我要学从前考书院的办法,批一句:“再求将旧诗的内容晓得清楚。”

至于《也想不相思》一首，适之先生虽然自已解释了许多，在我看却不满足。这不满足有两层，一层是烹炼的不足。他前两句“也想不相思，可免相思苦”。免字是韵，不能够不在免字以前，把全句意思送足。然而这个可字，完全没有力气，简直是一个多余的字，而把这样高而且宏的音压在免字上（所以令读的人不能感觉免字是韵），弄到免字的效能到减少了。我想这句当初，应该是“也想不相思，免却相思苦”。却因为韵的关系，把来改做“可免”。其实这个“想”字，是要如此如此，不是想像如此可以如此。“免相思苦”是所想的，“不相思”是手段，两句原是一句串下去的。用了“可”字，便神气不对，近于趁韵，这是一个短处。还有一层，就是音节太促迫单调……本诗四句，押两个相思苦在末尾，已是很单调的了。头一句“也想不相思”，音节是很好的。第二句是可字的毛病，第三句本来是筋节，而“几次细思量”五字里，弄了四个做叠韵。“次细思”三个字音，本来都是长的，碰到四个字叠韵下来，就单调得难堪，其势一定弄到缩短他的声音，到量字才放。这个音节，配在这个地方，实在不相宜。因为和上头“也想不相思”的活泼音调，不能取平均。况且底下“还愿”两个字，也没有揭高。所以后半的音节，变了很促迫很单调的，这是用叠韵比用双声字更难的地方。所以我于适之先生这个解释，不敢说满足。

怀琛先生讲送任叔永那首诗，要把“送你”改做“送君”，“天意”改做“天公”，说是声音长些，方有天然的音节。其实这前一句“便又送你归去，未免太匆匆”，韵押在匆字，上头的送字和他相呼应，自然不能再着一个君字这样高而且长的音在中间，减杀送字的效能。如果是在去字押韵的，就可以改做君字了。那是到去字断句，去字以前，不能不参一个高而较圆的音（归字太扁）。现在这句，惟恐人家读去字长了，下半句接不上，所以把上半句压到不能十分畅遂，才能够整句的音节恰合。这个例，如果拿我上头所讲两条来批评他，觉得很简单易解。

音节决不是就这样可以有刻板的规则定出来的，然而我相信将来讲音节，一定还要借这种规则的一部的帮助。将来能够有比我所暗示出更明、更包括的规则出来，就是我所最希望的了。

近来自命作旧诗的，往往拿很浅的意，用很深的字眼表出来，很是艰深文浅陋，最可笑的。但是如果用很浅的字眼，来写出那很浅率无意味的意思，那就更不成话。我们要求用很浅的字眼、很少的字数，表出很深、很复杂的情绪。所以看了好懂的，都是很难做的。这难做的原因，音节要占大部分。易懂的缘故，还有一部分在音节。所以明了音节是这样一个情形，率尔操觚的，总会少一点。

原载于1920年5月23日《星期评论》第51号。

答胡怀琛函

五月二十五《神州日报》上头登的信，我已看见了。但是《星期评论》比不上《神州日报》，没有许多篇幅转载尊信，这是很抱歉的。

我说先生不懂新诗的音节，或者先生以为太唐突了。但是不懂得是很平常的事情，所怕的，就是轻视别人创作的艺术的价值，做漆圆方竹杖的杀风景事。原诗"当年曾见将军之家书，字迹娟逸似大苏，书中之言竟何如。"先生把他改做"当年见君之家书。"说是"因为下面二句都是七个字，……落得用七个字，使他更整齐"。试想他这首诗，前三句里头，首两句自是一团，第三句独立成一团，把第二句和第三句并在一起，来规律第一句，岂不是不懂他的音节？如果碰着杜老，大概先生不会拿着"鲸鱼跋浪沧溟开"两句，来规律"王郎拔剑斫地歌莫哀"那一句的。可以见得，因为是新诗，先生所以没有懂得。

克强的字，是娟逸、是雄逸，是个人自己的趣味感觉，不应该拿自己所见，去勉强人家。先生以为亲眼看过克强书法不娟，我未尝没有同感。但是先生讲他是雄，更差远了。其实克强的字，完全是日本人替他吹起来的，我和他相处这许多年，他没有敢承认过会写字。一个人有过人的地方，只要一两点，我们何必去推类至尽。却是克强想学大苏，是他自己也承认的，我们朋友间也承认的。那一种脑满肠肥的笔墨，请问从什么地方雄起？

我说用"再"字的方法，举了"佳人难再得"、"良时不再至"两个例，并不是说除了此例以外，没有可以用。但是以为专用再字，来照应"当年"，就是试帖工夫。同时说明适之先生那个多字，不算用错。

先生轻轻加上一个“凡”字，说“我的理由，是凡用再字，是在事前遥想事后时用的。”那会错意了。先生改了古人的句，说“而今方知倾城与倾国，佳人难再得”、“良时不再至，回首空悲伤”，说是事后追思事前的口气。不错的。但是我想问问先生，这样改了，还成什么诗？

我所论的要点，是“声随意转”。先生既然承认了，我本来可以不说别话。但是读《两个黄蝴蝶》一首，先生会疑心到是第二行意境转变，不是第四行，那我真是不解了。临末只有正声变声的问题，先生引了王右丞的律诗，算做正声，大概是不拗为正。但是唐以前的诗人，没有做过律诗的，都算是变声么？然而先生举出王渔洋、查敬业一辈人，做律诗还是用拗句的，何以又算正声呢？南宋学江西派的固多拗句，像陆务观又何尝不做很顺溜的音节的诗呢？那究竟算正声，算变声呢？先生说了盛中唐是正声，有宋是变声，更令人莫明其妙了。更奇妙的，就是说多少含点亡国之音，现在难道还要以万宝常自任么？

其实正声变声，决不是这样讲的。我想先生决不至于连赵秋谷的声调谱，也没有翻过。请先生先把旧诗的正变弄清楚，再拿来评改新诗。或者适之先生不愿意受改削，总还有人愿来做郢人垩鼻。可是只可运斤成风，万不可以把人脑袋砍去。

原载于1920年5月30日《星期评论》第52号。

兵底改造与其心理

(一)

现在改造中国的说话,是说够了。改造中国的事实,究竟还没有起手。这个没有起手的改造,我们可以看出他随处的窒碍。

先从教育上来讲,一间两间学校办得起来,经费早已绝了。勉强维持下去,一定要找人出钱。这出钱的人数,越弄越多,教育上的禁忌,也越弄越多。后来便是有教育,无学校;有学校,无教育。教育和学校势不两立,这便是私立学校的教训。

借着官立学校来讲教育好不好呢?请看北京的蔡鹤卿、杭州的经子渊,有教习帮他,有学生拥护他,社会上的地位,使军阀还不敢杀他、打他、禁止他教育。所以这一年间,看见这些学生运动的效果的,也说非走这条路不可。然而到底不行,校长是可以随便换的。换校长之后,教职员反对,学生反对,他就可以用兵力来对付。办教育的所靠的是学生,他所靠的是兵。一用到兵,浙江的学生就无可如何。在北京大学,虽然不能够换校长,他却对着一个个学生,用他的兵力,还是弄到手足无所措。就是一个兵,把所有对于教育的希望通打消了。

教育起手,不碰到钱的障碍,就碰到兵的障碍了。试从工业上做做看,这个成绩,也是看得见的。要想改造现在的组织,自然要拿劳工做中心。劳工的武器,就是罢工了。要看近来罢工的成绩,总算比较别种实在一点。而无论那一个人,都晓得现在罢工,因为没有罢工基金,不能够有力量。但是有方法得到罢工基金么?工人自身,每天所得的工钱,还不够他自己的生活费,有什么方法可以贮蓄起这个罢工基金来呢。工人越要豫备罢工,雇主那方面就越要不许他有钱罢工。所以无论用什么方法,这个罢工的豫备,是没有成就的时候,就是罢工永远不会有力量。

你想工人以外的人拿出钱来,做罢工基金么,决其没有的事。能够有钱拿出来做罢工基金的人,大概都不肯,肯拿的大概也不能。不论怎么样尽力,这个数目,是清清楚楚看得见的。前几个礼拜,有人在那里造某督军、某总司令接济上海罢工基金的谣言,可以叫得荒谬绝伦了。所以劳工运动还是要碰着钱的障碍。

劳工的罢工,本来是一件苦肉计。但是如果真能够所有的工人,一起约束起来,两败俱伤,也是这些雇主所最怕的。但是现在雇主可以强迫工人做工,工人不能强迫工人罢工,所以雇主的地位更为稳固。雇主一个人,如何有这个力量呢,就是兵帮着他的忙了。五月一号那天,上海拿全副武装的兵来压制工人,不准开会。说这些平和的工人,要借五月一号起事。说这个五月一号的纪念会,是俄国劳动会(就是俄国劳动会也与你何干,却要帮一边压一边做什么)。实在就是表明雇主纳了钱来养兵,兵就保护雇主,教他永远能够敲剥钱财,不必还给工人一点。所以工人的运动,不但要打主意和雇主的钱作对,还要打主意和雇主用钱请来的镖客——兵——作对。

不特是教育和工业上的改造,过不了钱和兵两个关头。你如果再想去离了学校和工场,去做一个新组织,可以算做顶让步的了,然而还是不行。工读互助团新村的失败,就是说明世上没有独善其身的法子的。只希望这些团体里头办得好是不行的。团体里头办得好,不过是表示将来如果到了新社会的时代,可以照样做团体的生活。但是这个事业,还是失败,还是因钱和钱背后的兵失败。

以外种种的改造社会方案,都比不上教育界和工业界两方面有实力,却是所遭遇的困难,一定是钱和钱背后的兵,没有可以逃得过的。所以有真心去做改良中国的工夫的人,一定有一天回转来,讲一句:“改造要全部改造。”

不错。改造是要全部改造的,然而全部改造,要从一部改造起。我们不是有了顶大的力量,全知全能,把世界一掀就掀过来,到底是要有一个全部改造下手方法。如果不然,就许人家下一个转语,说:“要全部改造才改造,就会变了全数不改造。”

我们怎样解决这个问题呢?

我们不是已经晓得钱和兵两个关头打不通么?我们有法子先改造钱和兵没有呢?我们有方法能够把一部分的钱,一部分的兵,拿在手里,再来改造社会不能呢?本来如果钱和兵两件里头有一件完全放在改革者的势力底下,那就改革完全不成问题。但是这个集中,是改造成功以后才有的。改造开手的时候,决其没有这种事情。所以最希望的,就是能握一部分的财产,或者一部分的兵力,再来改造社会。亦可以说,希望有财有兵的一部分人的觉悟。

这个事情,不是绝对做不到的。从来因为革命所用的钱,聚起来有几多呢?革命党如果不做革命的事情,除了他所用过的钱以外,跟着普通的状态去攒钱,积起来,又有几多呢?大概说几千万,总不会说多了。这不是改革社会的一个大力量么?如果革命党从此再做二十年的计划,攒积起这笔钱来,再讲改造,行不行呢?再如现在的兵,虽然叫做有统系,却并不见得要有学问。比方投进某系的旗下,做他的走狗,慢慢把兵权拿在手里,再实行革命。这是满清末年钮惕生所常讲的,也是徐锡麟亲行的。假如兵在手里的时候,要改造社会,怎么样呢?

我们细细把这方法研究过,可以得一个决定,是:兵可以拿得到一部分的,钱也可以拿得到一部分的。但是拿得到这一部分的兵,这一部分的钱,都没有改造社会的力量。

这从有钱的来讲,拿着钱来,可以改造社会么?俗语说:“有钱使得鬼推磨。"这是真的。不过使得他推磨,不能使他革命。钱如果用来叫人替他私人尽力,是很有效的。在现在的经济组织,尤其有效的。如果用来达公共的目的,就没有一样的效果了。用来叫人帮他做损害别人的事,是很有效果的。用来叫人帮他做有益于人的事,就不成功了。比方我们要保护自己的掠夺地位,拿一点钱出来养兵,这个结果,兵决其不会反对我的。如使我拿出一点钱来养兵,叫他对抗掠夺阶级,保护工人,这是决做不到的。我们可以用几块钱一个月,请人看门口,很忠实的。我们出许多钱,请一班人保卫全市,就没有效果了。而且我如果十块钱一个月养点兵来保卫个人,实在是行的。如果有人二十块钱一个月,来买我的卫兵,叫他杀我,也许行的。但是如果我拿二十万二百万来买某地的第某师,叫他不要用刺刀刺学生、刺工人,就决其办不至。越有钱越办不出事体来。没有钱的时候,以为坏人所以能够作恶,都靠着用钱,我如果有了钱,那怕改革不来。现在才晓得坏人所以能够用钱,都靠着用钱作恶。我们如果用钱来做改革的事业,到底没有效果。

这是很容易解释的一件现状,不过我们没有留心罢了。比方那些用钱来做坏事的人,他做坏事就能够有钱,有钱又能多做坏事,是循环不穷。我们如果有钱来做改革的事,那改革的一步做过,钱决不能回到我们手里头。敌对的势力,就随时可以拿他丰富的钱,来破坏你这个改革,所以连这一步也没有了。他的力量,是循环相生不穷的。你的力量,却一鼓而尽,如何可以支持呢?从前人讲雇主对工人的关系,不是有"第二十个的问题"这句话么。比方有二十个企业家在这里,第一个起,数到第十九个,都是要待工人好的,只有第二十个要克扣他。这其余十九个,都只好跟着,不然就要收盘。所以这第二十个雇主,一个人做坏事的力量,可以把这十九个人做好的力量一齐破坏。我们从这一点看来,可以晓得拿着几个钱,想达改革的目的,是不可能的。

于是乎问题归到兵一方面去。钱自己不能有改造的力量,钱又没有使兵来帮改造的力量了。假如有了兵,钱是不是跟着来呢?单独拿着兵力可以改造社会么？这一层，我们要详细讨论。

（二）

我的许多朋友，都曾经和所谓兵的一部类有关系的。当没有带兵以前，无论那一个都是相信兵有绝对的力量，带着兵可以把理想通行出去，没有能够阻挡的。等到真带兵了，才晓得带着兵是一事不能办，总要想维持兵的现状，才能够维持自己的势力。既然维持现状，就没有彻底的改革。搅来搅去，不过地位的转换，名号的变更。到得失败了下来，以为兵真是没有用的了，想做别一宗，不再入军队了。然而到着个时候，偏偏什么事情都被兵阻碍，什么社会上的事情都不能办。发愤起来，还是想着去进军界。等到再进军界的时候，他所经历的，还是和从前一样。他的失败出来，也要和从前一样。出来之后，什么事都做不成功，也要和从前一样。在这一反一复的中间，不晓冤枉花了许多精神，许多生命。到了现在，还是一部分拿着一无所能的兵当势力，拼命保护，拼命扩张。一部分瞅着这些无恶不作的兵发狠，恨不得一下子彗星碰到地球来，和他同归于尽。我们从前的希望那里去了呢？这是什么缘故呢？

我们的朋友，有许多做下级官——连长、排长。在近来报纸上讲兵的惨祸里头，差不多什九和连排长有关。如果是要做些坏事情，真是毫不费事。但是要晓得这些连排长所以能作坏事，就是全营全团，和他通在一气。如果不去做坏事，他也站不住。上头有营长团长，下头有目兵。你说风纪怎么样，这些人就会看着你笑。如果你说军纪怎么样，就会对你不起了。你想整顿一下子，开除一个兵，或者照军律办一个人，简直叫做不行。就算士官面子上不能不准，回头来这些处罚，都是有名无实。革了，还不过是另补在别营别连，叫目兵看着，笑说一句“何苦要来”便了。你想把一点智识给军队么,这些同僚便当你做破坏他饭碗的仇人,种种胁迫,非到上官换他不止。一个排长想教育好这些兵队,就有两个排长反对。一个连长想他一连人办得好好,就有三连的连长和你反对。营长坏的不用说,你早已销差了。营长好的,也没有方法,他不能把一连的力量对付三连,他就不敢帮你这个连长,敌那几个连长;也不敢帮一个排长,抗那几个排长。所以好好的人,做了连排长,只有把自己的牺牲了,来就目兵的范围,受同级官长的同化。如果不肯牺牲,不肯同化,只有走了不干。一个人跑进军队里头做下级官,是决不能达改造军队的目的的。

我们也有做中级官的朋友,他们做营长团长,是比较自由一点的了。连排长所受的同级官压迫,到中级官便少一点了。因为现在的军队,虽然不一定拿营来做战术单位,却是实际上一营一营的界限,比一连一连大得多。等到不同团的兵目官长,就差不多很相漠视的。因此做团长营长的,要稍为发挥一点自己的个性,就容易得多了。然而这个到底是空的,因为中级官从旁面来的压迫,虽然比较少,在下面来的压迫,并没有减少。而做营长团长最大的吃亏,就是实际和兵丁相离隔得太远,指挥管理都不能如意。营长要干得下,一定要有一连以上做他的基本,再加上无可不可的,统共要有两连至三连,那下余的一连多的意向,就可以不用十分顾虑了。但这一连的基本,从什么【地】方得来的呢?如果自己是很受信任的,接任的时候,可以换一个自己相信的连长、几个排长,开除一点反对的兵,补一点自己的人,就可安安稳稳得到了。但是自己相信的人,去做连排长,又可以有手段吃得住这些军队,帮自己的忙的,就不容易找,难保不是沾染了习气的了。如果这个营长,不是特别被信任的,他也要找一点归向自己的兵,就非和这些连排长拉拢不可。拉拢的方法,不外乎许他作一点弊,再大家共同吃一点空额,多给他些搅钱的机会。这个方法,不但用来拉拢基本队伍,就是要找无可不可的几个连排长,也要用这些方法来敷衍。甚至于反对的,也非默许他几件,作为妥协条件不可。所以军纪风纪,就做了营长保持地位的牺牲。如果你要彻底，除非下一两年的工夫，还要得了特别信任，才能够几个志同道合的人来帮自己。这个机会，实在不容易得，而且在这当中，所用的人也渐渐变了，成为随流合污的人了。所以改革一营，真不容易。还有一层，一营里头，营长之外，还有营副。营副在营中，也成一个势力，也要拿几排人归他自己。营长如果想整顿他，这些不愿意整顿的人，都拿着营副来做荫蔽，营里便成了两个中心。到底是不愿意整顿的人多些，营长就站不住了。营长、营副对立，是最普通的事。营长、营副合力来改革一营，就真可以算得例外中之例外。团长比营长地位更高一点，可是他依赖营长来保持地位的必要，比营长依赖连长也相仿佛。营长要直接理目兵的事，撇开连排长还可以行。如果团长要撇开官长，和目兵直接讲话，直接去处理一切事情，就要惹起下级官的反对，终久保不住地位。从前满清时代，广东有个标统，专门用手段去拉拢目兵，什么赏罚都要由自己出，一概的营连排长都不敢去约束兵士，听他一个人主持。然而心里是恨极了，后来到底出尽方法，把他弄到局所里头去。第二次出来，又把他弄做镇的正参谋。等到革命的时候，跟着军队回省，想当都督，却被这些部下军官一哄赶走了。这是团长们所共知的一个龟鉴。至到近年，团长更不能不敷衍营连长，所以就要受这下属的压迫，想讲改革，更不容易。

实际团是作弊的单位，所有兵能够做种种贻害社会的事，至少都是一团的兵共同的力量发生出来的。在南方兵少分防地多的时候，或者这个单位，会降到一营。然而普通的情况，总是一团。这也有个原故，向来分驻的兵，大概总是一团管一区，三营分扎。这三营再各自一连两连的分开。论他驻扎的时期，一连扎一个地方，是很不久长的，就是营也要常常调防。然而成团的调防，就比较稀疏得多了。所以有一团在一个地方的公共作弊计划，就可以轮替分肥，这是一面。一连两连作弊，上官立刻晓得，就可以处置他。别的不作弊的营头还多着，抵抗不来。到了几营，便拥了可以反对人的资格了。要解散他一团兵，的确是惊天动地的事，和解散一两连不同。

明欺你不敢解散他,所以他也敢作敢为,不比连排长小胆,这是又一面。总之,现在的兵,普通成了一团才有势力,下一点也要有一营,这是很显著的。比方现在的一师人里头,如果有一团步兵,是团长以下联为一气,反对他的便是附骨之疽。有了这一团人,其余的三团步兵,马、炮、工、辎都要管束不来。因为这些兵虽然没有站在反对的地位,他是随时可以加入反对一团的,所以事事非敷衍他不可。本来团长已是离目兵较远的了,然而编制上团长仍旧适合于散兵线指挥的。至于旅长以上,本来原则上用不着他到散兵线,所以一切规制,都跟着这一点来。弄到团的个性非常之强。如果师旅长怕部下拿不住,他只有一个方法,就是自己兼起团长来。有了一团的兵,就可以威压其余各团营了。近来的军队,你看那一师那一旅没有兼团长的事情,或是师长、或是旅长兼,或是参谋兼。甚至于身做督军,兼任师长,再兼旅长,又兼团长的例也听过。他难道做了督军,还希罕这团长的几百块钱薪水公费么,他实在是要这一团人做他的基本队伍。他如果丢了这一团人,就没有这一旅。丢下一旅,没有一师。丢下一师,没有一省。所以他要做督军,还得要做团长。那有人也许疑心,为什么他这位督军,不从连排长一路兼下去,把目兵、伙夫、驮载马都兼起来呢,这个就要回复到上头所讲单位来了。一团是兵的团结里头能够有势力的初步。自团以下,轻易不敢反对人。自团以上,很容易受团的反对。所以兼任要到团长为止。如果是兵力分布得散漫的,也有例外,就是一个镇守使,兼司令,兼统领,又兼营长,也不是奇事。这个也是事势逼出来的,并不是他贪恋。一面是如此才能够维持着他自己的地位,一面也可以晓得部下作弊到什么程度,好来调剂伸缩。所以团营长的重要,是对于上官做得好做得歹的重要。连排长的重要,是对于目兵督率他做歹事的重要。完全不相同的,却是团营长到底做不了好事出来,因为连排长没有督率兵做好事的力量,所以团营长也只好叫他督率着做坏事。

讲到上级官,只有说一声可怜。民国以来,光是陆军上将也有一百几十人,中将有一千内外,少将有几千个。如果要一个个都照阶级补起官来,那中国军队,大概足有一千师。这种现状,叫外国人听了,只有笑死。那几千个上级军官,实在能够有军职的不过十分之一二。其余就在那里鬼混,不是想拉这一个的兵,就要请求那一个准他招几百名土匪。这些人,起码当司令。稍为有点气派的,还要加上总字。实在都叫做战不能,守不可的,一无用处。如果想在军队里头借他一点势力来改革,他也决其不能容你自招,最高不过拨人家几营归你带便了。有一点乘着打仗的时候,招集些旧部,聚了一千几百逃兵,也号称师长、旅长、总司令了。大概以救国自任的,想拿着势力来实行主义的,都只有在这两条路上走。

人家拨来的兵,可以拿来改革么?决不能的。比方有一师兵的人,给一旅你带;有两三支队的人,给一个支队你带;算是很讲交情的了。他那些团长统领,你想动他一动也不能。师长、总司令给兵你带,你要多谢师长、总司令。这些团长统领当时肯受师长总司令的命令,师长等早已要多谢他们了。后来你接这旅长和司令,他们不来反抗,更要多谢他们了。中国近年军队里头的上级官,十分八九是坐升,只有十分一二是调补。他团长不能升旅长,已经是一个不平。承认别个人做他的上司,又算是人情。忍着不平来做人情,自然要求一个纵容作弊的默诺。你这接了任的旅长司令,想要拿他这些兵去改革,不是梦话么。实在插身进向来没有关系的中国军队里头,单靠上官的信任,是完全不行的。接任以前,先要揣摩这些团长统领的脾气,巴结他,奉承他。接任以后,打听他要做什么坏事,和他商量那件利益多,替他打算那个方法好,这支兵就带得稳了。统领要嫖,就同他嫖,要赌就同他赌,要种鸦片就同他种,要绑票就和他绑,这个旅长司令就有人和他一齐去拼命了。然而"改革"两个字,就离得远了,主义和军队是不相容的了。从前想拿了势力来改造社会,现在有了势力,才被人家引用来做社会应该改造的例证,你说可怜不可怜呢?如果不用这些揣摩的手段,要来带这些兵,一定就是命令不行,调度不灵,弄到你非辞职不可。你觉得这个营长好一点,他就先和这个营长作对。你觉得那一个连长不好,要罚他,偏要把他请提升,请保奖。一切都和你反对,你就厚着脸皮做下去,决其没有方法可以改革这些军队。这就是先前所说的,成了一团以后,个性非常显著,旅长司令变更不来了。并且拿着这些军队,也万不能打仗,变了支干薪一样。

乘着扰乱招起来的兵怎么样呢?一个人要招千把兵,不是容易的事情。一定找了许多民军贩子,再派些无聊政客,去结纳那些地位摇动未有归宿的营连长。招民军的时候,说有一百人的,委他一个连长;说有三百人的,委他一个营长;算是顶公道的待遇了。然而说一百人的,未必有三十人。如果有三十人来,这个连长也不能赖他的。说三百人的,保不定有一百个人,然而这个营长也是非给不可。不特如此,这一百几十人,还许有一半没有枪的。这些运动来的,一定是豫先订定,排长升连长,连长升营长,营长升支队长,自然所有的兵也是随他报的。所以有了三两千杆枪的时候,一定弄到七八千兵额,编一师还位置这些人不了,这已经是一个笑话了。然而这些民军散营头,也是久惯拿来做生意的。今天受了张三的委任,明天还要向李四接头。他的关系,真所谓合则留,不合则去。张三拿了兵不够算,还要运动李四的。没有运动好以前,早被李四把自己的部下运动去,这些例真可谓数见不够。平生交好,患难朋友,到这个时候,也会因运动部下,成了仇雠,轻的互相攻夺,重的就互相杀伤。问他们到底为着什么来,张三也说是为扩张势力,实行主义。李四也说是扩张势力,实行主义。到底主义实行不了,同志相杀,就实行了。请问这个时候,还有谁能够约束部下,谁能够改革弊端,谁能够冒着险来换一两个作恶的长官,谁能够不把种烟、开赌、强奸、强抢来做逢迎部下、巩固团结的手段。实在世间的坏事,只有是中国人想不到的;断没有中国这些兵队不敢干的。做了这些军队的首领,改革两个字只好留在公文告示里头做些词藻就了事。如果有这样笨的人,想实行试一下子,就有杀身之祸。

从上头一路说下来,不问你当那一级的军官,要想改革军队,拿来做改造社会的基础,一样是办不到的。地位越高,越没有改革的余地，这为什么呢？我们可以看得出，这是目兵的压迫，是从下级压到中级，中级压到上级来。这些目兵，和他做不好的事，件件都可以成功；和他做好的事，件件都要失败。我们非是到目兵一方面去，观察他所以致此的原因不可。

（三）

平常的人总会想着，觉得奇怪：为什么做兵的，打仗的时候不会逃走？他如果在中国的军队里头，得了一个实际的统计，他们更要莫明其妙。实际打仗的时候，因为兵士逃走，减少了战斗员的例，却是很少。到了不打仗的时候，你如果稍为照规矩来办，逃兵一定很多。要他送命的时候，他不逃；不要他送命的时候，他到逃起来了，这是什么缘故？

平常的人总想着，如果爱惜士兵，到打仗的时候，一定得他肯拼命；如果平日军纪整肃，到打仗的时候，一定格外得力。然而按事实而讲，也有爱惜士兵，而士兵替他拼命的。也有爱惜士兵，士兵偏不拼命的。也有军纪严肃，临阵收效的。也有平时只管严肃，到战时简直维系不来的。激厉之术，至此惧穷。在军队以外的人，真有时莫明其所以。

上头这两个疑问，可引入到研究兵的心理这一条路。我们现在研究兵的心理，有一个要先承认的原则，就是兵的心理，几乎可以说，全是兵的生活做出来的。现在当兵的人，实在是无所不有。从前读书的、经商的、做工的、做田工的、抢劫的、拐骗的、走私漏税的，都荟萃在兵的范围。他们的理想、习惯，没有进营盘以前，是千差万别的。等到收拢来，放在一个营盘里头，那他的心理，就渐渐不谋而合了。到了当过几年兵，取得了头目“老兵”的资格以后，简直叫做一副板印出来的，找不出两种脾气。这个除了说他们的心理通是受这些生活的支配,没有别一个说明。这个原则我们认定了以后,就要从兵的生活着手研究。

兵的生活:第一可以看的,就是常在不安里头。这和前头逃兵的一个问题,很有关系的。实在当兵的人,一进营门,就定了随时要去死的运命,这是当然晓得的。但是说他真是个个不怕死,才来当兵,决不是的。都是一面怕死,一面来当兵。但是他只管怕死,他决不晓得自己什么时候死。一进营门之后,还没有开差到什么地方打仗,他心里总不会想着,立刻要拼命。等到开差的命令下来,新兵的心理,自然说“这回来了”。却是一营之内,总有一点老兵。这些老兵,都是听见开差就喜欢的。新兵的精神,就被老兵征服了。有一点犹豫,就在犹豫当中,他的长官,拿着一个人的决心,少数人的乐从,就把这多数人裹胁了去了。到了军队行了战略上的展开,他们的所属部队,受持了一定区域的任务的时候,新兵的心里头当然又有一个摇动。然而这些摇动,还不能成一个决心来逃走。因为打仗死的危险,还是几天后、几个月后的问题,现在一走不脱,就是立刻的问题。凡没有勇气的人,对于立刻要解决的问题,总希望他不解决;对于日后要来的问题,总要设法避过他不提。后唐潞王从珂说:“勿言石郎,使我心胆俱碎。”其实不讲石郎,石郎还是要来的。他只想躲过这一时的困苦,就是和兵卒不愿意理几天后打仗的事情一样。还有武安君在长平坑赵卒,项羽坑秦卒,都是一样几十万人死完了,都没有逃走和反抗的思想。可以见得兵卒里头,不但争先打仗的要有勇气,就是率先逃走的,也要有勇气才行。平常的人,看别人不走,心里只管不敢进,脚下到底不敢退的。何况打仗还在几天以后呢。等到散开以后,枪弹、炮弹,继续着来了。前进固然有危险,后退也未必得脱。如果有工事的,就伏在堑濠里头,比向后走出去安全些。没有工事的,伏倒在地上,比站起来走也安全些。所以新兵初受枪弹炮弹的飞洒,听机关枪和大炮的声音,虽然很怕,却少有跑的。不过没有一些老兵,逼近冲锋,就不容易。等到过了一仗之后,立刻会死的恐怖过了,这时候更不做逃命的想头了。跟着这样,见过几仗,打死的已经死了,不是兵了。兵队里头都是打过仗不死的人,到了打仗的时候,也不很怕了。这便是战斗间逃兵很少的原因。

所以兵因为怕死不敢逃,而心里头总常常计较着,自己是随时可以死的。在普通的人,对于自己的生活,能够打一个长远的算盘,就觉得没有什么顾虑,最怕的是今天不晓得明天的事。如果是今天不晓得明天怎么样,自然会有日暮途穷倒行逆施的想头出来。不特兵是如此,就是普通人民,也未尝不如此的。韩退之写当时朝廷里的人心理说:"今日曷不乐,幸时不用兵。无曰既蹙矣,乃尚可以生。"就是什么计划都立不来,所以弄到偷惰苟且。然而在兵这一方面,这些朝不保夕的情况,的确是特别利害的。所以他的日常行动,决没有长久打算。没有说我为一年后有什么效果,来做一件事。也没有说我为一年后会有什么危险,来不做某件事。只有立刻见效的"花红"、"赏犒",还可以稍为动他一点。但是这些兵,得了一点钱,也断不积贮的,还是嫖赌吃喝,几天里头弄个干净。和这些兵来讲,改革了以后有什么好处,他先是懒怠听了,还讲不到相信不相信的问题。

在打仗的时候,精神奋兴,不会感觉到这一层。等到不打仗的时候,他的精神上紧张弛缓下来,没有应该做应该注意的事情。这些生活不安的压迫,就现出来了。所以不打仗的时候,如果碰到驻扎的地方不相宜,疾病多一点,搜括钱财的机会少一点,就会逃出去了。逃去的兵,也并不归农,也并不做工,他只望别一营里头钻,还是当他的兵。不过离了没有利益的营盘,走去有利益的营盘;离了有纪律的营盘,走去没有纪律的营盘;离了教练时间较多的营盘,进去完全不教练或是教练时间较少的营盘。所以这一种逃兵,还是苟且的逃法,还不是避死就生。不过是有死的威吓在一边,可以暂时避劳就逸,避苦就乐,这便是平日逃兵倒转多的原因。

在这个时候,带兵的人很多是很愿意这些兵逃去的。虽然做不到奖励他逃走,但使他走的时候,没有夹带军装,就万万没有再去追寻的道理。因为这些兵会逃,一定是驻扎的地方不好弄钱,如此那长官也不能在地方弄钱了,就只有向“截旷”想方法。什么叫做截旷呢?一师有一师的定饷,一营有一营的定饷,领饷的时候,总是照足额领的。然而官弁目兵总有告假、开除缺额的。这缺了的饷,截留起来,就叫做截旷。本来应该把某官某兵旷了若干天,从那天起,到那天起,统共上饷若干,按月报解,抵领下月火食正饷,本来无从私自收起的。但是近年的军队,无论怎么样设法,这个截旷,一定弄不清。本来饷也不按期发,所以截旷也不能责成他按期解,更不能按期查考。缺一百个,报五十个也可以的,报三十个也可以的。缺一个月,报十天、五天,都可以的。所以带兵的,最望兵逃。逃兵本来有罪,断不敢自认的。所以他这旷饷,就可以安安稳稳吃下去,不用截了。所以兵当打仗的时候逃走,是官和兵都不愿意的。如果是在平时逃走,那是大家有益的。

逃兵问题,这一下子可以解答完了。但是这个兵的心理,还觉得说不显豁。因为他这生活不安,弄到他苟且是还可以懂得的。为什么他总没有丢了这种生活的心事呢?这还是要说明的。实在做兵的人,不愿意回家度日的还多。试看从来解散的军队,那些官长,自然不容易逗留。目兵以下,一定是借口种种问题,留在解散的地方,等候招补的机会。因此发生案件的,不晓得多少。他所以不愿回家,就因为他在军队里头的时候,已经养成一个“万事不管”的习惯,来适合他的生活。他兵虽然没得做,习惯还不能改。一出营门以后,问他有什么愿意做的,能够做的,他实在回答不出。只好再向从前不安的生活里头,求着过苟安的日子。

他这营盘里头的苟安,实是很可惊诧的。从前广东有一个地方,出了一个小小的强盗,叫做吴培。这个地方驻扎的兵队,都晓得他,认得他;然而怕着惹事,都不敢捉他。他乡村面前河上,扎了一支缉捕扒船,有几个兵。每逢吴培打抢完回来的时候,走到对岸,叫一声:“吴培回来了。”这些兵立刻开了张小舢板,渡他过河,像他的卫兵一样。他们没有别的,只是在那个地方驻扎,怕着生事,所以宁愿巴结强盗。再如果案件多了，他们还要暗中通知强盗，赶快跑。这都是从顶不安的生活里头，弄出来的苟安方法。他可以和强盗成了默契，别的事更没有不可以做的了。

（四）

兵的生活第二个特征，就是突然的过度劳动。这些没有准则的过度劳动，令他成一种自暴自弃的心理，这个也是老兵的一种特色。本来用兵的人，不一定反对使兵卒过度劳动。有些时候，还要他的过度劳动才好用。因为一个人的精神，经过过度劳动以后，变了偏枯不健全的。对于应该咒诅的兵的制度，自身并不咒诅，却对于世界上一切事物，都咒诅起来。不特妨碍他的，要受咒诅；就是帮助他的，也不免被他咒诅。我记得前年某军某支队，前年到一个乡村，这个乡村，本来受敌兵的骚扰，见了某军来，格外欢迎。这一队从很远的地方来到，虽然没有打仗，已是很辛苦的了。得了乡村人的欢迎，吃了乡村人烧出来的稀饭，也算可以了。他们白吃了稀饭之后，不特不感谢乡人，并且把所有盛稀饭的木桶碗箸，一起都打坏了。问所以然，他们自己没有一个讲得出的。其实这种是极普通的迁怒，他们受了极度的磨折，无论向那一面，都要出一出气。带兵的有时就利用这种迁怒的心理，叫他去和敌人打仗。

我当前年的秋间，曾经见过有一队南军移防的兵，从甲县走过乙县。有几个落伍的兵，倒在路旁，拿他们的身长，来测度他的年纪，大概不过十七八岁。想他出来当兵，也还不久。我们想着慰问他一下子。不过一走近了，就看见他们满脸的怒气，很怪人家要可怜他的样子。不多几时，又碰到一群北兵开差，每个兵扛一个铺盖，到出城门，一个兵朴的一声，把铺盖丢在地下，自己哭着也睡倒了，再不走了。后头来一个头目拿根藤鞭，拚命的打。地下的营兵，死也不肯起来。论理这些军队,不是很容易打败仗么。其实不然,这两次所见的兵,都是很能打仗的,而且是经过这些劳苦之后,仍旧能打仗。他的长官,行李有护兵拿,自己骑着马,或者坐着轿,高兴着一百几十里一天的跑,何尝有一些爱惜士卒的心事。但是这些兵丁,经过劳苦之后,总要出气,碰着敌人,就和敌人拼命。没有碰着敌人,也要向地方骚扰一下,破坏一点家屋器具。如果是有美术,有好建筑,他一定也要破坏净尽的。那带兵官就利用他这种性质,去战胜敌人。

这些兵卒,不特迁怒,并且反常。有许多很艰难得到的地方,到得到以后,他不肯去守了,仍要让人抢回去,他宁愿再去抢一回。平日最相好的,到那个时候,可以相骂相杀,不要什么理由。所以带兵的本领,不光是平日待得他们好,也不在训练得多(这些都是很要紧的事情,但不是决定的),却在乎看得出一般兵丁的心理,现在变到什么地步。把他平日苟安的心理,变做自暴自弃的心理。趁着恰好的时候,利用他、引导他,向适合于本军目的的一路走(如攻击敌人),不叫他把力量太过消费了到别的地方去(如破坏家屋和私斗)。这看得出、转移得来、引导得来,三层,都是一种天才,和学力没有什么关系。但是在转移兵丁心理的时候,他们却有一脉相传的手段。

本来战术上,强行军于战斗之前,是一件可忌的事情。但是中国的军队,往往在强行军之后,可以打胜仗,而失败的往往在那些守御久了的一线。这一个事实,可以证明上面那一个原则,因为要求兵士的过度劳动,和要求他过度精神紧张不同。这些兵虽然驻扎在一个地方,没有抽动,他的守御,还是要他精神紧张。在这些兵士,大概都是抱着那杆枪睡觉。睡梦中有一个人说两句梦话,就跳起来说:“来了来了。”跟着伏倒地上,枪指着外面,像机械一样。等一会子,没有什么声息,才又去睡。如果真有一个失手打了一枪出去,其余的就不问青红皂白,一阵乱打。有一回,南北两军接近,在一千密达以内,两边都筑起垒来。一天晚上,村里人走失了一条牛,在那里追,那牛便跑在两军当中去。这声音一来,两边的兵都开了枪。开枪不算数,还要开机关枪。机关枪不算数,还要开炮。打了许久才停了,大概两边都要去了几万子弹。到第二天,才晓得两边所认做夜袭的敌人,通通只有一条牛。尤其可笑的,就是连一条牛,也并不听得打死。然而这并不希奇,因为防守的兵,本来不是看清了目标才放枪,只是一阵乱打。他乱打的意思,就是借着枪声,来壮自己的胆。这是精神紧张时间太久的结果。对于这些军队,无论那一方,只有突然用新加入战线的兵队,来取攻势,没有不得胜利的,因为他是真没有拼命的意志了。反转来,这些新调到的军队,你只管叫他带着全副武装,一天走一百多里,接连走上两三天,才来攻击,这些兵还是可以打胜仗。

然而这些兵队的过度劳动,一定是突发的,才有这个效果。如果是一向如此,那兵的战斗力,一定减退。所以有些兵,是日夜在那里操练的,论理应该是一定胜过不操练的了。然而事实相反。所以从前的防营制底下养成的军官,一定在那里拼命反对现在的陆军教练。他的惟一理由,便是他曾经用过很少的防营制兵队,对抗优势的陆军制军队,并且打胜仗。但是他忘却一件事,他所对抗的陆军制军队,虽然时时有操练,却是营房没有,被服不完,给养不足,每天所能够负担的工作,自然有限。在这些兵队上头,再加以操练,那平常已经是过度劳动了。一到用起他来,自然没有操练的效果。所以那些反对操练军队的人,就拿来借口,说操练不中用。其实何尝是操练不中用呢。

带兵的利用兵士的过劳,来令他迁怒,这本是一种手段。然而除此之外,他们还有一个秘诀,就是劝赌。凡有兵丁,都是愿意赌钱的。打下一个市镇,第一天抢钱,第二天劫色,第三天就赌,这是中国军队的印板工夫。到了第四天以外,就看出带兵的本领来了。不会带兵的,赌过以后,兵丁一定是打架,如果有一个地方两支以上的军队,打得更利害。但是要有会带兵的,他只把所部一带到别的地方,或者就在原驻扎地,一面清查禁止骚扰,一面禁止兵丁外出,就行了。他这禁令,名目上叫做为地方安宁秩序,实际骚扰早已骚扰过了,他现在下这些命令,不过是为自己的军队设想。他晓得兵丁大赌以后,一定有许多赌输了发急的,这种人便是他下次打仗的材料,他找来拿点言语激励他,碰到要打繁盛的市镇,他们自然希望着抢,碰到没有可抢的要紧地方,可以用"标花红"的方法,来引起他的兴味,最勇敢最出力的,便是赌输了的兵。然而如果在赌输以后,打仗以前,自己去拼一两回命,这气又泄下来了。所以要在恰好的时候约束他,不是为地方。如果在扎久了没有打仗的时候,他就只有督率开赌,纵令兵士去赌,并且禁止抢赌的方法。这一来,不特可以得钱,并且可以得许多赌输了肯拼命的兵士,到打仗的时候,还是奋不顾身。这个相传是曾国藩的秘诀。是真是假,虽然没有考据,但是我明看见防营出身的人,没有不信这个学说的。

除了开赌以外,招致土娼,开设茶馆,用种种方法,来敲剥兵士的钱。等他们发穷急的时候,再叫他们打仗,用这个方法的将官也不少。然而同是用这个方法,有成功的,有失败的。如果用得不恰当,那自暴自弃的兵,他可以兵变,可以各营私斗不止,可以私卖子弹来供嫖赌,甚至连带兵官卖了去。这是不能够在恰当的时候利用他转移的缘故。看得出,转移得动,完全是天才。

从这一面讲来,为什么不爱惜士卒的,有时会打胜仗;不肯操练的,有时也能够打胜常操练的;也可以明白了。军队里头,恩怨虽然还不完全没却,但是有时忘大德而思小怨,也会有时忘大怨而思小德。这就是自暴自弃的一种表现。

(五)

我们再进一步看,更可以晓得兵的生活,是束缚的,是没有决定自己所做的事情的权利的,是做了事不要负责任的。现在讲来讲去,什么叫做军纪风纪,都是假的,只有要养成像机械一般的军队,令行禁止，供一个人的用，是真的。所以就用种种方法来束缚他们的自由思想。凡有由命令来的事情，都算做好。凡有不由命令，各人独专行的，都算做不好。这个论作战上，本来是不得已的。因为如果各人自由判断，应该怎么样做，各出主意，一定弄到一败涂地，不可收拾。所以指挥统一，绝对服从，在军队里头已经成了不可动摇的原则。但是这个原则，本来是限于作战的时候；而那些适用这个原则的人，一定要适用到不关于指挥作战的事情上头。本来没有作战以前，那一个是敌人，是应该决定的。决定那一个是敌人，不能纯由一个最高级长官命令下来（那些长官或者就是兵丁所要攻击的也不定），然而长官就一定要不许兵丁议论到战争的目的。从初次教育起，就要消灭他自己批评事物的本能，宁愿牺牲了其他的事，一定要求他绝对服从一切命令。但是这件事情如何可以做得到呢？把全国的事情，弄到一个手里去，他的决定，一定有不切于事情，实际无可遵守的，于是生出一个形式上的服从，消极的服从来。本来作战上服从的效用在"令行"这一方面多，在"禁止"这一方面少。然而到现在这些军队，就是禁可以止，而令不必行。而且所谓止，所谓行，都只在表面，实际也不做到。所以军队里头的诈伪，非常之多。到近年的中国军队，就更不行了。下一个命令先要商量过，人家到底服从不服从。看着可以得服从的，才下命令。不过有一层是要紧的，就是认那一个做敌人一层，要他完全信托主将，服从主将，其余都可以敷衍了事。所以作战上所要求的绝对服从，现在都没有了。你要他进攻，他偏自由退却。你要他向左，他偏向右。然而作战外所要求绝对服从，就是服从最高长官指定敌人的命令一层，还在那里拼命维持。因为要达这个目的，就断绝了兵士智识的根源，甚至于报也不许看，书也不许读。所以兵丁做了南军，就打北军，做了北军，就打南军。他手里开的大炮、机关枪，一天不晓得杀了多少人，他决不想这是我杀的，只说是受命令。某地的军队捕了学生去，学生对他说爱国的道理，他说："我何尝不晓得，只是这件军服束缚着我罢了。"某地的军队受了向学生冲锋的命令，就闭着眼睛冲过去。

问他为何要说晓得,要闭眼睛,自然是还有是非之心所致。然则何以闭了眼睛就可以冲锋,穿了制服,就不能不捉人。这因为已经养成了做事情不要负责任的习惯。什么人是敌人,不是他有权判断的。成了习惯,就不管什么人,只要有命令来,说是敌人,就当他做敌人了。既然算是敌人,打了也不负责任。

照理想,军队是要服从作战上的指挥。除此以外,就是一般关于军纪风纪的规律。然而事实上,这些都可以牺牲了,换得一个服从指示敌人的命令。从此在当兵的人,只有拿是非的判断和行动的指导,分做不相关的两件事。兵所做的事情,在兵自身,未尝不可以晓得为是非;但觉这些事情,于应该怎样做这一层,不发生影响。在要求士兵服从的本意,是说士兵见利害,不如高级指挥官的明了,所以要他服从。然而现在打仗,实在是一群兵自己随意行动。只有判断是非一层,本来不是那个原则所要求的,现在却完全委托了人。因此兵士的心理,实在是很放纵的,并不是守规则的。碰到长官来,立正、举枪,还你一个体面。此外实在不可以再问。他以为那一件是,那一件非,不过是凭空讲讲,并不作为自己行动标准。上级官所要求的,都是叫打某人就打某人。这些规则,并不要紧。既然蔑视了规则,又不拿是非做标准,所以他的命令外举动,完全是兽性的冲动的,和命令下的冲动,是盲从的刚刚相反。但是他天天所做的事,大概都是命令外的事,所以也是放纵的。比方军队驻扎在一个地方,一定要找土娼去嫖,找赌场去赌,碰到人家的牛羊鸡鸭,就用枪打死来吃,有树木就砍来烧火,就是用不着的,也要拿一两件去顽顽,转眼间又丢了。这种实例,写也写不尽,只看那兵队驻扎过的房屋,就可以说明一二了。广东潮州和福建漳泉,都是房屋很讲究的,用石头做门楼,用细木做门窗,都是很细致的雕刻。这些好房子到打仗的时候,都给兵丁做营房了。南军的,北军的,从前住过的,现在有兵住的,我看过的不少,都是破坏到不堪。他的破坏的顺序,大略也有一定。最先去的就是门户,因为他们无日无夜,是不关门的。第二就到窗棂了。第三的就到楼板间壁柱子。末后就是统全间拆了。牌坊和门楣的雕刻,尽有很玲珑的,烧不去,推不倒,就用锤用棍打下来,顽一两天丢了。所以见着的,都是断井颓垣,而且雕刻的没有一件完全的。甚至于有一个时候,某长官要盖一座亭子,限着日期,叫工程师去办。把柱子通量着长短做好,堆在一起,预备明天早上逗合起来,可以应期。那晓得早起一看,十多根柱子却不见了。这工程师到聪明,立刻晓得是某长官的亲兵做的顽意,到那营里一看,柱子果然有了,然而已经都截开做一尺长短的小木节了。工程师只可认晦气,长官也只得展限期。民国元年的时候,龙济光在广东住了三个月工业学堂(从前的巡抚衙门),到搬出来以后,那个地方,只剩了司令房间和军械室有点影子。此外惟存砖石,并无瓦木。诸如此类,都是兵丁的放纵行为,就也是要求他绝对服从的结果,不许他有辨别是非的权利的反射。他们兴到就做,做完拉倒,断不会从是非上头,批评一回自己的行动。

(六)

此外兵丁的生活,我们还可以看出他一个特征,就是倚赖的,所以他的雷同性很丰富。外面的人,看见兵做事,都以为兵是很大胆的。其实他若果剩了一两个人,没有联络,他是很小胆的。兵丁往往在一个时候,会自己闹出很大的事情来。然而事情闹起来以后,他们却完全没有主意,就是平素倚赖的生活弄出来的结果。比方现在发火食,每连每日不过二三十元,各连领火食的,总是五天以下。他一连的兵士,除了问连长以外,没有地方找饭食。平素已经如此,所以一离了他的长官,他们要自己出主意做事情,简直不行。第一他的火食就没有来源。如果向地方一抢就散了,散了之后,一定是逐个给人家拿住。所以老兵晓得自己的弱点,决不肯离去大队的。比方一营打败仗,溃散下来,这些兵丁如果不死不降,一定是在前日宿营地附近彷徨,来往找同伴。如果看见有几个人聚在一起,就立刻走拢去,转眼间就几十人了。成了大队之后,他才可以有倚靠食饭。实在兵丁集合起来的时候,有枪自然气很壮。如果是一两个人,他的枪还是一个祸的,不特见着敌人不得了,就是乡间人碰着,也要抢他的,倒是麝香象齿一样。他从当兵以来,用枪杀人的事,只管干过许多,都是跟着大队做的,如果剩了一两个人,就一毫的勇气都没有。所以兵丁要靠同伴才有他,而一连的结合,尤为紧要。比方这一连变了,如果没有另外的统军机关,任命他连长、司务长替他们经理,他们立刻要鸟乱起来。当民国元二年的时候,各省往往有反叛的兵,一面在那里和都督的兵打仗,一面军需还到都督府领火食的。因为兵丁虽然叛变,他并没有豫备,一旦他的火食用尽,就要迫连长军需。连长自然没有方法,军需他只晓得都督府可以领钱,就跑去领了。他这没有主意的行动,无论兵数怎样多,没有不失败的。可是他这种依赖生活是做惯了,他们独主动作实在做不到。

因为他们要靠多数人才有胆,而各个人还是互相依靠,不会有特出的主意。所以只要有少数人,是豫先计算好,或者临时偶然做出一件事来,其余的人不问理由,都会跟着来的。一连之中有了几个人或者真是天性勇敢,或者因为无聊拼命,这一连的人都会跟着前进。偶然有一两个人精神颓丧,就会牵率到一连人。前年南北战争的中间,有一回南北两军苦战了一回,各自退却了,一个副官带几十个人碰上来,占了一个要隘的例。也有一个火夫,碰着六十几个敌人,徒手把六十多杆枪都缴了的例。几十个人,可以转败为胜,又可以把枪缴给一个徒手的火夫,这都是跟着几十个人里头的一两个人做去的缘故。不是这些兵的素质,真是勇怯相差如此之远。

从来说的强将手下无弱兵,差不多近代的兵队,没有可以算做弱兵的,毛病单单在没有强将。因为社会上经济的逼迫,已经到了极点,他们没有进营盘以前,已经有一种自暴自弃的心事。到了军队以后,他只可以向着苟且、迁怒、放纵这条路走。这些很不好的字样里头,含着许多现在拥兵的人所要求的要件。并且晓得终归被杀，不如趁早多杀两三个人，这便是兵丁勇敢的理由。营盘里头的人生观，在这几年间的确变了许多。所以这些雷同的兵，可以拼命前进，也可以拼命退却（这四个字是北军将领通电里头有的）。拿着肯拼命的兵还说他弱兵，就太对不起兵士了。

（七）

兵的生活，还有一层是非向上的。从来打仗赢了，官长是有升迁，兵总是仍旧的，只有几文赏钱，又被长官在那里劝赌劝嫖，一下子弄个干净。排长有功，不过几仗，就可以升到连营长去了。和这排长一起打仗的兵，还是当兵，没有出息。所以兵丁想靠资劳来升进，总不可能。就是杜工部所讲："我始为奴仆，安能树功勋。"的确是新兵一种心理。

然而现在的军官，出身行伍的很多，这是那里来的呢？我们可以把他们来分做两类：一类是由长官特意提拔的。这些提拔，完全是营长、统领的植党营私一种手段，决其不论功勋。只要巴结得上，先成功了护兵、护目、马弁，就可以送入所谓随营学堂、讲武堂、军官讲习所、学兵营、速成学堂等等，混几个月。不要学到什么本领，只要一张文凭，以后就可以巴结从事。要能够放个小差遣跟着打仗，就有排长可以补，从此便有升迁了。再有一类，便是兵丁自己搅变乱的。从第一次革命以来，这个"杀得连长做连长，杀得营长做营长"的两句话，竟成了运动军队的不成文宪法。所以这些兵队，时时都想得这种天外飞来的富贵。湖北起义后，由目兵出身超升做师旅团长的也不少，营长以下不用说。这也完全和他的功勋没有关系。虽然没有功绩的人，总到不了将校的地位，然而许多有功勋的，也没有得升进。升官的几个人还是靠着结连党羽，自立名号，夤缘得了地位，不是光靠功勋。这两类虽然不同，却有个同一的结果，就是兵丁都带着一点侥幸的心理,因此更生相信命运的心理。他努力的程度,和所受的报酬,不相比例。努力很少,富贵也可以到手。努力很多的,仍旧不免是奴仆。人家的努力,或者自己沾丐了得利。自己的努力,或者完全被别人冒了去得利益,只可说他是运气。既然相信命运,就一定把明明没有希望的事情,都姑且去试试,所以又成功了侥幸的习惯。从来防营里头的人,没有不相信风水相命的。并不是这班人特别蠢愚,实在是他于这些升沉荣瘁里头,着实有一番经验,晓得兵丁有没有出头这一层,断没有公道可讲,然后归到相命堪舆里头。于是带兵的对着兵丁自称福将,大言不惭,想着兵丁信他不会打败仗。然而有些野心的兵丁,也俨然以将来的福将自命了。我看见的"福将"真不少,但是他部下存着"大丈夫不当如是耶"的心事的人,更要多几十倍。

这个侥幸的心事,令他们生出多少勾结、串通、迎某、拒某的事情来,即使身死事败,断不后悔。大抵一营一团起变的兵,都是打仗的时候,顶勇敢最得力的兵丁。他行险侥幸,本来没有什么目的主义,只是没有向上的路子,只有趋向这一途。凡有侥幸信命运的,一定还是看风头。风头稍为不好,便都收起来。风头要是好一点,又争着去做了。二次革命以前两个月,替袁世凯打制造局的人,转眼就帮革命军打袁世凯。过得一两个月,又站在袁世凯一边了。这些人也可以算看风头,也可以算做信运气。所以打得仗的兵,不必是靠得住的兵。信运气的兵,不是安命的兵。安命的兵决不能打仗,信运命的兵可以打仗而不可靠。

(八)

此外我还可以举出特种的兵的特殊心理来研究。一种是征服者的客军,一种是自战其地的民军。论征服的客军,虽然是特殊的兵种，其实在中国现在的军队讲来，还是主力，还占多数。中国现在征服人的省分养兵少，被征服的省分养兵多，所养的兵都是由征服人的省分派出来的兵。大略来讲，中国被征服的省分都是工商业发达，可以抢掠的财比较多；征服人的省分大概都是农业地，工商业幼稚，享乐种类少。所以那些兵一入了被征服的地区，就像日耳曼人进了罗马，个个都打满载而归的算盘。所以这种军队，是另有一种心理，出于上头所讲以外的。

他们当初打进邻省的时候，都是一种羡慕，一种妒忌。民国二年，北军第某师由京汉铁路输送到南边，他的师长誓师，就明明说："我们住的都是自己亲手造的草房子，南边军队都是高大的洋房。"他这两句话，已经表明了一般做征服者的痴望，用不着说："你们大家去抢了来住啊。"兵丁自己会去抢了。到了征服地，师长升了督军，放长便兼镇守使。不到一年，就团变为旅、旅变为师了。师旅以外，陆军游击队咧、新编混成旅咧、地方守备队咧、盐警咧、水警咧，差不多和细胞增殖一般，一变二，二变四，快到了不得。这些新军队，自然由征服者的故乡招来，进营盘的时候，他早已打定发财的主意。平常的兵，不打做几年兵回去的算盘。这些兵，却是完全当华侨出洋一样，离乡的时候，便有衣锦还乡的希望带着一起来了。从前防营里头，一定拜一个神，这个神就叫做"营胆"，全营都要敬奉他，就和俄罗斯和瑞典等处的兵，每一团人都养着一个动物，如熊、如猴等类，公共去保护养育他一样。广东当没有被云南、广西人征服的时候，各营的营胆，大概都是关帝。因为兵士的倚赖的生活，常常使他们羡慕有友谊的人。等到云南、广西兵来了，就把旧的营胆一丢，新换一个营胆，却是财神。这些征服的军队心目中有什么东西，不用问他，只问问他的营胆，就晓得了。别的营盘，或者不是这样拜法。然而我相信征服者的军队心中，个个都有一尊财神，做他无形的营胆。

这些军队，别的地方和以前所讲一样，只有一层，就是钱渐渐多了，打仗的力量渐渐少了。当初拿少数人来征服一个地方，似乎很不能持久,所以多招一点丰沛子弟来,还怕他不甘心,又用种种的利益来引诱他。兵多了,口袋里钱满了,能够打仗的兵,都变不能打仗的了。代谢的时候到了,新征服者要来了。所以要兵能够打仗,千万不要叫他拜财神。

征服者都是客军,客军到一个地方,少不得要一点土军做向导。然而到征服的事情办完以后,这些土军也在必去之列。所以被征服地的各地方,一定很多被解散的兵,和土匪化合起来,成了一种比较受人欢迎的寇贼。不穿号衣就打劫的军队,所在都有的。这些"兵匪合作"的团体,都乘了征服者交代的机会,各竖一帜,成为近日的民军(第一革命时候的民军不算)。民军的境遇,说起来真是可怜。他自己的力量,不能驱逐征服者。然而如果有一种势力发生出来的时候,这些民军蜂起来攻击旧征服者,也不为没有力量。在那新征服者,正好利用这些民军,来得成功。所以带路的是民军,打先锋的是民军,牵制旧征服者的也是民军。等到事定之后,民军始于收束,终于解散缴枪,没有得好结果的。只有近来这一年多,真可以叫做天造地设的民军得意时代,凡有被征服省分,或多或少总有几支人。这几支民军,本来如果打仗,是一定被敌人消灭的。然而如果讲和成功了,也一定被他的友军消灭的。惟有这两年不和不战的时候,招起有枪无枪的几千兵,占了各军不出全力来争的地方,种些万人共好的鸦片烟,欺负一下子乡里不能抵抗的老百姓,一县一个总司令,都不足为奇,可以算得如天之福了。这些军队本来是由兵丁来做主,什么总司令、总指挥,替他鞠躬尽瘁,志决身歼,妄想以为是自己的力量,不晓害了多少好人枉送了性命。而且这些民军头目,向来不肯跟一个人,一面受了甲的委任,一面还要向乙要钱。得到乙的钱,就反对甲。乙的钱用尽了,又和丙商量倒乙。事情一发生出来,甲也说我的部下乙来勾引,乙也说我的部下甲要抢去。就算甲乙是顶好的朋友,一到争民军做部下,就要拼命。所以民军在这几年里头,真是一种"不祥人"。如果征服者的军队营胆要用财神,这些民军的营胆,一定要用夏姬和冯道。

为什么民军要弄到这个地步呢？我们可以看见的，还是他的生活上特征。别的军队只有向国家张口要钱，自己不负责任。到了民军就是无门可诉的孤臣孽子。凡有招民军的人，在成军以前，一定带几个钱来（或是领来的或是骗来的）。到成军以后，就万不能再找外面的钱接济，所以只能在本地想法子。他民军的素质本来不好，枪械也一定不如人，却是那些头目决不肯受小的名义，于是一定多招徒手的兵，好称支队长、营长。以如此的散卒坏枪，只占那些收入不丰的地，又如何能够养这许多的兵。此时做民军总司令的人，一定穷于应付。若果一时能够免得部下的催逼饷项，就算万幸，也不敢说这一件行，那一件不行了。所以民军里头除了种烟、开赌的例行公事以外，新鲜的办法，很有在人意想不到的。譬如某省的民军，有一个办法，叫做派饭。平常驻扎军队，每日要他供给若干。如果总司令来了，总指挥来了，就另下一个条子，某几家要供给一桶饭，某几家要供给一碗菜。如此如此的命令下去，一时间东西就来了。派饭之外，还要派铺盖，忽然间一道命令要各家供给被窝若干床，各家就要自己的铺盖献出去。此外派的名目还多。有一个地方民军来住得多了，弄到整村的人，只有床板，没有铺盖，只有锅灶，没有碗箸。在没有经过战争兵燹的人，无论如何设想都设想不到的。这有限的民脂民膏，搜括总也有个穷尽之日，所以那些头目，自然舍故就新。甚者还要东食西宿。这通是局势逼成的，不是独有这一班人，格外没有信谊，没有宗旨。他如果不是这样，早已跟总司令一齐饿死了。

这些军队恰和上面所讲征服者的客军相反。两种兵都是很容易打败仗的。那一种因为有钱，不肯打仗。这一种却是没有钱，也没有兴味打仗。客军失败，是豫备走，豫备降，却不轻易散。土著民军失败的时候，不消一刻都散尽了。然而稍为有机会，他又来集合，不轻易投降。而民军的残忍横暴，都是他的制度上自然生出来。如果不要他自己筹钱，恐怕民军的纪律，还要比其它的军队更好。但是如果有不用筹钱可以养活军队的机会，他也不去招民军了。既然要兵自己去找火食,那自然兵丁开除总司令,和别的军队总司令开除兵一样;兵丁枪毙总司令,也和别军总司令枪毙兵丁一样。反复是民军的特性,就是他的生活的结果。侈汰是征服的客军的特性,也还是他生活的结果。

从前满清时代,各省有驻防的旗人,有各地的土匪。旗人到了末年,都是不能打仗的。何以不能打仗?因为他是征服者,有特别的地位。土匪如果是自己打劫,是很能打仗的。然而两乡械斗,请土匪来帮打的时候,一定都是不能打仗的。何以不能打仗?因为他们已经豫备到第二村、第三村帮打,不肯花去子弹,只可骗取子弹。现在的客军,当然可以比美旗人。民军更不用说,从土匪来,但是成了民军的土匪,是帮械斗的土匪,不是自己去抢的土匪。

民军的总司令,很少是和军队没有关系的,大概总是旧长官。这些旧长官,对于所谓旧部,还想用从前正式军队的架子派头,就没有不失败的。但是就不用这些派头,也总不会成功。因为这种民军,不会听命令。你叫他去甲地方,他立刻问你火食,问你子弹。没有,不用说,使令不来。有了,出发了,你以为甲地方是有兵了,不晓得他已经去了乙地方了。如果在乙地方,碰到敌人,一开火就打赢,便没有事情。要不然,他领来的子弹,放出过半,就赶快退却,非退到总司令部不止。你总司令怎么样好战略,都不中用。派出去的,无论是怎么样长于战术的参谋,也不中用。所以做民军的总司令,不是能够叫民军听我的主张去打仗,只是把自己借给那些民军,做掳人勒赎、种烟、开赌、奸淫、抢劫的招牌。还要说这是我的一个势力。

(九)

上头历举各种兵的生活,和他的心理,目的只在说明现在的士兵所以如此，并不是讲兵自己有不好的地方，不好是由生活来的。这种生活，一大半由制度来，一小半还是由带兵的庸人自扰来（里头也许有善意恶意的区别）。所以如果叫我从二十岁起进营盘当兵，我敢相信，现在的我就和前头所批评的兵一样。我如果现在还带兵，我所带的兵，也决不会和前头所讲的两样。我们要把兵来改造，要从研究如何可以改变他生活做起。不然，无变今之道，由今之俗，这些兵纵使可以打胜仗，一定毁坏了你“用打仗来求达到”那一个改造的目的。

（十）

以上所说的，不过令希望拿着兵宋改革的人，灰心短气，并没有指示出怎么样能够改变兵的心理，使兵的改造可以完成，因之可以达其他的目的。从来只讲病源，不能开方治病的医生，是不会得人信服的。就是不能治已病，也要能治未病，才有信服的价值。现在这些已经成了习气的兵卒，有了个性的营头，纵使能够听我摆布，我也没有方法改正他的僻性，变为良好的军队。然而如果从新另外编成一种与现在生活完全不同的军队，那并不是没有方法的。这个兵的改造，就可以从这里讲起。

中国古代都盛称寓兵于农，北魏到唐的府兵，还是这个办法。到唐中叶以后，才完全用募兵。宋朝就有所谓禁军厢军，以后完全是以兵为职业的人出来当兵了。明朝虽然还用过各卫所圈地屯田的办法，实在打仗还是要用专练的兵。清朝的兵也是这个样子。这些兵随便招来，一来就要他打仗。从那里得许多豫备军，取之不尽，用之无竭呢？打完仗以后，兵又如何能够遣散呢？就是一个土匪，在那中间，做调盈剂虚的工夫了。招兵的时候，可以从土匪招一点来。散兵之后，兵还去做土匪。所以古人寓兵于农，近人寓兵于匪。

为什么从前人总讲好人不当兵,实在只是好人不当匪便了。

这种兵要他能够打仗,自然要讲操练。然而一方面也要他们有奸淫掳掠的兴味,也要用束缚的,非向上的,突然过度劳动的、不安的、倚赖的生活来养成肯拼命的心理。千篇一律的,不止近代的兵为然。可是这种手段,如果在一般政治修明的时代,有许多时候用不来的。就是讲操练,在太平日子,也一定是成为具文的。所以每到这种时候,碰着内乱外患,就简直等于木偶。试看宋初削平各国,真宗在澶渊之役,对付契丹,都是用他本来的禁厢军。等到和西夏打仗的时候,就不能不靠弓箭手了。等到和女真打仗的时候,就不能不靠河北义民了。明朝起首,何尝不用绿营。洪武、永乐年间,屡次北伐,何尝没有武功。然而等到倭寇一来,戚继光一辈也不能不用义乌民兵了。清朝当川楚教匪的时候,已经要用乡团。等到太平天国那一回,就完全靠乡勇来做主力。因为以兵为业的兵,碰了无所用武的时代,完全失了他的效用。一到有事,自然让那另有职业临时当兵的乡勇来替代他。从此旧兵倒霉,新兵得势。再过几时,这些乡勇变为常备兵,天下太平,自然又跟从前这一条轨道走去,这个看湘军的前例也可以看得出。这些寓于匪的兵,要叫他回复到寓于农的兵,是做不到的。中国历史上的府兵,几乎和井田封建一样,成了读书人纸上谈兵的偶象。他何尝晓得这个土地私有权存在的社会,不会有不照样复灭的府兵。经济上的原因,已经弄到府兵成了过去的遗迹,只可和日本的庄园,欧洲的孟诺 Manor 制度①并论。现在的兵,是集中的,是常备的,要"农隙讲武"、"立秋都肄"的办法,是行不去的。要各乡各遂各卫各所临时征发,更应不得急。所以就有有田的府兵,也不中用。

前十年一时举国皆兵的话,非常流行。现在因为德国的败仗,人道主义反对军国主义的假胜利,这个声音,就低下去了。然而兵是不可废的,至少在世界没有都变做社会主义国家以前,兵是不能

---

① 孟诺(Manor)制度,即采邑制度。

不保存的。招募的兵，就怕他来从匪中来，去向匪中去。所以强制征兵法，还像是一个办法。但是征兵制的精神，就是把不愿意当兵的人，强迫他尽一种义务。而这几年的一般心理，的确是不赞成这种强迫。所以强迫的结果所得的兵卒，一定不能打仗。在清朝初练新军的时候，何尝不用征兵的名义。当时虽然还是招募，却是很不愿意从匪中招出兵来，所以就派出许多征兵委员去劝募。那些委员到了乡间，总是拿说话来骗他诱拐他出来，说得当兵怎么样好，怎么样荣耀。等到骗拐进营以后，就不负责任了。然而来的人还是不一定好人，总夹许多土匪在里头。等到进了营盘以后，大概当兵的滋味多晓得了，除非想在里头运动革命，有点知识的都逃出来。所以存下的还是和以前的兵性质一样，和所期望的征兵成绩，相去太远了。实在劝诱而来的，还是如此。那强迫得来的，更可想而知。比方征兵征了那些有钱的，不劳动惯的，当然会逃会设法规避（日本这种军国教育底下，还有许多避征兵的青年。十几年前日俄战争刚完的时候，我亲见的）。那用钱规避和临时逃走的风气一开，你有什么方法防止他，不能避去这两个毛病，就没有改造中国军队的效果。因为如此强迫征来的，一定是和招募招得到的一样。虽然不是从匪中来，到底不免向匪中去。举国皆兵，就是一句空话。

现在我们着手，是要弄出一种能有主义的、有希望的、非倚赖的、不突然过劳的、精神上平等的生活来改变兵的心理，完成兵的改造，再拿兵来解决各种问题。我以为只有把寓兵于匪的制度，改做寓兵于工，就是创造一种劳动军。这个劳动军，就是俄国最新的劳动军一样，拿战时杀人的军队，变做平时生产的大力量。一到有事时，还是完完全全的一枝大军，一面做防卫主义的武力，一面又是共同经济建设的先锋，生活的保障。因为他们同时是劳动者，所以很容易授与他一种主义。他由主义上觉得非去拼命打破敌人不可。因为他们是工人，所以退伍以后还有工做，到了不能做工的时候，还有养老制度，引起他的希望，不是那种朝不及夕的不要。他们是工人，生活就没有倚赖的性质。平常习于劳动，而依法律可以保护他们。令他们决不至于过度劳动,就没有突然过度劳动的毛病。然后再拿平等的精神来组织军队,这将校并不尊,兵丁并不卑,自然不会有非向上的毛病了。

(十一)

主义就是人生所以能够成为有意义的原因。如果是完全没有主义,那自然对于危险,只有畏怖,没有抵御;对于现状,只有恋着,没有努力把持;便有前头所讲由不安而苟安的结果,不特是不能当兵,并且不能做其他的改革的帮手。因为现在所有改革,都要求不肯苟安的人来担责任。

没有主义的兵,和有主义的兵战斗的力量,相差得太远了。从前俄国和德国打仗的时候,所有的兵都不禁打的,一下子就败下来。直到革命以后,克伦斯基政府对德取攻势时,还是如此。一到多数派执政就完全变过了。这三年间,差不多赤卫军是战无不胜。所有反对多数派[①]的军队,得了外国的援助,四面来攻击他,到底没有一个能抵挡住赤卫军的。都是一样的俄国人,何以前头就望风奔溃,后头却所向无敌呢?不是有主义和没有主义的分别么。就拿中国人来讲,在中国的军队是腐败极了,当兵的似乎都要不得。但是现在赤卫【军】里头,却有整万的中国人当兵。这回波兰打基夫[②]的时候,有一团中国兵在那里死守,打到一个不剩。这些军队在中国向那里找去。不特在中国,恐怕世界上像这种壮烈的军队,总是没有的。如果说好人不当兵,所以中国的兵不得好。那何以招去俄国做兵的总是好人。如果说将官不行,那现在当华兵指挥的,不是俄国

---

① 多数派,系布尔什维克(Вольщевик)的意译。

② 基夫,今译基辅。

从前的败将，就是由华工升进的，断不会比别的军队格外好。所以这个“迁地更良”的结果，就是由注入主义于各人头脑之中来的。我们试看三月廿九攻广东督署的选锋，到现在还有做民贼的鹰犬的，他虽有空名，实在完全没有打仗的力量。人还是那一个人，可是去了主义，去求富贵，自然那些勇气，索然而尽。所以不堪一战的兵，得了一个主义，就立刻可用。不避水火的人，失了一个主义，就萎靡无用。

求兵队能打仗，最好令他成为有主义的兵。也有许多人已经晓得了。然而主义不是可以拿一回演说、一张文告，硬嵌进兵卒脑筋里头去的。一定要从他们的生活上头，逼到他自己觉悟，借着说话，借着文章来提醒他，那才可以成为有主义的人。平常男丁因为兵队的生活是不安的，所以总是遇事苟且。现在告诉他们说，我们这个军队，是奉什么主义的，那兵卒还是当做过耳秋风，因为你讲的主义救不了他切身的痛苦。然而如果把他们日常生活说来，告诉他，如此就可以免除痛苦，这样的输入主义，就没有不动心的。现在我们想改造社会，自然要打破经济的阶级，建立社会主义的经济组织。所以如果能够使做工的人，了解了现代社会组织的缺憾，是他们生活上痛苦的原因，自然能够信奉一种主义，为这个主义去拼命了。如果能够使农人了解，现代社会组织的缺憾，是他们生活上痛苦的原因，那他们能够为主义拼命，也和工人一样了。但是现代做工的人，感觉痛苦了解缺憾的程度，比农人更强，所以现代肯替主义拼命的人，还是要为主的向工人方面找去。试看俄国的赤卫军多是工人出身，在欧洲打仗的华兵都是华工变成的。他成军的时候，是从工人中招来；将来退伍，也是回去做工人；所以他感觉工人的利害最深，才肯牺牲生命为主义而战。就这一层，可以晓得兵队如何才能成为有主义的兵队了。

做工的当兵，和上头所讲寓兵于匪的军队，差别在那里呢？头一个显出的就是现在的军队，以做兵为维持生活的手段，同时因为当兵生出不安，将来改造后的军队以做工为维持生活的手段。在做工的生活里感得了不安,才又拿当兵做手段,防止这个不安。这个差别,就生出军队素质上的差异了。将来那些当兵的人,是先有了可以做工维持生活的地位,并且有当完兵仍旧能靠做工维持生活的保障,尽可以不靠当兵才活。然而因为他们做工维持生活的基础被军国主义(本国的外国的)、帝国主义、资本主义威胁,到了随时可以倒坏灭亡的地位,所以觉悟到非出去当兵来拥护这生活的基础不可。于是乎把他一个觉悟,结成一个为主义而战的决心。所以他如果当兵去打死了,他也是心安理得,对于战争的危险,决不生出不安。倒是如果还没有人出来做这牺牲的事业,他却是不安了。这样的兵队,才可以拿来做改造社会的资本。

所以假如我拿了一个独立团或独立营的军队(改造一定要从这种独立团营着手),驻守在一定的区域。这个区域里头,有相当的近代工业可以发展,有能够供给这一个团营的饷项的力量,而且得了特别委任,有改革这个地方经济上政治上组织的权能,我们可以着手于这寓兵于工的建设了(这些团营以后称他为理想军队,这个地区称他做理想地区。这不过图省字数好记忆。但是现在这个条件,并不是十分难具备,不是空洞的理想,尤其不是理想上完满的意思)。

这原来的兵不是工人,所以第一着手,就是化兵为工。化兵为工的顺序,先是把没有做工的能力的人开除了。这些没有做工能力的人,实在就是没有当兵能力的人。不过向来各营盘里头,都多少养一点这种有名无实的兵,而碰着整顿军队的时候,也一定首先把这些人除汰。次就要开除没有做工的意思的人。这一部分,都是所谓老兵,具备了十足兵卒的恶性,做一营一连里头指导者的,他们只希望打了仗奸淫掳掠,并且受赏,决不希望做工。这些人不开除,是没有改良的余地的(虽然他们的心理都被他的生活酿成,但是不能一天改变他的生活,就立刻变了他的心理)。而且这种兵卒,正是别团别营所最欢喜,今天开除,明天有人招去,决不会饿死了对不起他。除此之外,下余的兵卒,就要甄别一下子,分做熟练工人和普通人两类。兵队里头,常藏有许多熟练的工人,他有了专长,因为种种理由不能够就他本业,勉强投在兵队里头的,我们一定先要选拔出来。除了这些熟练的人,便是普通人。照近代工业的状况,普通人不过经极少时日的训练,便可以做用机械之工场的工人。所以这些普通人,也只要加一两个礼拜的训练,成一个普通工人。熟练工人就可以各应他的本领,替他找相当的事业。而在没有相当事业以前,也可以要求他暂时做一个普通工人的工作。在理想地区里头,当这改造的时期,一定要兴起各种工场和整理交通、改良土地、建筑各种新式设备、运输原料材料意想里头的工作,决不至不能容纳此理想军队的残部。所以兵丁要做工,决不怕没有工作。

照这个样做去,一定还有许多不愿意的,自然告假的告假,逃走的逃走,总去了一部分。我们假想他连前去了一半人,这个兵额是要补的。这补充的时候,就不要向别的地方找兵了,只须向本地区原有的工人里头挑补。所以这个时候,理想军队里头,已经有一半是向来做工的,有一半是新做工的了。然而实际并不止此,因为兵卒出去做工,当然可以要求工钱。假定一礼拜里头做四天的工,留二天操练,那每礼拜四天的工钱,比营中所发的饷少不了许多。所以理想军队原有的饷,却可以减去一半。这多余的一半,又可以再招同数的工人进来当兵。简捷说,就是兵丁能兼做工,就一个兵的饷,可以养两个兵。一团里头不算团营连本部的将佐、护兵、号兵、火夫等等,各连所有目兵,通算应该有一千五百一十二人,所以改革以后,可以养得三千零二十四个。就是每连可以有二百五十二名目兵。这个数目,恰和各国战时定员约莫相当。而在平时,这些兵率做四天工,才操练两天。所以轮替着,实际只有三分之一在那里操练,就是一连只有八十四名(现在的两排人)受教练。以现在吃空额的军队来比较,这个数目,已经不算少了。而这三千多人里头,总有半数以上,乃至四分之三,是新来的工人。所以这理想军队里头的空气当然一变。

在这个时候兵卒已经开始做工了,自然生活安定了。没有那些不安的气分,当然也没有那些苟安的心理了。所怕者就是兵卒只愿做工人,不愿再做兵。要找工人当兵,也没有工人当兵。所以要他们有了一种主义。因为这个主义,生出一个牺牲的决心来,尽这些兵役的义务。然而恰是在这工人的生活底下,有输进社会主义的可能。世界的工人,都比农人感觉资本制度的痛苦较早,而且较深切。在不能自由宣传的环境,尚且如此。如果能够有这么一个区域,那当然可以在军队教育里头,同时做社会主义的宣传,引起他阶级的自觉。这些工人决不会发生避忌兵役的现象。到这个时候,才能算有战斗力的军队,可以拿来做改造社会的一种力量。

(十二)

这个理想军队和这理想地区,发生了继续不断的关系。当兵的就是工人,当了几年的兵以后,可以退伍。退伍以后,倒是一个有能力的工人,而且是一个豫备兵,将来可以为主义而战。我们参酌欧洲和日本的征兵制,和俄国最近的劳动法典,可以定一个大概的规模。就是:

十六岁起,做几成的工。

十八岁起,做完全的八时间工作。

二十岁起,当兵兼作工。

二十三岁,三年兵役满,算做豫备兵,做完全的工作。

三十五岁起,算做后备兵,做完全的工作。

四十五岁起,免除兵役义务,做完全的工作。

五十岁起,免除工作义务,受公众供给生活费用。

这个年期,虽然是很专断的,但是实行上如果有障碍,要修正他是很容易的事。总之,这些现役、豫备、后备的兵卒,都是由理想地区的政府,担保他们的劳动机会,并且有强迫他劳动的权能。在这区域里头要成了他们“歌于斯、哭于斯”的家乡，要成了他们“有猛虎无苛政”的乐土。所以关于工人的经济上设施，有几种是不容稍缓的。

第一是伤病的救济治疗。为达这个目的，一定要设免费的医院和废疾者公养的制度。这个伤病，不论是由兵役战事来的，由工作来的，由其他意外来的都算在里头。如果由伤病而成废疾，自然按照他的程度，减少他的工作义务，或者全免，并且照养老的办法扶养他到死为止。

第二是老人的扶养。自五十岁以上，曾经做过兵做过工的人，当然要社会扶养。他这个扶养的内容，要包括衣食住等生存必要的资料，并且加上各自应于其趣味的相当娱乐。遇着有行动转侧不自由的，要设立一种类似医院的养老院，专人照料他。

第三是孕妇产妇的扶养。自产前八礼拜至产后八礼拜，这三个多月，是绝对不能做工的，当然由这理想地区公养（妇人虽然不一定要当兵，但是他的丈夫当兵做工的时候，可以免了顾虑）。

第四是儿童的扶养教育。凡兵卒工人的儿女，生出来以后养育的费用，一定是要社会共同负担的。到学龄以后，教育也是社会公众给他的。到了上头所述做工的年龄，才课他做相当的工作（要采儿童公育制度不要，再看将来改造的程度，到那一步才能够定）。

有了这几种设施，自然有许多其它的制度相随而来。但是我相信在这理想地区里头，能够先行了这几种，就可以令兵卒的生活，成为有希望的生活。因为一个人想求金钱财货终极的目的，是在享乐。如果他找不出永久继续的享乐，才花精神去满足一时的欲望。一定要令兵卒可以打得长久的算盘，才可以叫他对于将来生出希望。却是人生保不定有病有伤，到了军队里头，尤其容易生病负伤，成为废疾。如果伤的、病的、废疾的，可以有所归，那他的算盘就打得响了。不伤不病，还会老衰。老的仍旧可以得扶养，不怕临老去讨饭，那他的算盘，更打得响了。平常娶妻生子，是顶希望的事，还是顶怕的事。到了儿子大了，要教育他，更是不容易。生儿子、养儿子、教儿子所要的费用，都是社会负担起来，那他的算盘又打得响了。替自己打算，替家里的人打算，都打得通，那将来的希望就有了。他一天一天的工作，社会上各种的行动，他都可以慢慢想透了，立了长门计划做去。所以他的打仗，完全和家族的防卫自己财产的防卫一样的，不特是一样，还要加倍。因为如果这个主义倒了，他的希望也没有了。这个主义如果永远不倒，那他自己只管死了、伤了、成了废疾，他所希望的东西，还是一样实现。这便是拿有希望的生活，来换他不安生活。为主义而战，就是他实现希望的唯一方法。

（十三）

由以上的组织，可以令束缚的变为有主义的，不安的变为有希望的了。但是我所希望的理想军队，还不止此。一定要变那倚赖的生活，做非倚赖的生活，变那非向上的生活，做精神上平等的生活。

兵卒的倚赖生活，完全因为他所做的工，是和他所受的俸给，在两条路上，本不相干的。所以他的官长发饷发火食，他们就有钱用、有饭吃。一天不发，他们就要挨饿。如果能够有一个办法，兵卒可以自己找他吃饭的材料，就不怕他因倚赖而生出雷同性了。本来群众的雷同性，是没有方法完全免去的。但是如果令他不生生活上的倚赖，那“蛇无头而不行”的兵，总可以变到“人自为战”的兵。这军队的战斗力，就强得远了。

做工的兵除了向营里要求火食以外，还可以有工作的报酬，这一层已经把他依赖连长的惯性打破，然而他并没有跳出圈子以外。因为他做工来得报酬，在现在的资本制底下，仍旧是倚赖的，要听候工厂里的帐房发工钱，还比听候连长发火食艰难得多，不自由得多。想要兵卒有独立的精神，非连产业上这种隶属关系，一起打破不可。因为这个目的，我们要在这理想地区，建立产业的自治。凡主要工场的管理权，都要叫工人参与。分别专门的、熟练的、非熟练的工人，各选出代表，来管理这些工业。在私有制还不能废止的时候，对于资本的利息，虽然还不能不承认，而决定产额、价格、工钱的权，要分给工人。关于伤病、废疾、老衰、孕产、教育分摊的费用，一定认先取的特权。于是乎做工的兵，虽然还是受工钱的人，却早已是自治的人，不是隶属的人了，是独立的人，不是倚赖的人了。倚赖的风气，再不能有了。

这个时候，所谓独立，固然不是绝对的。名为独立，实在不过是互助的假定条件。这个时候，理想军队的生活，还是互助的生活，不过不是由命令来互助，是容许其独立之后，以自由意思来互助。互助的结果，可以说互相依赖，却总不至倚赖一两个人。并且我倚赖人的时候，同时人也依赖我。因为人人都感觉到自己对于这一件事业，有责任的，不会漠视；也不会一时间失了头目，就无所措手足。

这个产业自治之外，当然还有普通公民的自治权。经过这个自治组织，工人兵卒还可以公民的资格，决定这些理想军队的任务和待遇。所以不特是非倚赖的工人，也并不是倚赖的兵卒。这个说话，并不是想统驭指挥的权，从将校手中夺了去，只是决定打那一个人，是要兵卒有一分的权利，也有一分责任。至于如何打法，还让长官去指挥。

从前有人说，兵士的服从，非平日养成不可。也有一派人主张平日并不要教练，只要临时推举一个人，大家服从命令就行（见《新世纪》）。这是两面的话，照我看，战略上和战术上的指挥，不特要服从，并且要训练的。至于其他形式上要求的服从，不特平日无用，战时也用不着。至于决定战争目的，宣战媾和的大权，是在人民的。兵卒自身也有一部分的力量，将校还要服从兵士才对。

所以我的计划，还是三年兵役。这三年兵役，每礼拜只有两天的教练，所以实在教练时间，也不过和现在的一年兵役相等。可是现在的二年兵役、三年兵役制，所要求的训练，实在可以减省。比方集合及运动，弄出许多队形，实在用处并不多。单人教练里头的工夫,大概都是可以在学校早教了的。像美国参战的时候,所教练的军队,大概都是一年以内,就到战场的。欧洲几国的新兵,也何尝有过一年以上的教练。所以在步兵教练,决不怕因为实在只有一年的缘故,教练会不完全。至于其余的特科兵,要求普通步兵以上的知识,所以就不能不展长年限。于是乎现役期限可以展到五年,预备役年限只可十年。照这样算去,有战争的时期,豫备兵就不能保相当的比例。因为救这不平均,所以平时的特科兵,比例上要加多一点(然而在养兵的费用上讲,所加还是有限)。步兵三年,特科兵五年的教练,到实战士受指挥的习惯能力,是已经有的了,不会碰了"驱市人使之战"的困难。

除了作战上的指挥以外,兵卒对于将校士官,是没有区分阶级的必要。所以比现在的军队,虽然还是一样目兵不能够升进做长官,却是可以令目兵并不羡慕那将校士官。因为从前的非向上的生活消失了,在官长和目兵两面,虽然一个是指挥,一个是服从,却不能当做阶级。关于这一层,可以有两种办法:第一种办法,是初期所采取的,就是官长的饷,还照从前定额,但是只给他几折。官阶越大,折扣越多。大概总是除了火食、衣服的费用以外,只准他领半饷就尽够了。所以要给他半额的饷,并非以为官长应该浪费一点,比目兵应该多享乐一点。因为他关于指挥管理上头,要有种种的智识,要有种种的器具,并且他是长远在兵役里,不是三五年退伍的,所以要有许多负担,在未曾为共产社会以前,不可少的。这个半饷,就是供给他的需要的。在这同一时期里头,就算工人,也可以有专门家、熟练工人、普通工人的分别,可以受不同等的报酬。然而我们可以一律当他做工人看待。所以在这一边做兵卒的,在那边仍旧可以做专门家。在这里做到将官阶级的,到那一方面,可以仍旧算一个工人。虽然工钱饷额有不相同,精神上可以算做平等。

第二种办法,就是共产制完成的时候所用。对于所谓专门家、熟练工人、将校、士官,并不用工钱饷银差异的方法,来供给他所必需。只是按着他所需要的东西,来供给他。容他有适当的机会,发挥他的特长。在这个时候，当然是精神上平等了。抑且到这个时候，自然愿意做兵士的，比做官长的还要多些。因为只有精神上、技术上确是有特长的，才觉得非做专门家，非做将校，不能发抒他的能力。在普通的人，就算叫他将校，他还愿意改做目兵，决其没有做目兵的人希望做将校的道理。现在是从利益来讲，目兵做官长，叫做升进。将来从加重责任来讲，目兵做长官，只可叫做吃苦。要肯吃苦的人，才去做将校。那再没有因为不得升进出怨言的了。更没有因为想做官长，就搅起风潮，弄到兵变的了。

（十四）

最末就是要把突然过度劳动的生活，变做日常有相当工作的生活，而且谋工人体力的增进，使他仍旧在必要的时间，可以出最大的精力，应作战上的要求。这个是最后的要件，然而不是最小的要件。实在几乎是第二要紧的事情。因为决没有在过度劳动的工人里头，可以挑得出好兵的。照各国的征兵成绩来论，农业地的征兵成绩，比工业地要好好几倍。因为工人在城市里头白昼做工，就不得见日光。晚上做工，就不得正当的休息。空气是永远不得新鲜的，传染病是最容易流布的，所以稍为不注意，就可以把兵的素质弄坏。从前欧洲资本制下的工人，实在是拿一世的健康，去换一时的面包的。虽然征兵的时候，还是少年，已是受父母遗传，和小童工作的结果，成了一种普徧的不健康状态，所以成绩在农业地之下。他这成绩仅仅在征兵时期来比较，尚且如此。到了三十多岁以后，做工更做多几年，体力和同年纪的农夫相比，一定更远了。所以要兵卒能够在战争的时候，发挥最大的力量，仍旧要在平日用工夫。

不做工的兵，是不行的。我们已经晓得了，我们要这些目兵，平日都做了工人。每天做标准时间的工作，那就比起做工的时候，一天五十里到八十里的行军,不算艰苦的事。一天打仗要在壕沟里半天,太阳晒下来,大雨洒下来,也不算希奇的事。只有从军乐,没有从军苦是顶要紧的事。然而若是平日过度劳动,就万万不行的。就算不是记了标准时间,若果不给他完足的衣食住,也是不可的。

所以我们现在要弄营房,决其不可做那蜜蜂窝一样的营房,一定要有十足的空气日光,不畏风雨的。每天所给食粮,一定要能够充满他们身体上所需要。并且要给与能御寒暑的称身冬夏衣服冠履,不能照现在那样,随意做衣袴鞋帽,派给兵丁,几乎要令他削足适履。这是现役的话,兵的卫生要讲究,不止现役为然。所以对于一般工人的住宅,其他卫生上的条件,都要用绵密的法规,规定了他。等他不至为工人生理上的障害,自然做兵的也不受这个障害了。如果工人只做标准时间的工作,有合卫生的衣食住,而且能够有适宜的休暇,那生理上决不会比农人不如的。

(十五)

照上面各节所讲的办法,寓兵于工。工人的生活改善了,就是兵的生活改善了。兵士的苟安心理,也可以没有了,也不自暴自弃了,也不迁怒了,也不虚伪了,也不放纵了,也不雷同了,也不羡慕妒忌了。现在的兵所有心理上的异状,到那个时候都没有了,就成功了能耐劳苦肯为主义而杀的兵卒。现在的一团人,三年退伍一回,十年以后,有现役的兵三千,豫备兵九千人,可以成两旅的步兵。再加上一些特别兵,便可独立作战,对付现在的两三师人,可以有胜无败。如果能够有几个地方,做了理想地区,有几千混成旅,分开了来做这些理想军队,不是可以在几年之后,成了比中国一切势力优越的武力么。这个时候,实行一种主义,不是很容易么。寻常看起来,似乎十年的豫备非常迂远,但是中华民国,现在不是已经九年了么,我们还是不要贪速成的好。

这里所讲的,只是寓兵于工,没有讲到农。自然因为中国农业地区的情形,不很适当。但是另外还有一个理由,我们要找工业地区,来做入手的路。因为现在这个计划,先是要有一营以上的兵队,并且可以要求一个地方的自治全权。如果是有这种带兵的人,情愿做第一个试验,那是最好的事。就是不能得带兵的人了解我的方案,那就现在中国工业中心地点,还有几个地方,可以不受军队保护,自己练警察的。在这些地方,要照警察的名义,或者用团练的名义,联合附近的乡村,照我的计划,做一个小规模的实验,还不是做不到的事情。只要一两处办起来,就可以有成效,就可以传播起来。对于那些侵略的客军,骚扰的民军,要抵抗排除他,实在是顶容易的事情。再讲别一方面,现带着军队的人,不能说他都是没有良心,只是单相信自己的老法子,就不相信兵还可以改造。如果看见有好方法,他也是改弦更张了。这个便利,是工业地特有的。

等到改造完成之后,当然可以在全国里头,另外做一个普遍的计划,断不能把农人排除在兵役以外的,只是斟酌他农事的季节所宜,另外定一个期间来教练,不像工人可以一礼拜几天的通融。然而这个改变,也是很小的事情。

我们相信做兵的人,不要成一种特别的阶级。只要他的感觉性能,和普通的农人、工人一样。前次有一个人在芝加高社会党大会演说(据日本《新公论》杂志三十八卷八号冈悌治氏所引),说到赤卫军有一段话,很有意味。他说:

"……现在各国都把军队和市民,严格来区别了。在现役里,不叫他干预政治。就在豫备期间里头,也时叫他来兵营里训练,努力养成和市民不相同的精神。……在俄国把军队和市民区别开的必要,绝对没有。倒是兵士,做了兵士就有和市民不相同的精神一件事,是他所最怕的。所以除了在前方战线,和即刻活动的前方背后战线的兵士以外,常带在驻屯地叫他混在一般市民里头,做农工和修缮道路等等工作。这些过和一般农民无异的生活的兵士,轮流和在前方的兵士交代。所以令他在战时仍旧不发生那一种特别军队气质。这种制度,并且有令驻屯地的农民欢迎兵士,互相亲睦的效果。……豫备后备兵在家里头,都有武器。召集的时候,就按着自己的力量,带着火食出来。……真正是国民皆兵的组织。有这个样子的俄国军队,是世界现今最可怕的军队。别国的军队,万不能抵抗他。……"

我们的理想军队,将来如果实现,我想也不会比俄国这种军队弱到什么地方去。"临渊羡鱼,不如退而结网。"这是我对于一切有改造兵的思想和机会的人的忠告。

临末我更将俄国的劳动军法规译出来,附在下面。可以见得这个计划,是按着验方配合的,不是空想。

赤劳动军法典 关于第一革命劳动军之劳农国防议会之法规(《苏域俄罗斯》杂志二卷二十二号所载):

一 劳农赤卫军第三军应利用于劳动之目的。此军团为一完全组织,一切武装均不解除,亦不分离,称为第一革命劳动军。

二 以第三赤卫军利用于劳动目的为临时的方案,其时期当由国防议会据军事上形势,及此军所能担任之工作性质,以一特别法律定之。尤当注重于此劳动军之实际生产力。

三 下列各项为适用第三军之力量及器具之主要作业:

第一 甲 准据国民粮食委员会所规定,准备粮食及刍秣,且集中之于一定之仓库。

乙 准备木材,并送致之于工场及铁路车站。

丙 组织水路陆路运输,以达上项目的。

丁 因国立规模之工作,为必要劳动力之动员。

戊 在前述限界内之建筑工作,并其他更大规模之工作,以渐导进更多之工作。

第二 己 重整农业上之设备。

庚 农业工作其他。

四　劳动军之第一义务为为其各驻在地本土工人求得粮食,其分量不在赤卫军之下。当劳动军议会之粮酒委员会长(第七条)别无他法,可以求得上述工人之必要粮食之时,用供给军队机关之方法行之。

五　利用此第三军之劳动于一定地区,必须行之于此军主要部所驻在之地区。其精密之决定,俟之此军之首要机关(第六条),而后由国防议会确认之。

六　革命劳动军议会为主管指定工作之机关。并规定凡适用劳动军服役之地区,即为革命劳动军议会之役务享有经济的权力之地区。

七　革命劳动军议会以革命战争议会议员及国民粮食委员会、高等公共经济议会、国民农事委员会、国民交通委员会、国民劳动委员会之授权代表组织之。享有居在此劳动军议会首席之权之特别授权国防议会在此议会之首位。

八　一切关于内国军事组织,及依内国陆军服役规则,并其他陆军规则所定之各问题,由革命战争议会,为最终之决定。该议会引导因以军队使用于经济上之必要而起之一切必要之变更,于内国军队生活之上。

九　每一分部工作之中(粮食、薪、铁路等等),其组织此工作之最终决定权,留归劳动军议会之当该分部之代表。

十　遇有根本的意见冲突,则该事件应移属国防议会处置。

十一　一切地方机关,如公共经济议会、粮食委员会、土地局等遂行劳动议会,经由其相当议员所下之特别命令指令,不论其涉于全体,抑仅关于要求应用群众劳动力之工作分部。

十二　一切地方机关(公共经济议会、粮食委员会等),各仍在其特别地区,以其平时工具,遂行劳动军议会经济计划实行上使之分担之工作。地方机关非得有为劳动军议会议员之相当局所代表之同意,不能变更其构造,亦不能变更其机能。若其为根本之变更,则须得有相当之中央局所之同意。

十三 遇有可以暂时利用军队之各个部分之工作,或其军队之小部分屯驻在军队主力以外之地区或可以移转于此地区界线外之时,劳动军议会须于每一事件,即时与遂行其相当工作之地方常设机关立约,于此件实行不遇有障碍之际,此分遣之陆军支队即变为该机关临时经济的配置。

十四 除为维持军队自身生命所不可缺者外,一切熟练劳动者,均须由军队转送之于地方工场,或经济机关,通常在劳动军议会相当代表指导之下者。

注意 熟练劳动者,必须得该工场所属之经济机关之同意,始能送往工场。工人组合会员以关于军队问题之经济的需要,仅须得地方机关之同意,即有离去地方的营业之义务。

十五 劳动军议会必须以各该管会员之力,用种种必要之方案,于一定局所之地方机关,使管理在各地陆军支队及其机关,当遂行其所受持之工作时,不违苏域共和国之各种章程法规指示。

注意 一般国定报酬率,特须留心视察,以保农人利益,以送达粮食准备薪材木材。

十六 中央统计局与高等公共经济会及战争局协商之后,须作成一豫算,决定登记之形式及时期。

十七 本法从以电报公布之时起有效。

国防议会议长 乌由利亚诺夫(即李宁)①

书记 斯不力斯京那

1920年1月15日于莫斯科

原载于1920年6月《建设》第2卷第5号与8月第3卷第1号。▲

---

① 乌由利亚诺夫(即李宁),今译乌里扬诺夫(即列宁)。

介绍杂志

近来本社新到了的有三册好杂志：

第一　是《新青年》的劳动号；

第二　是《学艺》的二卷一号；

第三　是《自觉月刊》的一卷三号。

第一种的价值，用不着我来评价，且讲第二、第三两种。

《学艺》这一期里头，有许崇清先生的《今后思想家应取的针路》一篇。的确是现在思想界的一个刺激剂（虽然不敢说现代的思想家要当这篇做良药）。因为在这一年多的出版物里头，个个人都几乎有不做思想家不算的样子，却是很少能够用科学的精神来研究。所以有许多讨论，都放在很无聊的术说〔语〕误用误解里头去。批评的态度，不随伴以批评的力量，便是坐井观天，管中窥豹。有批评的意思，没有批评的方法，便是跋前疐后，动辄得咎。甚至于对所批评的事物。完全没有了解，引用几段死书，用着几个比喻，便作为思想结果，发表出来。我常说现在的新文化运动，要是不加以科学精神，恐要变做魏晋的清谈，等到排墙填杀以后，才说夷甫诸人，不能辞责，已经太迟了。许先生这一篇，指出注重方法，注重组织，来培养科学的精神，力求人格内容的充实（人格内容充实这一层，自然还是有大讨论的），是今后思想家应该做的事情，我最赞成。

《自觉月刊》这一期，有罗绮园先生的《科学的宗教批评》一篇。现代自命新思想家的人，决其没有是真信宗教的。但是有多数人，还想敷衍宗教，不去说破他，暂时利用他。说来说去，便成了不明了的态度了。还有许多，是受了托尔斯泰的毒，上了倭铿的当，以为精神生活和社会的爱,是要宗教才能完成的。更有看惯了那些信教文士的小说,把他们的"庄严威仪"式的词藻,认做真性情流露的表征,只管不是教徒,简直说的都是教徒口里说剩的话,自己还不晓得。所以有许多改革社会名称底下之出版物,借着文学的传染媒介,感受了宗教的瘟病,字里行间充满了"上帝听汝"的空气,真是一个大障碍。惟其如此,所以那些灵学会、基督教救国会之类,还可以把我们的世界,当他们的光天化日来大出风头。罗先生这一篇,确是能够摆脱了所有顾虑,超出所有瞒骗,来做合理的主张。我以为现代趋向未定的人,非熟读这篇不可。

尤其可注意的,这两个杂志都是注重科学的。他们也许有错。但是他们决没有诈伪,没有荒唐,这是应该取法的。

原载于1920年6月《建设》第2卷第5号。

致朱秩如函

四弟览：

叠信均已接。图亦已收到，惟欧行旅费现尚无着。或看须至明年或今年年底始能起程。赴东之期，亦不能定。弟如无必要，则不如待兄次信始决归否，因兄现尚滞留漳州，何时回上海尚未定，或者由厦赴京都，与吾弟同归上海也。此问

近安

兄符　六月二十四日

1920年6月24日函，朱秩如保存。据原函刊印。

致蒋介石函

介石我兄：

竞存的电信来后，汝为、仲元的电报也来了，料他不至变更。冯启民君昨天由厦门到，他说你走之后，汝为派人来请你回去，并且说即刻要出发。照汝为来电是十号动身，那也还不算假。现在对于竞存与汝为，似乎不好太过决绝。你看如何？孙先生叫我到香港，我打算礼拜四早上的船去，先经厦门，再到香港。如果没有效果，还是一个月内回来。如果有希望，就有两三个月耽搁。但是我决不带兵，事情定了之后，我还是到欧洲去。因为波兰媾和的事，英法意见冲突，现在的情形，是英意为一党主和，美法为一党主战，欧洲局面很有变动的样子，我们游历计划不要给他拦断了。希望你能教给我一个信（礼拜三以前。）请

你和

你母亲的安　　大符　九、八、一五。

1920年8月15日函。原载于《朱执信集》。

干预纠正[①]

救国同盟的内容,这两天被联合通信社发表出来了。他组织这同盟的目的是怎么样,我们无从晓得。不过根本上这种同盟,不拿人民做基础,不根据法律,完全是不应该有的。所以我们不管他这同盟的背后,有没有地盘分配,权力均衡,种种卑劣的动机,不堪的条件,我们只就他无视人民,无视法律一层,已经不能不绝对反对他。

这同盟草约里头第三条甲项二款讲:"和局成功,如扫除内奸、废弃密约、选举良善国会、组织不党内阁等条件,均取一致之态度。至必要时,得干预而纠正之。"看起来,很像没有毛病是的。但是他的暧昧语句里头藏着的危险,我们万不能放过。他这里头举出四个条件,还加上一个"等"字。这"等"字里头包含着几多条件呢?我们暂时不能够决定他怎么样。光是就他所标出的四条来论,除了废弃密约一层以外,都是没有界限的说话,不是他们可以随便说的。民国立国精神上,人民万不能容他决定;民国的法律,决不许他们有决定这几件事的权力。

他们讲扫除内奸。内奸是当然应该扫除的;但是那一个是内奸,并不是他们可以决定的。他们讲选举良善国会。良善国会当然是人民所希望的;但是那一个国会才叫做良善,那个人可以决定他呢?除了人民自身以外,没有别个人可以有决定他的权利。这同盟

① 本文和以下五文,都不知写作与发表的确切日期。据内容推断,约为1919年与1920年之间所写。

的军阀有怎么权力，敢讲国会是不是善良的话？他们讲组织不党内阁，我们也不一定和他争政党内阁的是非（因为这个问题，他们本来不懂得）。但是组织内阁，是那一个的责任？做督军、做总司令的人，可以有权讲说话么？他们没有权利决定的事情，只有听候法律上规定有权决定这事情的机关所指挥来做事。比方内奸的决定，是司法机关的事情。国会的决定，是人民全体投票的事情。内阁的决定，是国会的事情。督军、司令除了服从以外，还有怎么一致态度是合法的呢？那这同盟的规约，只应该讲一句服从奉行合法机关的裁决指挥。再讲多一句，都是无视法律，无视人民的。照条文上解释，就是内奸要听他们认定，才来扫除；国会等他们认为良善，才能够选举；内阁要等他们认为不党，才能够组织。所以人民只管认做内奸，司法机关只管要扫除，他们不认做内奸，就要不许扫除，这就叫做干预纠正。一个人拗不过人民，便拿几个人合几十个人力来压制他，这就叫做一致态度。如果人民拿自由投票选出来的国会议员，他以为不善良，就要把来赶走了、解散了，他们另外指出他们所认为善良的，叫人民非选举他不可，这就叫做干预纠正。一个人拗不过人民，便合几个人、几十个人合力来压制他，这就叫做一致态度。国会组织出来的内阁，他们如果不合意，便说他不是不党内阁，便可以做督军倒阁的把戏，这就叫做干预纠正。如果一个人做不来，更约起几十个人来威吓国会，这就叫做一致态度。照这样的一致干预纠正的态度，所得来国会，就是督军司令的善良国会，不是国民的善良国会。所得来的内阁，就是军阀的不党内阁，不是平民政治的内阁。就讲除内奸，也只是扫除他们所谓内奸，这国家的立法、行政、司法的权，就被这几个武人破毁完了。救国是这么样救的么？

这个解释，是极清晰，是没有丝毫冤枉的。如果不信，只看他“一致态度”和有“必要时”这几个字。如果甘受合法机关的指挥，就算个人不同意，自己也要服从，有什么“一致态度”。如果要有这种指挥在前，那纠正干预，完全是合法机关所指挥，你没有受指挥，你就认为必要，也不能干预。如果受了指挥，你就不认为必要的时候，你能够不干预么。把这许多事情条件说了,再不提合法机关一句,他们眼睛里头还有法律,还有人民么?

不认人民势力,不服从合法机关,就是现在军阀官僚弄得中国危亡的惟一手段。这种无视法律人民的同盟,还要自称救国。难道国民现在还是可以骗的么,我劝督军司令们及早觉悟罢!

据《朱执信集》刊印。

恢复秩序与创造秩序

前天《时事新报》上有张东荪先生的论文，极力主张革命，并且说革命不是扰乱秩序、破坏公安的。张先生这一种进步的论调，我们真是从心坎底下发出一种欢迎来。我们想单拿几句敷衍话来恭维他，不如拿深透的说话来补足他。

革命是不是单为扰乱秩序来的呢？我也敢说不是的。实在革命的目的，就是建立一个秩序。不过建立这个秩序的时候，有时这个秩序是从前没有成立过的，这就叫做创造秩序。如果是从前已经有过，现在灭失，到后来又因革命而再现，这一种就可以叫做恢复秩序。这创造的同恢复的，虽然不同，但是总因为所恢复所创造的秩序，同现有的秩序有冲突的地方，在以要革命才能达他目的。所以革命虽然不是不要秩序，却不能不推倒现在所有的秩序的一部。要是连这个秩序都保存起来，不许扰乱，这就没有革命，没有改造。张先生所谋的秩序，不晓得他想下一个怎么的定义。不过照我想，下一粗略的定义，或者于讨论上稍为有点益处。我所认识的秩序，是"关于位置秩序价值范围之人为的制限"这个定义。限于可以扰乱的一方面就是本篇所依据的（不可以扰乱的秩序，属于自然秩序。自从柏拉图以来，关于这个问题，争论太多了，现在用不着去考究他）。

凡有一个革命，都是破坏一种不合用的制度。如果不是破坏制度，另行筑设，就不是革命，也不是改造。制度是一个什么东西呢？也是限制一部分人的行动，容许一部分人的行动罢了。所以改了制度，当然就有被破坏的秩序，是不可避的。既然破坏他，就他没有承认这新秩序的人,一定说是扰乱了。

我们所最仰慕的革命里头,法国大革命就要算一个。那个时候的现存秩序是什么呢?就是一个王,支配许多人民,人民要行使他心目中的天赋自由权,就碰着秩序的制限。所以就起了革命,来打破这个秩序。这个情形,在法兰西宪法里头,有许多条。做后代的蓝本的,都是从那里来的。比方所有权绝对的规定,就是打破当时贵族制限普通农民的秩序,另外建立一个所有者制限非所有者的秩序。居处自由的规定,就是打破政府制限人民居住的位置的秩序,另外建立一个人民制限别人不许束缚他的秩序。思想自由、集会结社自由、参政权利等等,都是一个样子。又从别一方面讲,拿国会做最高机关,就是破坏君主限制别一种机关的秩序,建立一个国会限制别机关的秩序。法兰西大革命,没有人敢说他没有秩序,然而他已经把现行秩序破坏了。如果在现在民主政府下,讲路易十六时代的秩序,就是破坏秩序,同把现在的秩序放在路易十六时代,他们叫他做大逆不道一样。这个不同从什么地方来的呢?就是那个已经破坏了的秩序,不能拿来迷惑人家;还没有设立的秩序,非经一次革命改造,不能通用。法国的革命,是这个样子了。英国的名誉革命①又怎么样呢?一六八八年的革命,也没有多杀人,也没有多动兵力,然而以前惹迷斯第二②的专制政治的秩序就倒了,新设立出一个议院政治的规模出来。所以在惹迷斯那边讲,这改革诸人,通是破坏秩序的,同路易十六时候看法国改革家一样。然而现在的英国,如果有惹迷斯第二出现,那英国人肯说他不是破坏秩序么。况且人为的秩序,终久是被人破坏的。就是现在的话,英国八年前制定的国会法,不就是一种破坏秩序么。那从前贵族院的立法上权利,不是已经由这法律去了大半么。他从前可以拿贵族院的否决权,来制限

---

① 名誉革命,今译"光荣革命",系指1688年英国的政变。

② 惹迷斯第二,今译詹姆士第二。曾继查理士第二为英王,在1688年政变中被推翻。

众民院的立法,这个秩序不是已经破坏了么。所以一九一一年的国会法,是一种革命的规定,英国人都承认的(克孙氏在演说就有这话)。国会制定了一个法律,算是革命。无论那一个听了,都觉得很奇怪。其实这种革命,是顶平常的,他没有动兵,没有杀人,没有换官吏、倒政府,就只把一个制限(立法不能不经上院认可的制限)打破了,用一个别种方法来替代他,做得很急激,改在很要紧的地方,所以就算革命的了。

不特政治上是这个样子,就经济上来说,机器发明的时候,经济组织生大变动,就叫做产业革命。产业革命的内容,就是打破从前工人会馆的秩序,新建立一个资本家对劳动者的秩序。从前是在行里先做徒弟,慢慢升到散工,后头资格够了,才能够做东主。到机器出了之后,无论有学过没有学过,在行里在行外,只要有本钱,就可以做东主。你如果没有钱,凭你本领多大,只可以做散工。所以在从前看起来,一个平常行外的人,做起一种事业的东主,就是乱了秩序。同现在没有出本钱,硬想做一个工厂的东主一样的,不过这个秩序破坏了,有资本家劳动者相对的秩序来替代他。现在这个阶级战争的状况,资本制度也不能长久了,还有别种秩序要起来了。却是破坏了一个秩序,总要另外建立的。建立了一个秩序,将来总要从新破坏的。换一句说,秩序是永远有的,永远的秩序是没有的。永远有秩序,所以革命是改造,不是毁灭。没有永远秩序,所以世界有进化,有革命,有改造。

墨坚西说得好:"扰乱一个秩序,创造别个秩序,是人性的最高作用。"(墨坚西:《构成哲学初步》,四七九页)并不是为扰乱一个秩序,才来创造秩序。就是因创造秩序之故,非破坏了现存秩序的一部不可。你叫他做改造,叫他做革命,都可以的。叫他做不扰乱秩序,未免失辞。

本来秩序是不过为便宜设的。比方几百个人开会,如果人人争着说话,就不方便了,所以举出议长或长席来,由他指挥,各人发表意见,就受了一个听主席指挥的制限。这个秩序,就是为开会的便宜设的。如果有人不等主席许可,硬要发他的议论,或者做一种举动,不受议长制止,会场里头的人,就会喊着秩序！秩序！来制止他了。究竟一定要受主席指挥,也没有别的理由。所以如果是有更妥当的方法来替代他,那就扰乱了这个秩序,另外设立一个秩序,没有什么不可以的。

寻常的人看见"秩序"两字,就象他自己生命财产很安全是的。如果说秩序扰乱了,就象他的财产生命都没有倚靠。大概靠着一种秩序,来得不当利益的人,往往拿着这种话来恐吓小百姓,叫小百姓来帮助他抵抗革新的潮流,是不能免的事。但是生命财产虽然是由秩序来保护的,而革命所破坏的、所扰乱的,并不是保护人民生命财产那一部分秩序。革命的普通目的,都是建立一个更好的秩序,令人民一般的生存和享乐,更有内容,更加向上。这个作用,就是墨坚西所谓人性的最高作用。在一般人民应该欢迎他,不应该畏忌他。在主张革命改造的人,应该鲜明自己的主张,说明所以无害有益的缘故,不应该藏匿不讲。所以我的意思,与其说革命不是扰乱秩序,不如说革命破坏有害的秩序,建立有益的秩序,革命能够给人民一个更好的秩序,人民就不会无端怕起来了。

题目讲明白了,我们现在主张的创造秩序,同恢复秩序,也要一一具体的说出来。

我们所主张的,多半是恢复秩序,少数是创造秩序。本来中华民国这个名义,是包含着许多制度,包含着许多改革。里头有一部分,曾经实现的。也有一部分,还没有实现的。到后来,一齐抹倒了,就剩了一个中华民国的虚名在那里。所以我们所主张,并不止于恢复秩序,不过我们要实行这个主张,还是要从恢复秩序起。

我们想恢复的:第一个,就是民尊官卑的秩序。这个秩序在辛亥革命的时候,的确是已经有了的。当时所谓优秀分子一流,对于这一类现象,很觉得有点不满足;但是事实是无可讳的。当南京政府同各省起义的省政府,没有受"威信"两个字传染的时候,的确是国民自己相信是主人翁,官吏自问没有什么威光。一到袁世凯手里头，就坏下来。到第二革命以后，所谓民气，不晓得走到那里去了。所以民尊官卑这个秩序，就是袁世凯扰乱了的。把中华主权属于人民的规定，改做本于人民，便是袁世凯扰乱秩序的形式。袁世凯约法，虽然说没有用，他这不好的官尊民卑的秩序，到底还没有破坏。所以国民要用他正当约法上应有的权利，他通认做扰乱秩序，一概禁止。我们所要的就是恢复民尊官卑的秩序，就是扰乱现在官尊民卑的秩序。秩序是为一个人设的，不是为几个人设的。官吏也是为人民服务的，所以官尊民卑秩序，不外想用强有力的开明专制手段，来达他个人的目的，所以万万不能长久。那继袁世凯任的人，也是想拿少数优秀分子，来抵御民主政治的世界潮流，所以也想利用这个秩序，这是和我们所主张根本上不相同的。要建立真正民主政治，这些官尊民卑的秩序，没有法子不去破坏他。

第二个想恢复的，就是言论自由的秩序。这个秩序，也是约法设定的。袁世凯没有接受南京政府以前，各地容许言论自由，是不用说。就在袁世凯的时代，各地方都容许很进步的议论，公然宣布。在那一班做惯满洲奴隶的，自然是敢怒而不敢言。到了二次革命以后，这些要实行言论自由的人，在北京就要请到军政执法处，在外省就要送到戒严的将军衙门，死的死了，逃的逃了，除了主张帝制这一种言论以外，命令上没有认过言论自由的秩序。到了现在，还是有人说起革新改造的话，就要封他、禁他、监禁他，如果力量封禁拿杀不到的地方，就要想法子告他、提他、检没收他。这是怎么一回的事呢？天天做人都说要争言论自由，他们现在的秩序，只有言论束缚，那有言论自由。你想主张言论自由，如果不扰乱了他这个言论束缚的秩序，怎么可以达到目的呢。

实在说起，言论束缚就是官吏少数人的便宜。言论自由就是多数平民的便宜。我们已经晓得一个社会的秩序，是为全社会便宜设的，既然束缚言论是少数官吏的便宜，于一般人民毫无益处，这一种秩序，我们还去仰望他，有什么益处。我们只有向我们所希望的有益的方面进行，求我们的言论自由的秩序。什么阻碍，我们都要打破他。

第三个一定要恢复的，就是集会结社自由的秩序。凡中华国民都应该有权集会结社的。他集会起来，做一件不好的事，可以有制止他的法律。然而断不能说他这个集会犯了禁。这个集会将来还可以继续做去。结社以后，做出不好的事情，也只能责备他不好，不能把结社当做罪案。这个秩序，就是人民限制官厅干涉的一种秩序。在民国初年，也承认过的，到现在就没有了。所以没有的缘故，就是袁世凯想做专制皇帝，袁世凯以后的人想做袁世凯，因此把人民限制官厅这个秩序打破了，另外换一个官厅限制人民的秩序上来。所以现在学生联合会也解散了，女界联合会也要查禁，图书馆联合会也不许注册。这要改良政治的，要请愿政府的，集会结社更不消说了。这一种秩序，如果不扰乱他，不打破他，那有再做改造事业的余地。

要恢复的秩序多着呢，将来还要慢慢的讲。不过现在所讲这三件秩序，是基本的秩序，是起首要用得着的秩序，是一切改革所以能够成了一般的信仰，所以能够发出改革的势力，表明改革的主脑同方法的秩序，我们先要恢复他，所以不能不扰乱“妨害他的秩序”。

如果没有一般的民尊官卑的观念，就一切合理的主张都算做不合理，很平常的道理都算做很奇怪。就举一个例来讲，总统要拜一个偶象，来表示他竭立提倡军国主义，并且主张分割中国成两三个国家，那是他自私窝里的事情，同人民有什么关系。为什么要所有的官吏跟着他去拜关羽、岳飞的偶象呢。这就是他的一个秩序，因为人民是贱的，官吏是贵的，小官是贱的，大官是贵的，所以承接一个总统的头衔以后，就要显一显尊卑的式样。尊贵的人信了这个偶象，卑贱的人不管你信不信，总不能不拜这个偶象。但是只管要他跟着拜偶象，他这衣服同礼节，又万万不许卑贱的人学着他。这就是前几天上海县闹一个不了的祀关岳筹备手续了。如果照我们的头脑，只有各人从各人的信仰，是一个完全的秩序。除此之外，还有一国人民命令他的代表，不能劝人信仰别教，还算近于道理。再不然,不愿意人奉别教的人民,不许总统不跟人民信教,宁可你不做总统,这是很没有道理的话。然而总算有个尊卑,他不能拿代表人民的资格,去替一部分宗教帮忙。这是尊的对于卑的一种不合理的迫害。至到徐世昌提倡军国主义的办法,就可谓倒行逆施了。再举一个例,就是前天《星期评论》上讲过的,李纯看见了近似平民主义的东西,就要禁了。他所以禁的原因,不晓得是因为这个女界联合会有主义,就该禁呢,还是因为他这个主义,是平民的,才去禁他呢。官样文章,向来含糊,不去管他。照我推测起来,恐怕两样都有的。因为有主义,所以就犯了思想不自由的秩序了。因为是平民的,所以更犯了他的官尊民卑的秩序了。我们看见都觉得可笑出奇,他那边却是把禁止平民主义当做天经地义,他支配底下的人看见禁止平民主义,也只落得一声无可奈何。本来中华民国应该有这种事情。不应该,就没有人提起来了。那再进一步的主张,从那里发生出来呢。

要恢复这三种秩序,不是拿口头可以说得来的。张先生说的各界各自革命,是最合宜的话。但是各界各自革命,从那里做起呢?就要从不认他的秩序,认我的秩序做起。他只管不许言论自由,我只管自由言论。他不许我有集会结社自由,我就自由集会结社。我的言论出版,在他的干涉的能力以上,我的结社集会的进行,在他压迫的能力以上,就可以破坏他的秩序。这是最具体的最基本的改造方法。所有革命改造,都要从这里做出发点,才能够有合理有益的结果,才不至于白白的扰乱秩序。

本来民国元年的时候,别的事情还没有弄清楚,这三种秩序立定了,总算有了基础的。不过这种日子,中国还过不惯,所以晓得这个秩序对于自己主张,能够有公平的机会,是很有利益的这一层的人,总还不多。然而看到反对自己的人,利用言论集会结社的自由,就恨的了不得。所以当时肯出来主张的一件事的人,大部分自命优秀分子,都很愿意只有自己的言论自由,不愿意一般有言论自由;只愿意自己有集会结社的自由,不愿意一般有结社集会的自由。这个论调,不约而同的出现,那结果自然各人有各人的主张,各人有各人的反对,反对同主张大概都相消了,一点影响没有。那个禁止一般言论、集会、结社自由的议论,就成一个有声有色的主张,刚刚被袁世凯利用去了。所以言论自由,集会结社自由,是为袁世凯牺牲的;而把这牺牲牵去的,就是优秀分子。我们保存这几种必要的秩序,就要创造一种非优秀分子的秩序。

本来社会的静态,是没有可以经历时间的。《天方夜谈》里头一个国王,生下公主,着了魔,就令到全国的人睡一百年。现在如果是想永远保存着一个秩序,就是想叫一个社会永远睡着。把一个时间的社会静态,变了化石,令他永远没有进步,那是不特无益,并且不可能。况且大地还有冷下去的时候,太阳还有消减变灭的时候,那有不变的化石,那有不变的社会。我们现在想创造的秩序,也不过是预期改造的一种秩序,使将来改造容易的一种秩序。

我们想创造的秩序很多,现在先提出两个来:一个是直接民权的政治上秩序;一个是平均地权的经济上秩序。这两种秩序,于中国古代很可以寻一点相象的古迹来比拟他,不过这是没有相干的。在中国建立这种秩序,总还是创造的东西。

民权这个主义,是革命党二十年来没有变更的。然而对于民权内容的解释,就有许多不相同的地方。当辛亥革命的时候,革命党人对于外国正在试验中之直接民权制度,还有多数是不大敢下断语的,所以当初起草约法的人,也还没有把这一层放在眼里。到后来临时参议院的选举法制定,同国会的天坛草案起草的时候,更多迁就的痕迹,更少创造的本领。要想得一个直接普通选举的权利,还得不来,还讲什么进步。所以这一种革命党里头少数的人的理想,自然没有采用的余地。在以前三层,怪得着袁世凯,这一层,还是要怪革命党主张不力。他主张不力的原故,是因为外国试验没有完结。事有适然,无可如何。但是现在不特这直接民权的可以实行,是有外国实例可以证明,而且国会的专横,是无论用什么制度,不能救济,已经清楚。如果救济国会专横的制度,真能有效,又会生出开明专制的结果来。那在国会里面改良的,什么比例选举制度,优秀代表制度,上院修正习惯,都不是救济的方法。用这种方法的,不是增加弊害,就是结局被民众推翻。在外面来扼止他的,什么行政首长拒否法律的权利,法院宣布法律违宪的权利,行政首长解散国会的权利,也只有招着国民的反感,得不到什么救济。所以以前所谓民主主义的潮流,是拿代表人民的国会来做内容的。有了国会,便算民权。国会的权利增多,就算是民权发达。现在看来,这种主张,是很不完全的,很危险的。如果国会设立以后,所有的权利,交到国会里头,于民权的实际,仍旧相差很远。并且国民要翻转他,也是以暴易暴,不能根本解决。所以现在的社会,是要求一种真正的民权政治,是要求人民直接参与制止法律、废止法律、任免官吏议员的民权政治。这种直接民权政治,如果能够建立,现在的种种政治问题,都可以解决。要不能实现这种直接民权的秩序,不但是新国会同安福部能够生出危祸人民的结果,就认真恢复起旧国会来,还是假的,没有什么中用。并不是光说新旧国会议员不好,就是通好了,也不能造福于社会。因为国会所以好的,是在制度上,所以坏的,也在制度上。不是优秀分子可以永远保证国会将来不腐败的。

平均地权,是社会主义实行之第一步。真正的社会革命,同那虚伪的国家社会政策分界,大概总可以就此看得出。本来有钱的人,是由社会掠夺来的,不应该放过他。这个道理,什么人听见,都很愿意的。不过有一种人,拿来做敲竹杠的资料,敲到几个臭钱,进了政府的国库,就敷衍着过去了。他不愿意根本改革,而偏自认为能够解决社会问题。现在一般看见的,真是不少。但是如果讲到平均地权,他们一定做不来的。何以呢?社会的改造,从破除独占做起。自然生产要素里头,土地的独占性是最大,他所以帮助掠夺本领最多。现在的经济组织,固然是因为私有财产制度不好,所以生出缺陷。但是若果把土地的问题解决了,其余的问题,都很容易解决,然而不是敲竹杠的手段。所以虚伪的民生主义者,一定不来。惟有真正社会革命家,才去的主张他。我们主张的平均地权,是人人都可以应他能力,来用土地,决不能拿土地占起来不用。用土地的结果,是社会共有的。用人功的结果,是做工的人得的(按着当时的秩序)。用地的权,是人人有的。占地位的权,是人人没有的。这个事情,决不是容易做的,但是一定可以做的。这个平均地权的研究,从亨利佐治以来,已经过不少的日子,在各国已经有多数试用他于新地,并且用渐近的土地增价税政策,来求实现他。在我们决不要怕他是一个理想,不敢去研究他了。

要恢复的秩序,不止一件。要创造的秩序,也不止一件。所以要扰乱的秩序,更不止一件。不过将来还有研究的机会,现在我只得学吴稚晖先生说,不要等别人家要求简单发言,就让不做声半天的朋友讲讲。

(公特)说:"政治上理论,常有祖秩序和祖进步两种。这两种都是要使国家存在和巩固所必要的。那社会学,非设立起来而且令人家承认他不可。前一种主张秩序的,是一种天赋世传王权论,代表智识长成的神学的一步。后一种主张社会契约的,代表形而上的一步。这一个实用起来的结果,就是法国大革命的时候。努力去进步之后,秩序完全消灭了。所以秩序同进步的调和,还是要用工夫的。……政府的改革,目的在秩序和进步的有相当比例的联合,就要靠政治的智识,所以一定要等创造一个社会学的实证的科学。"我们想把公特的"秩序属于社会静态,进步属于社会动态"的一个基础定理,来结本篇的论。我们的社会,不能放他没有进步,所以就要叫秩序将就一点,让步一点,不要把神学的遗产,应用到现在社会去。临终更表明一句,我是一个主张革命的人,很欢喜主张革命的朋友,希望我的朋友,更尽力向"各自革命"这一句话实际上做去。

据《朱执信集》刊印。

为督军画策

吾人为人画策，必从其人自己利害着想。如使此一关头打通，则一切浮语，均置不道，亦复无妨。故昔人云，与尔相杀事，何必作书语。想以吾辈向来议论入诸督军眼中，皆所谓书语耳。不特不能替彼愈头风，并且不能令彼向秋风一耸耳。故前次徐季龙先生《劝督军自废》一文，不特为国家人民着想，亦复为督军——现在及将来之督军细细打算，指出其非自废不可之处，可谓妙尽人情。但吾恐督军中有大部分，见此文后，或有感动，必无决心。何则？季龙先生所说，不过废则能保有现存之利，不废则难免将来之害耳。而彼平素亦另有一种利害之见，时时来往于其心胸间，即魏武所谓势如骑虎，不得中下也。

督军既积如是之财，一旦退职，果能保有之乎？此彼辈心中所起第一之疑问也。譬如有法律之国，人人财产，均有安全之保障，决不以曾为督军之故，独被侵害。故吾人设想督军退、法治成之一日，督军财产安然可以享用。在彼则不然也。在彼今日，除军阀官僚当局少数人之财产以外，决无保障可言。掠夺之事，有彼意所欲为者，亦或有为己所不欲者。而要之自癸丑以来，“所有权”三字，不能与刺刀枪弹对抗，则彼辈心目中所认为不可疑之公理者也。然则舍督军者，不啻舍其财产之全部也。为督军则可以骑虎，虎之噬人与否，虽非所问，终不能噬我。若不为督军，则是谁乘之者不可知，虎之择肥而噬，必不可免，故不敢下也。

督军既结如是之雠，一日退职，果能复保其优游之岁月乎？不被逼胁乎？此第二又起之疑问也。如在督军制未成立时，有人疑退职之军官,不安于室者,群皆以为过虑。今则不然,出杀人之地位,即入被人杀之地位,决无隙地可容其回旋自如。是以不为督军,故未易言也。杀人既不必依法律,而此退职者自问,亦不敢谓无罪可杀。则再三算度,仍以高踞督军,拥兵保命为妙。吾度凡所谓骑虎难下者,必有此念亘乎其中。

虽然,骑虎不下,如曹氏所为,固以称帝为归结者也。今诸督军将欲归结于何种事物?将骑虎以终身耶?则虽在督军之位,固不免时时有生命财产之危险,趋势显然。如陆建章者,即其殷鉴。非特不为督军,始有此忧也。故始终不得一条活路,则始终不免有生命财产之虞,吾正欲为此辈人开一线生天而已。

彼辈之根本错处,在于设想继彼之后者,为此其自身更恶、更无理、更横恣之人。其退职以后所处之社会,为不顾法律,不问是非,不恤人民之社会。故处此社会者,惟有手握兵权,始可自保。正似昔日欧洲大国之主张武装和平,实际只有武装能充足恰如所期;至于平和,早已灭绝。武装之下,只有胜负可言。而个日督军之政策,即欲为欧洲前此外交政策之缩图。不知方其平和,武装固无所用;及其不得平和,则武装即为倒其自身之具。如俄、如德,已有明征。将来督军至须用其兵力以自卫之日,即知其兵力适足以为自身之害,而无所用之,抑已迟矣。且彼之将来社会之想象,实为一种近视的迷梦。欲令其身退之后,有一佳良之社会,容彼以不材终其天年,决非不可能之事也。

须知此种生命财产毫无保障之状态,实自袁世凯成之。袁世凯以前,固无有此也。在满清时,虽曰清帝喜怒不可测,而抄家斩首之事,实不数见。入民国后,对于从前之违抗者,不特不追责既往,又从而优用之。自来革命军之始成功,皆不尚屠戮,而未有如民国初期之尤寡怨者也。而袁世凯实首败之,暗杀之外,复设军政执法处;中央政府之外,又耸各省以杀戮为报复。二次革命以后,凡有造于民国者,皆豫知亡身破家之必至,强者走险,弱者逃亡,杀机一动,不可复抑。始以军阀官僚杀民党,终且军阀官僚亦自相屠戮。得势则夺人之财，杀人之子；失势则豫期报复之来。此种风气，始于民国元年之杀张方[①]二人，而至今日极矣。世人追论前事，往往以为民党当辛壬之交，除恶不尽，自贻其戚，其实不然也。

所以为民党者，即在其民众的法治精神。以当时民党一般意向而言，决非能绝无厌恶彼辈之心，乐与更始。其有持宽大者，不过为之领袖之少数人耳。然而不恣情杀戮者，以当时民意所趋向，在于和平与宽容，不能不尊重，而民党所自提倡之法治，不能付之空言也。故在民众的法治之下，复雠与不宽容之举动，必见屏绝。而政治上失势之人，自有法律民意为之保障，不须兵力。袁世凯惟弃去民众的法治主义，而以独断的人治主义代之，故其杀人没收财产，本无定法，而其所用之官吏，亦可以任意行之。今之督军所预想之社会，不过此七年间之社会，非势之必至，理之固然者也。如使督军不肯自退，而待其下之起革命，待邻省之并吞，则有如陕西、吉林之已事，可以决其代彼而兴者，必不容其生命财产安全。即或自退，而不肯以支配一省之权还之人民，乃与彼日觊而思取彼代之之人，讲交换之条件，为妥协之交涉，以欺诈人民，则继任者本一流人，倒行逆施，亦意中事。但若督军已知危险之发生，根本即在于此督军制；退职之后，其权还之于地方人民，不使有他督军承已之后，则岂有不法侵害能及其身者乎。吾今日望督军之退，固非望其个人之去也，望其去督军专横之制，而以一省之事，还付之一省之人，使实行民众的法治，则不特督军一身，生命财产，绝对安全，即其部下，亦完全得有保障。何则？贪人之财而夺之，记人之恨而复之，陷人以罪而罚之，追咎既往，横加冤抑者，皆三数人专政所优为，而大多数人所不愿者也。人情于利害关切之时则昏，于事势既定以后则明。如革命时，广东人之于李准，可谓有积怨者矣，而其失势之后，则反有同情焉。使当时为三数人之专制，则李氏之生死，未可知也。而民党必保全

---

① 张方二人，系指张振武、方维，辛亥革命时期的湖北民军领袖。1912 年 8 月，被袁世凯杀害于北京。

之惟恐不至者，固以民意为依归也。故在多数平民法治之前，无论何人，决不忧有特殊之虐待，且不难得既往不咎之保证。然则武断政治不存，则督军已非骑虎，而随时可下。即此督军之自退，可使其一省政治状况，还之民国元年以前。当此之时，虽今之军阀官僚，固无丝毫危险也。今试代督军计自退之方法，则可分为数级：

第一，荐举相当之本省人为省长，还付之以民政全权。

第二，确实选举调查之后，设立各县县会，授以自治之权。

第三，以省财政监督之权，付与自治机关。

第四，废去一切军法戒严名号，完全以司法权归之审检厅。

第五，悉敛驻防军队，集中一定地点，以俟裁并。

第六，军队裁定，自行宣告解职。

此所举手续虽极粗略，决不难行。其有现在法规不完全之点，亦无大碍。盖现在北方南方均已目无法律，但使其所行合于民治精神，则法规所不具者，尽可以省会之议决，经人民认可之后，作为一省法律，先行实施。于国家统一，绝无妨碍。而此种法律之中，即可规定，以罢免官吏之权，归之人民。人民对于裁判及行政，有完全之监督，则督军退后有生之日，皆为安稳之生活，可以无忧矣。

据《朱执信集》刊印。

要运动乡下人爱国才有用

佑尼干说:“爱国青年,应赴内地杂在一般人民之中,亲告以中国如何被卖,卖国者为何人。”这是很有价值的忠告。

本来这爱国的事情,不是少数有知识的人专做的。少数有知识的人,应该看到,除了爱国以外,我们还有一个更高的目的,更重要的义务,要等着我们去努力。但是为达这个目的,我们先要做一个基础。这个基础,就是不侵略人,也不受人侵略的国家。因为要有基础,所以做这些爱国的举动。因为一般人还没有理解这些更高的目的。所以只可以劝他爱国。等到爱国的目的达到了之后,再和他们讲更高的目的。这是群众运动不得已的办法。

但是讲爱国不过想他们容易懂。如果他们不晓得怎么样一回子的事情,那自然还是没有感动。而且关于全国事情的群众运动,也一定要通于各阶级各地方才有效力的。群众运动没有形成之先,要有一个共同信念,逐渐结晶,到后来就变了无可抵抗的力量,所以最忌是限局于一地方一阶级。

比方江浙的学生,如果是看着京津的学生运动漠不关心,他自己就永远不会有力量。如果学生眼睛里只看见学生,那这个运动也限局在学生一个自己制造的阶级,更不中用。运动不是给人家看的,运动要在人家看不见的地方做,运动的结果才能给人家看见。如果只在人家看得见的地方运动,那人家一定只看见他的运动,不会看见他的运动有结果。

据《朱执信集》刊印。

新文化的危机

放着很容易办到的事情不去实行，却去天天讨论；明明晓得还没有办法的事情，姑且讲讲；本来是各不相妨的事情，偏偏要互相攻击。这三种毛病，我看是销除新文化运动的特效药，是号称改革者没有诚意的确实证据。如果世界人类是前进不息的，科学告诉我们的理由论是不错的，这班人一定是要受淘汰。他自己淘汰还不打紧，恐怕还要拖许多可怜的无知识的人陪他，做他的牺牲。

比方注音字母，本是很容易推行的东西。无论他完全不完全，已是定了做一个符号，大家便遵守他算了，这个完全不完全的比较，差不多用不着的，偏偏许多人不去做实行的工夫，却要在那里讨论声韵今古异同，字形繁简，来赞成这个，反对那个，把这正当传授注音字母的时间都占去了。为什么来呢？这不是第一个讨论不实行的切实的例么！

讲奋斗主义的人，却去反对阶级斗争，这自然因为他的奋斗只向着自然奋斗，不向着人类奋斗，所以不愿意拿阶级来做斗争的对象了。但是除了阶级斗争以外，现在有向自然奋斗么？阶级斗争，本来是现存的事实，不是想出来的手段。社会主义者的主张阶级斗争，不是以为没有阶级斗争，也要用这手段。只是看见历史上的事迹，都是阶级斗争的表现，所以现在要绝灭阶级斗争，不能不先绝灭阶级。要绝灭阶级，还要借斗争的一个阶级的力量，所以现在要奋斗的时候，还得找一个破灭阶级的势力。有阶级存在，就要做奋斗的障碍，如果反对阶级斗争，还有什么办法呢？他以为用炸弹手枪，是阶级斗争，他不晓得用小册子、用演说台，也是阶级斗争。他以为聚众要挟、杀人放火,是阶级斗争,他不晓得罢工、罢市、怠业,也是阶级斗争。天天在那里讲奋斗,却是讲不出阶级斗争以外的办法。既然没有办法,又不承认人家的办法,便是叫世界人等到人性改善的时候,才来改革一样。虽然叫做高调的主张,实在是推诿规避的妙法。这是第二个例。

一个人主张优待学生,另外一个人主张优待工人,没有什么不相容的地方,因为各人所做的工夫,分了两方面就是了。却是有些人对于优待学生的,便拼命攻击。一个人主张女子剪头发,一个人说不必剪,本来也没有什么不相容地方。就象有一个便利的器械在那里,用不用随他就是了,因为这些枝叶问题,于主义的实行,只可说是一个象征,并不是叫做贯澈。却偏有许多人在那里主张,也有许多人向着这主张人来吹毛求疵的责备。难道没有别的要紧问题可以对论么?再有一部人,关于女子解放的问题,他没有不同意,却把这论男女关系的,拿婚姻来比娼妓一层,拼命攻击。这种辩论,真是消耗贵重的时间,妨碍正当的进展,拿发议论来当做陶写性情、标榜声气的一个手段。大家拿着重要的主义去粉饰那些无聊的议论,如果这种象征的行动也可以救济社会,那和尚念经,也可以超度死人了。

照我看这种人那里是提倡主义、实行主义的人,不过自己弄一个名声,耽误了人罢了。从前的制度,诚然是坏,他还是实行的。现在的议论,却都是口讲的,讲一万遍,也没有效果。上头所讲的,都是不肯实行的毛病。因为没有实行,所以在那里故意讨论。因为没有意思去实行,所以也不讲办法。因为不去想实行一方面的事,所以专在这些象征的事实,文理的误差,显他的辩论的本领。这种空中构造的新文化,不要等人推他,他自己会倒下去。

他们这些不分明的提倡,无意味的讨论,夹在许多真有改革社会的诚意的人的说话里头,弄到看的人头昏眼花,到底莫明其妙。讲的人拼命来解释一般人的误解,闹到结尾,就是一个可以实行的方案,有疾而终。所以新文化的大敌,不是外面的抵抗,是内面这些微生物。我们不能容许这几个人在这里做文章，拿一本“新式骈字类编”里的“人格”、“解放”、“打破”、“建设”等等名字，杂凑起来，勉强工人去印，骗青年去读的一个现象，便算做新文化的代表。

从前胡适之叫人不要多谈主义，要多研究一点问题。在我看，谈主义，谈问题，是一样的。现在的人何尝不谈问题，不过谈的并不是研究，只是一个空谈罢了。真要研究问题，自然也研究到一个主义上来，没有可以逃得过的。现在谈主义的人，人还晓得他是在新文化运动以外。谈问题的就要走进新文化的内部来占一个位置了，所以危险最大。

凡有议论，都可以叫做谈。不过现在拿谈来讲，是对研究而言的，就是不想实行，并且没有想到他人如何实行的，所以只可说他是谈。这种谈法，比起古人的讲井田封建，要加几倍的不负责任。他这结果，只是教人换几个名称，还用旧日的办法。因为办是不能不办的，有了新办法，才可去旧办法。把旧办法只管骂，新办法还是没有成案，那不能叫人去做的。然而老实不做，就要挨骂，所以就奖励了这些假做的人了。我们试就顶平常的来讲，从前的捕快，因为有巡警的新办法，所以就废除了。从前的粮差，因为没有新办法，所以尽管制度上不要他，事实上还是非找这班人不可，实在消灭的只有粮房这个名称。现在要改革社会，应该拿这些卑无足道的做榜样。这些政治改革，尚且困难，何况社会！

缺了可以实行的方案，新文化终归破产。不把上头所讲几层弊病除去，不会有可以实行的方案。就有也推翻了，我们能够坐视他推翻、坐视他破产么？

据《朱执信集》刊印。

青年学生应该警戒的两件事

现在青年学生的地位,比前几年是大不相同了。前几年所有青年学生的心理,都是以为自己无拳无勇,一点本领都没有。这一年间,差不多都觉得学生在社会上,是很有力量的,有什么事情,要等着学生说话出主意了。本来对于自己的评价过高,或者过低,都不是好事。学生变了社会上这种评价,固然有许多是明白的,也有一部分是被米汤灌醉了,忘记了求进步的。然而大体上讲,可以算做利多害少,一个可喜的现象。

但是现在最要注意的,是良好的征兆,和良好的现实不同。征兆是东鳞西爪,看见一点,还有大部分看不见的。现实是全部现在感觉范围以内的。世间相信学生,期望学生,都是从征兆来说,不是已经完全实现。所以现在的学生,就要把他的征兆,来变成现实。把这"东鳞西爪"的觉悟,变做"一以贯之"的觉悟。

现在我先承认了,学生将来的能力和任务都是很大的,在这个意思底下,我想对于学生有一点责善的贡献。

按我所见,有两种事情,使学生的觉悟不能澈底:一件是校友的界限;一件是宗教的诱惑。

现在多数学生已经主张废除毕业学位了。那立一个标准来试验,经试验来毕业授学位,还要不承认,自然那完全没有标准,碰巧来定的某校学生的头衔,更应该在摈弃之列。就算某校教授得好,某校不好,某校管理好,某校管理不好,都不是学生自己的事情,为什么要把来立起做一个界限呢。却是现在学生,真是这个毛病,把这偶然的境遇,当作必然的界限。就拿广东来讲,已经有许多形迹,而学生联合会的分离，尤其是一个显著的例。学生中因为意见不同分了党派，不是不可以的，但是断没有这一校的人通是这个意见，那一校的人通是那个意见的道理。因为学生自己总有自由批判的能力，不是教习父兄可以压得住的，才可以讲改革。既然有了自由批判的能力，就没有全校一致的道理。那拿几个学校来立一个会，对抗别一个会的，就可以说明还有大多数学生，没有打破这校友的界限了。这个界限不能打破，就是将来学阀的基础了。

其实学生不过是暂时的地位，校友尤其是暂时的结合。把这些暂时的东西来决定主张，至到不能一起办事，这就明明白白是觉悟没有澈底了。纵然不能够说全体是这个样子，也可以说最少有一部分没有觉悟了。

这个虽然可忧，还希望他将来销除界限。此外另外有很可忧虑的一件事，就是学生对于宗教的诱惑没有抗拒的能力。现在所讲的宗教，自然不止耶教，然而现在诱惑力最大的还是耶教。所以我这议论，可以先朝耶教一方面说。

从来耶教在中国，虽然尽力传播，照我现在看来，真是贻害的地方，还讲不出。因为中国向来信教的人，都是没有经过什么研究。在信教以前，他本来是听从流俗驱使，拜偶象，拜孔圣的一流人物，这些人心中目中，都是升官发财。到了信耶教以后，也不过是把蒙恩陛见，改做蒙召归主；把红顶花翎紫禁城骑马，变做天国享福。只是把这一种坏人，改变做别一种坏人；这一缸的粪蛆，调去第二个缸养活。所以纵然不能说他有益，也不曾证明他有害。在当时反对耶教的人，都是那一般腐败学究，拿信条来驳人家的信条，拿自己的武断来抵当人家的武断，丝毫没有搔着痒处。可是现在的学生，已经把从前儒家那些谬说通打破了，由那些谬说派生出来的反对耶教的说话，也当然没有效力，自然是耶教的独舞台。而这些打破一个偶象的人，正是可以大有为的时候，如果被耶教乃至一切宗教诱惑了去，就是人类社会改革，少了一个澈底的人物。

闻说俄国的革命党在教堂写几个大字，说“宗教就是鸦片”。其实这两件很相象的,强壮的时候,不轻易中鸦片毒。中毒的人,大概都是在身体上有弱点的时候,才去借助他。现在学生,除了广东的几间受毒很深的不算外,大概都没有中宗教的毒的。然而这个实在靠不住,因为现在还是学生成功多失败少的时代,宗教的诱惑,要到一个人失败以后,走投无路的时候,才显出效力来。学生的前途,是有许多艰险等着他的,是要经过许多失败才成功的。当这失败的中间,要破除了一切倚赖的心事,鼓励起他的精力来,才能彀做到澈底。在这个时候,如果碰着宗教的诱惑,就立刻变了神的奴隶,这和一个人身体弱,受了鸦片的诱惑一样,很容易中毒的。现在人人晓得肉体上不应该受鸦片的诱惑,还不晓精神上也会受精神的鸦片的诱惑。这些烦闷时期的青年,千万不要犯着这宗慢性精神的自杀。

这两层确是将来青年学生进展的大障碍,我希望先觉的人合力去打破他。

据《朱执信集》刊印。

人生问题

人何以要生存？生存有何目的？此一问题，居然亦以中国文字提出，有人研究，有人附和，岂非一种可喜之现象。

现在虽不能到多数人了解人生问题之地位，总算有少数人知道有所谓人生问题。就使此所谓少数人现在未曾得人生问题解决之方法，仍然此少数人竭力提起此人生问题，即此已有益于中国人不少。

人生问题，决不能单着眼于少数人，单着眼于一阶级之人求其解决。何以故？一阶级、一部分、一国家、一种族之生存目的，皆为人生问题决定后，始能决定者故也。如使人生无目的，或不能求得其目的，则决不能如不列颠人之自认为天之选民，或如华人之自视为神明胄裔，离去一般人类，独求得此一国家、一人种之生存目的也。是故不先求得人生目的，而但声言我国对于世界有如何重大之责任，世界之文化待吾种以发展，世界之利源待吾国以开发，又或言吾种应立于世界民族之首位，指导世界之人种以进于文明，则结果不过自己骗自己而已。不特不能成为实行，并且不能骗别种人、别国人也。

言人类必以平等为出发点，无论何人，不能自己认为除一般人类所有责任外，另有比他种、他国、他阶级、他宗教、他团体之人更重大之责任。故自审其一己之责任，即同时为世界上人类共同之责任。虽负此重大之责任，不能对于人类社会要求丝毫之特别看待，主张丝毫优越之权利；不能对于任何国，任何种人说我已负如此之责任，尔辈须感激我、拜谢我、从顺我、褒美我。故近我者有一国，近时非常为我国民所嫌，并非以其国民不负责任的原故，却是因太负责任的原故。更深言之，则以不肯自居但尽人类责任之地位，偏要居尽一种比他东洋人更重大之责任之地位，故要求特别之从顺，特别之感谢，特别之权利，于是不特招我国人之厌恶，并且招其他外国人之厌恶。不特与之为敌者厌恶之，即欲与之为友者亦不得不厌恶之。此是一例也。同时更有离我远者数国，口中依然亲善，依然公道，依然挈助公理，压抑强权，而对于世界仍旧觉得自己应尽之责任，比他国更多，故世界上之问题，只有此数国可以讲话，其余弱国不过举出多少代表作为陪衬而已。国际之事，不应用武力解决，何等美名。而问除却武力解决以外，有何办法，则是听凭有武力之五个国家解决而已。于是不特弱国无武力者厌之，同是强国亦有暗中反对之者矣。不特外面有反对，即其所谓强国者自身国民，亦有觉其不妥者矣。此又一例也。

大抵人类平等，为人人口中日日所讲，而心中无时不欲将此平等两字变作差别；及万事到手，便居然尽命将不平等的事做去。而此口中手上之不相符，彼固未尝不清夜自惭也。于是将特别责任四字掩盖自己之良心，故不特不足以为达到人类生存目的之助，并且处处妨碍之。即如普鲁士人常自命曰，将德国放在世界前头，将普鲁士放在德国前头。此亦一自命为有特别责任者也。普人诚心信之，且牺牲数百方人以实行之，而其结果不过将德国放在世界后头，将普鲁士放在德国后头而已。然则吾人为中国人，今日主张将东洋人放在世界前头，将中国放在东洋人前头不可也，犹之日本人主张将日本人放在东洋人前头之不可也。人类社会平等者也，不容何国、何种人主张特别之责任，独求其一部分之目的而实行之。此人生问题解决之第一先决条件也。

人生问题，又不能单观察人类之范围而决定之。人类不过在动物中为一种别其生存目的，不能寓去动物而独存。于此一点，则古来宗教之种种迷谬之传说，不可不从根本上概予打消。不如此，则目的为他授的，非自发的也。服从他力之命令而有目的，则只是他方面所要之目的。而人类之生存,对于人类自身变作毫无意义,惟彼以目的付与吾人者视为有意义耳。故吾人以为人类自能有其生存目的,决不可由他力付与。而非人类之动物,亦各可以有相当之生存目的,不由他人付与。但以人类为动物中最进化者之故,人类自觉其生存目的之力比他动物更强而已。若如宗教家之说,上帝造人,特与以生存之目的——信仰——而其他动物不过作一种手段,陪衬人类。则动物之生存固无目的,人之生存就人自身计,亦不得谓为有目的明也。人之生存目的为上帝所与,则人之生存或者上帝以为目的,而在人自观,则又不过上帝之一手段,无从自有目的也。如此,则人生问题,完全可以不发生。在今日欲为真正之研究,必先从进化论入手,则知宇宙中经无数进化而始有人,决非被上帝创造者。人虽为现代最进化之一物,将来必有一物进化过于今之人类,即如尼采所谓超人者。又必有他一物进化过于超人,而可谓之超超人者。如是薪火相传,未尝绝也。又推之以前方未有人类,此类人猿、此猿属、此有胎类、此哺乳类,各各于一时代占最进化之地位。且人之系统以外,如爬虫类、如鱼类亦各有其极盛一时者。所谓后之视今,犹今之视昔。吾人既有生存之目的,决不许将来超人或超超人种属认人类为无目的以生存者,则如何而可?许吾人认人类以外,从前一时曾在最进化之位置者之生存,必无目的乎。既已许既现在非人类诸动物为可有生存目的者矣,又安能于动物中区分某种属有目的,某种属为无目的乎。故结局,非认一切动物可有生存目的不可。但有目的与其自觉,本属两事。盖(一)虽为一种目的以生存,而至少不能自明确描绘出其目的为如何。此小儿之心理状态,可以推测一般动物所有心理现象者也。(二)非不知有此目的,而误认由此目的支分之一象征为目的之全体,此又人类所常有者也。二者有妨于自觉其目的,而无妨于其有目的,此最当注意者也。但以实验之范围论,现在人类既只能以人类为限界,人之所能唤起其自觉者,亦以人类为限界。故暂止于人生目的而不涉及其他动物,非否认其可以有目的,而以人类为上帝肖子独有光荣也。于是研究人生目的,自然牵涉及宇宙、生物、动物等等而考究其与人类相对之状态,以到达结论。此第二先决条件也。

要之,去国家的种属的偏见,始可以为公平的观察。更去宗教的迷信,始可以为自动的研究。故于以下所述理由,如以爱国、爱种天意前定之主张来为反对者,当然不置答辩。

据杨晓风保存的原手稿刊印。

李湛神道碑[①]

中华民国陆军步兵上校广东警卫军统领李君神道碑

君讳湛，字竹贤，广东番禺人。曾祖进聪、祖宗贤、父国汝，并孝友任恤，躬服田亩，隐德弗新，来贻于君。君早孤，事母梁至孝。有兄曰林，壮岁出贾。弟曰德平，出为伍氏子。君友爱无间，德平事君如君之所以事兄也。

始广州多盗患，乡为团自保，长之者皆择近地之能。君既长，智略勇名闻于乡，而南海缴表之乡团，乃聘君为长。君粗读书，知大义，常以国家危殆，思结雄勇之士。不得志者，往往依君。月所入，常不自给，交游而无几微矣。既得交今少将李福林，辄倾倒自以为弗及，因兄事之。时胡毅生君方以革命事游说内地，君因福林得识胡君，闻民族之义，因想共和之盛，立起自任，剪除暴逆。岁庚戌正月倪君映典倡义番禺，明年三月黄君兴以选士攻广东总督署，并事几成而败。君时受命部署乡民，将为之应，既不得举愤懑，而周君之贞、李君沛基要君殂谋刺清将军凤山事。方三月之败，虏廷知大盩在广东，图终绝其根株。凤山于虏为材，清室所信，将使临广而收汉将兵，草薙诸乡。周李二君因君以措置诸事。凤山至广东，遂中弹死。是时，武昌义师起半月矣。凤山死之十四日，广东总督张鸣岐尽挟库藏逃。广东独立，君随李君福林实首倡。率义师进城请抚时，今都督胡君自香港来主广东事，法度未立，桀骜者往往自雄，因扰闾里，而旧存陆军防营徒自保弗制。有无赖千数百人结盟，称志

① 写作日期不知。就内容推断当在1913年夏。

成公司，掠省治南河南市。又有流氓张承德自号招抚全省绿林，为患市中。君前后受命，击破擒斩之。

既而南京政府成，北方形势方急，命广东济师，乃集诸良家子，编为北伐民军，君为第一标长。备具将发而和议成，君乃自任弭平广东诸寇盗。广东固多盗，而广州之番禺、南海、顺德，肇庆之恩平、开平为尤。其人或习山谷，或素居水乡，奔走劲疾，没行数十里不惫，自清室以为难胜。君受命一年，所遇战无虑百数十，前后所斩获累至千，还盗所卤者以百数。君所部统于李福林警卫军，而人皆称为福军。问纪律整肃众志壹而名勇者，必数福军以对，皆君与李君雍所为也。

民国二年四月，开平有盗，自号救世军，聚众数千人，日肆焚掠。君受命往讨。盗方据山颠，既接，尽绝诸道，盗无所逃，战又不利，乃并力谋破围。君时督战在前，猝盗众至，君手杀数人，中三创，殒于阵。盗首亦毙，余众散去，四月廿四日也。越日，妻戴子海乃以君归，颜色如生人。呜呼哀哉！卒伍痛伤，士女永怀。诸尝被盗掠得救者泣相闻也。母老在室，妻少在帷，子幼不知悲，家无余财，友朋闻讣，莫不怆然失其所期也。棺椁既周，恤赏如制，乃以其年○月○日葬君于城东○里○○冈之原。君之从弟有容作者，亦负勇艺，屡有功，同时死开平，祔葬于○。余知君于患难间，去岁北伐民军之编简，余实尸其事。既而督军务于广州阳江，君所领军受事广州，每期君计事，义气愤发，不知有己，而审虑周密，不妄为言，其所言未尝不践，其勇敌而爱士，殆天性然也。居常卒有过犯，未尝轻贷，而士卒归之。每战有创者，必呼李标长、李标长。得李标长一言，几失其楚。而君亦亲扶伤问疾不衰。其遇盗，每先士卒行，士莫取后。弹破衣帽者屡矣，勇前不改，卒以是殒。

先是，君有从卒数人，素所爱抚，进止必偕。君既屡陷阵，其从卒多丧。有二卒为其侪言曰，吾辈从李标长久，同时从者皆以陷阵死矣，李标长进不止，吾辈其终免乎。相与泣也，而感君意未尝有怯退，二人竟与君偕死。其德之入人也，使至死而不避也，斯岂易得于今之世者哉。是可以铭。铭曰：

有汉人之骞，除凶涤膻，惟君奋焉。揽挈俊豪，左鞬右刀，以会于郊。北面誓师，将往勿徯，不贰其期。曰虏既平，有盗弄兵，惟士弗宁。君与董戎，有肃其容，克襄厥功。凶残既夷，流亡既来，相乐于畦。奄凑祸门，不竟此勋，而丧其元。高冢岩岩，丰碑是镌，昭兹万年。

据杨晓风保存的原手稿刊印。

附录　征集辛亥三月二十九日事实启

辛亥三月二十九日广州攻督署之役，为缔造中华民国一大关键，固世人所共知者也。而中华民国成立八年，三月二十九日之事，未有信史公诸世界，一任社会传述，疑信参半，则是役后死者不能辞其责。去岁林君子超集资建筑三月二十九日七十二烈士所葬之黄花冈墓地，将告成矣，而三月二十九之事实尚未集成，尤觉无以对死者，以昭来兹。但当时合全国之人材，谋大举于广州，事非一手一足，同是身亲其役，苟非执掌之事，实莫知其底蕴。是欲求当日之事实，非请当时诸同志将执掌之事各举所知不为功。用是先由某等拟具问题，列表附上，请诸同志各将身经事实，一一填写，不求其工，但求其实。尤请表到即填，填好即寄，俾集齐材料，早日成书，与黄花冈七十二烈士之墓同时告成也。或有当时在事同志，以住址未明，不能奉上表纸者，亦请照报载表式，另填寄来。诚以后死者共有之责，某等特汇诸同志之事实，编成册页，俾为信史而已，毫无成心于其间也。尚幸诸同志万勿放弃，早日照表填好寄返，无任切祷。肃此，顺颂

义安。

朱大符
邹　鲁　同启

注意　通函件处广州西横街水母湾又三十号二楼邹鲁寓收。

征集辛亥三月二十九日事实问题

（一）三月二十九日以前之革命述略。

(一)三月二十九日直接之动机。

(一)三月二十九日之总计划。

(一)香港机关之部署名目及担任人员。

(一)香港机关进图广州之计划。

(一)广州之部署名目及担任人员。

1. 攻督署之计划如何。

2. 攻水师行营之计划如何。

3. 攻督练公所之计划如何。

4. 攻将军署之计划如何。

5. 攻警察署之计划如何。

6. 攻各城各署各要地之计划如何。

7. 运动新军之计划如何。

8. 运动巡防营之计划如何。

9. 运动民军之计划如何。

10. 各军出发集中策应及其他之计划如何。

11. 各军选锋之计划及选择附属方法如何。

12. 各机关之设置地点。

(一)三月二十九日之经费。

1. 事前之经费筹集情形。

2. 美洲筹饷情形。

3. 南洋筹饷情形。

4. 军费之预算。

5. 军费之实支。

(一)三月二十九日之军械。

1. 军械之购买情形。

2. 军械之密运情形。

3. 军械之密藏情形及地点。

4. 军械之分布情形及地点。

5. 炸弹之制买及运藏情形及地点。

6. 军械炸弹交发各队情形。

(一)发难时期之决定及更易并其原因。

(一)决定三月二十九日发难之原因。

(一)三月二十九日变更前定各路计划情形。

1. 新军之情形。

2. 由顺德调回之三营防营及观音山并其他之防营情形。

3. 赵伯先所部之情形。

A. 邓明德运动卫队失败情形。

B. 宋玉琳所率皖同志未出发被捕情形。

4. 陈竞存所部之情形。

A. 始平书院方面之情形。

B. 严德明所部之情形。

C. 旗界放火及租屋情形。

5. 姚雨平所部之情形。

A. 嘉属会馆情形。

B. 饶陈寓情形。

C. 水师公所情形。

6. 胡毅生所部之情形。

7. 黄克强所部之情形。

A. 所部之人及其出发时之总数。

B. 攻督署卫队之情形。

C. 入督署搜张鸣岐情形。

D. 李准来援情形。

E. 东辕门拒敌情形。

F. 林时爽等在东辕门死伤情形。

G. 出西辕门三路突围情形。

H. 黄克强出大南门与防营遇战情形。

I. 徐维扬以所部花县同志欲出小北门及与敌军遇战情形。

J. 喻云纪与七十余人攻督练公所及转攻龙王庙情形。

K. 黄克强及各同志脱难情形。

(一)败后之情形。

1. 各烈士遇难及收葬情形。

2. 各烈士生平各别之真实行述,如系疑似,宁阙毋滥。

3. 赵伯先、胡展堂及百余先锋三十早到省原因及折回情形。

4. 安顿省港同志之方法。

5. 筹划将来进行及报告各埠。

(一)三月二十九日之鼓吹机关。

1. 广州之部。

2. 香港之部。

3. 上海及各埠之部。

附

(一)孚琦被击情形。

(一)李准被炸情形。

(一)凤山被炸情形。

(一)本问题未列各情形。

注意　各人亲历亲见之事,请注明见字。其闻诸人者,注闻字,其人名字可记忆者,并请注人名。如有关于当时之记载及相片并各死者之遗著遗物,足资纪念者,请一并寄下。如声明须寄返者,且可照办、或有未能将原物寄来者,可拍影寄来。

据原件刊印。

古诗

拟古决绝词[①]

决绝复决绝，萧艾萋萋生，不如蕙兰折。白露泠泠群卉尽，只剩柔条倚风泣。中夜出门去，三步两徘徊。言念同心人，中情自崩摧。我心固匪石，千言万言空尔为。月光皎皎缺复圆，星光睒睒繁复稀。月光星光两澹荡，欲明未明鸡唱时。芙蓉江上好，幽兰窗下洁，所宝在素心，不向西风弄颜色。水流还朝宗，叶落还肥根，来岁当三月，坐看万木繁。人生世上亦如此，此身何惜秋前萎。

1909 年作。原载于《朱执信先生自书诗遗墨》。

代　答

蒲柳望秋零，冻雀守纥干，所贵特达人，贞心盟岁寒。齐鸟三年

---

① 《拟古决绝词》与下一首《代答》，都是 1909 年秋作。时汪兆铭等拟到北京刺杀清摄政王，朱执信以此二诗赠之。原手稿已佚，此为 1921 年 2 月汪兆铭所录。

不飞飞冲天，所争讵在须臾间。我有变徵歌，欲奏先泛澜。歌中何所言？意气倾邱山。丈夫各有千秋意，毋为区区儿女颜。相期譬金石，誓涤尘垢清人寰。何意中道去，一往逝不还。此情谁为言，心摧力已殚。不惜此身苦，恐令心期负。含辛进此歌，愿君一回顾。

1909 年作。原载于《朱执信先生自书诗遗墨》。

寄陈生

北风吹鬓感千端，念子天涯共岁寒。飘泊我曹安宿命，拍张奴辈早高官。争光自耻侪魑魅，结佩人犹贱茝兰，亦欲榜船亲送妇，可怜荆棘满稽山。

闻君赁庑逢贤主，只我登楼愧昔人。猿鹤虫沙都有恨，东南西北总无因。未封马鬣还中隐，合对牛衣肯怨贫。陈宝不飞天帝醉，此身遮莫是闲身。

幽居绝少俗缘侵，赖有羊裘日见寻，只憾贮胸无二酉，不妨相腹缺三壬。入山拟蜡阮生屐，裹饭应闻庄舄吟。此去鼠肝虫臂好，当年深悔未琴心。

弹铗何曾为食鱼，曳裾浑未羡安车。真成窭薮妨容穴，未信穷愁合著书。枝辩关门论白马，虚名隐穴误丰狐，只今结习除都尽，伸纸含毫只自娱。

1914 年作。原载于《朱执信先生自书诗遗墨》。

观 物 二首 四年秋作

沉麝各多忌，木雁皆不材，巷谈尊狗曲，物变剧牛哀。乌竟瞻谁止，虫仍出怪哉。漫持白马论，辛苦度关来。

世事衣苍狗，人言海大鱼，沐猴冠已久，腐鼠璞何诛。问鹿非关马，占龟便献图，如闻避风鸟，不独是爰居。

1915年秋作。原载于《朱执信先生自书诗遗墨》。

六年归广州寓居海幢寺中岁除日作

暂得还乡仍作客，猪肝一累愧前贤。僧客桑下过三宿，身在兵中近十年。抱蜀不知千载远，放怀翻畏五浆先，何时得税王尼驾，对此横流一怅然。

1917年12月31日作。原载《朱执信先生自书诗遗墨》

登阿苏火山绝顶 八年三月三日

山在日本熊本市东南百余里，高二千许尺，顶有新旧两喷火口。旧口溢为硫黄泉池，微烟滃翳之。新口则浓烟喷涌，声若万雷俱发。又有瀑布大小数十，最大者为数鹿流瀑布。山麓十余里皆原野，民田其中，其外绕以土阜，与余地隔绝。说者谓太古地震洼陷，独留外围，故名之曰外轮山。西乡隆盛以明治初起革命，败于熊本，切腹死。

久闻阿苏山，蜡屐神已王。攀跻值佳日，扶持得筇杖。停车指遥岑，涌地三百丈，外轮抱沃野，万顷托墉障。积雪春渐消，朝暾抵重纩，接武身转高，荡胸景逾旷。奔瀑参差鸣，玉走珠喷浪，山半一止足，峦壑变黝犷，烟云射天起，熛怒人遥望。益州如可烧，丰城定非诳，鼓勇登其巅，佛阁屹相向。平沙杂溶岩，中洼作盂状，硫泉结浅绿，似有微波漾。蹑足临其崖，精神与摇荡。浓烟因风破，地裂若有象，倏忽还迷濛，殷雷自排宕。想昔山始成，突空吐流壤，大块一翕辟，原野互升降。尔来几万年，爝火时可炀。廛井看偃湮，天功竟谁抗。因想南洲翁，奇勇实孤倡，龙性本难驯，大节终不丧。回头谢山灵，此意尔能谅，迢迢千里滨地名，窘步此一放。夕日催归途，野烧明遥嶂，重来未可期，且祝两无恙。

1919年3月3日作。原载于《朱执信先生自书诗遗墨》。

读《汉书》七首

适俗既无韵，绝交当有书，古服而今驰，怅怅将焉如。开卷得古人，奇怀与之俱；爬罗出眇指，跌宕生幽娱。不复惜此日，安能爱吾庐，长揖谢时贤，公等非我徒。

张陈刎颈交，验在泜水侧。绝亢箯舆中，渠非张王客。始知激意气，命或轻一掷；至于平生欢，并贵每交谪。夺将计久成，发愤借麢泽，如今老监门，焉识异胶漆。

欺齐烹郦生，徒取假王贵，谓汉不负吾，而负锺离昧。竟死钟室谋：悔失蒯通计，将无托陈豨，犹冀鼎足势。告密缘舍人，肝胆竟谁氏，心知季布奴，滕公犹慕义。名善漕中叔，孙建请塞罪，结交谅有由,知人宁不易。应愧彭王头,有客仍奏事。

绵蕞试法酒,原庙献新果,攻略如有须,群盗政亦夥。秦汉有代谢,儒冠自骇骇,由来叔孙辈,宛舌媚青琐。天帝除书来,美新胡不可。卓哉鲁二生,抱经守坎坷。积德不百年,速去毋污我。

马上得天下,诗书以治之。所以挟策徒,皆为纡紫来,翩翩张京兆,治剧不世才。良材不自惜,力学而逢时,眉妩自可尔,学经胡为哉。汉道杂王霸,此曹堪驱驰。末裔有伯松,颂莽抒华词。得力在稽古,久矣谁云非。

杨敞事废立,乃用夫人谋。幼卿告霍氏,俯仰取通侯。家训有下石,朝议赏焦头。南山忽芜秽、歌舞皆僭尤。大将军在时,当复有此不,顾言谢梅尉,市卒复焉求。

兰熏不待烧,膏明或待煎,蜀庄与湘累,宁复相愚贤。剧秦作大夫,自谓守太玄,寂寞老投阁,何如夭天年。

原载于《朱执信先生自书诗遗墨》。

误闻汉民凶信之作

平生重意气,恩怨未拟酬。忽以九京讯,而令双涕流。相逢惊误活,失喜破端忧,却话当年事,浑判料虎头。过洛犹怀刺,临山废勒移。孤蛩愁失距,良会更伤离,幕燕栖难定,鞲鹰下有时。东南应日出,可照最高枝。身似何无忌,哀吟未忍闻。鹓鸥争互吓,雁木偶成纷,黄绢留新唱,青冥失故群,结茆先有约,他日望停云。

原载于《朱执信集》。

感怀重用前韵

剩有愁堪说，谁言愿已酬。星辰空北极，河汉忽西流。世态余千变，吾生足百忧。相怜有明月，侵夜到楼头。转轸惊弦结，看云忘景移。空言松郁郁，又见草离离。马角虽非诳，蛾眉讵入时。四愁先有咏，珍重赠琼枝，亦慕逃空谷，因之次旧闻。丛残仍掇拾，斧藻日缤纷，且避鸡虫闹，宁辞麋鹿群。心期拟终践，先誓岭头云。

原载《朱执信集》。

中秋日迩伤陈无恙

论定犹难是盖棺，政声未起骨先寒。知机脱悟朱丹毂，听吏曾探赤白丸。事去李陵依卫律，途穷张耳负成安。他年作传连张赵，不待鸿文已不刊。

原载《朱执信集》。

为少文题叔琼画兰

独抱幽怀待岁寒，何曾因梦到人间。
东风误送余香去，却遗游蜂不得闲。

原手迹杨晓风藏。

悼刘岐山

躯干虽微腹自宽，早年结客类陈安。
艰危私积僧珍橹，惊喜初弹贡禹冠。
共说卢循称乱暂，谁怜来歙汉军难。
墓以宿草经秋尽，欲奠桂浆泪已阑。

原手迹杨晓风藏。

为萱野长知题诗[①]

处处灵堂望眼宽，荷花荷叶过阑干。
游人去后无歌鼓，白水青山生晚寒。

据萱野长知著《中华民国革命秘笈》影印手迹刊印。

为朗如题诗

别日犹看花满枝，东风三月燕争飞。

① 此诗不知写作时间，系为日本人萱野长知所写。诗后题款为："萱野先生政腕朱大符。"标题系编者所加。

飘萧暮雨春何处,零落寒烟客未归。
莫道离情伤畹晚,可能真意惜芳菲。
浮英浪蕊年年事,常恐天涯愿易违。

原手迹。

新　诗

悼余建光

他已经是本来没有眼睛的人，
　断不晓得世界上光明为什么贵重。
如果我是本来没有爱情的人，
　如何晓得你缺乏爱情的苦痛。
到底苦痛和缺乏才是你生命的内容！
　到底满足和完全倒是你向来的迷梦！
你撒开了我紧卷着的不朽精神，
　我收拾了你不要的臭腐形体。
　　我不道你聪明，你又何妨算我懵懂。
你死了还有我，我死了也一定有谁。
　你生前不想着休息，我死后也懒问谁还活动！
　　但是你总得相信世界永远有人活动！

原载于1919年9月14日《星期评论》第15号。

毁 灭

读胡适之先生诗,忽忆天文学家言,吾人所见星光有数千年前所发者,星光入吾人眼中时,星或已灭矣。戏成此诗。

一个明星离我们几千万亿里,
　他的光明却常到我们的眼睛里。
宇宙的力量几千年前把他毁灭了,
　我们眼睛里头的光明还没有减少。
你不能不生人,
　人就一定长眼睛。
你如何能够毁灭,
　这眼睛里头的星星!
一个星毁灭了,
　别个星刚刚团起;
我们的眼睛昏涩了。
　还有我们的兄弟我们的儿子!

原载于1919年10月5日《星期评论》第18号。

悼黎仲实

人家说:
“人人只晓得时间就是金钱。
到了风刀欲断,

丝喘犹悬，
坐垂堂纵有千金，
都买不转百年如电。”
你看四大何曾值一钱，
虽然糟蹋了事业千秋，
到底没有卖也，
你这光荣的贫贱。
你也不要再买也，
这乌兔匆匆几十年。
你除开了看得破的功名，
难道有忘不来的恩怨。
任你享乐怎样凡猥，
神智怎样颓唐，
我知道你一会子吐茧丝缠，
霎时间抽刀水断，
你这吐不出忍不来的痛苦，
都拼拢在你泪涸神枯的两个眼。
你抛弃了将来，
来保护你的从前。
到了今天，
我眼里享自由的仲实早已死了，
心里闹革命的仲实从此再无更变！
还有那活着便卖了从前的，
比你更可怜！

原载于1919年11月30日《星期评论》第26号。

小　说

超　儿

柳意同小鞶坐在公园里头石凳上面。石凳前面有几棵柳树，当四月初间的时候，去年的柳枝上头，一个一个新芽冒了出来，同着地下的新草，在那枯根上面迸出的活叶，像在那里斗演他生活力的样子。映着两个女孩儿的面孔。连这个做成功了几百年，摆在公园里十多年的石器，也觉得有点春天到了的意思。

满园活动里头沉默的时间，过了二三十分钟，柳意才向小鞶说：

今天你又同他吵了。有什么益处。别人是心绪不宁，才同人家吵嘴。你却是心绪越好，越要同凤生辩驳。结局还不是一样，世界是这个样子，你想用几句说话，就能把他翻转来么？

小鞶说：

我不是愿意吵嘴。实在如果能够不吵，是最好的。不过凤生这一个人，要不是你同他一个个字攀驳，恐怕他不止不懂你讲的话，连他自己说话是怎么样解法，也许不晓得。我讲的话只要他口里肯驳，他心里就动了，我的话就算有了影响了。

柳意说：

影响？影响有没有，是随你说的。不过凤生是什么嗜好都没有的，就算有也是可以压得住的。你看他戒吸纸烟同戒喝酒，就晓得了。他只有一个情欲，就是支配欲，支配一种别人不能支配的人。把人家现在支配着的人，夺了来放在他支配底下，这就是他的趣味，就是他的生命。你想用你的话去压服了他，就是去了他的生命一样，是万不能的。你同他吵的，都是白讲。……呀！你看叔父来了。……叔父，我们在这里啊！

他两个说话当中，柳意的叔父叫做稻村的从公园口，低着头、绉着眉，一步步走进来。听着柳意叫他，立刻换一副喜欢高兴的面孔，走过来说：

你们两个都在这里，正好。我因为去寄信回来，经过这里，想看看这里的梅花落了没有。不晓得你们也在这里。一面说，一面便在对面一张石凳上面坐下，对着小犟说：今天你的话，本是有道理的。不过凤生是一个有口无心的人，他不是成心得罪人的，虽然旁边听了有点难过。好在我们都是自家人。

回头对柳意说：

可不是么？

柳意说：

凤生真是不愿意去顾人家的面子，却是我们总不会怪到他这一层。

小犟说：

这种事情，我是讲了就算了，总不至于记着。比方你老人家看着他讲话，也是没头没脑的，却是他并不是不尊敬你老人家。你老人家也不怪他，难道我们还要怪他么？

稻村点头说：

你的话不错。他待我的心，我也看得见的。除了兰儿以外,再没有比凤生尊敬我的了。说起兰儿,煞是可怜,一个人在京里头读书,没有亲人。我几次想去,但是……我去了也不过如此。横竖他要毕业的。咳!就是毕业还得两年呢。

说着,站起来,口里说:

你们还坐一会子罢,我要先回去。凤生要是看见我不回去,又要耽心的。

便慢慢出了公园去了。柳意一双眼睛,跟着稻村出了公园门口,才回转来向小犟说:

他昨天还在那里躺着发气呢,今天又来劝解你了。可是被人劝的,还是高高兴兴的声色俱厉。这个劝人的,却是绉着眉头,勉强开着口笑。不知道谁该劝谁呢。

小犟笑一笑说:

你道他真是来劝解我的么?他心里头不爽快,得要人安慰他。他脸上的崖岸,不许人说安慰他的话。所以有人回答他安慰人的话,就算受了人的安慰了。好歹他同我们讲一回,总有几点钟好过,不要说穿了他。

柳意说:

真的,他真是可怜。其实凤生很想待他好,不过他是存了一个疑心,摸不着凤生的脾气,就一言一动,都可以得罪他。这一层凤生也晓得。不过凤生他也不肯因为要令人家好过,就把他的支配欲打消了。叔父心里又想,你是我的晚辈,我的面子上,你总得委曲一点,才在人家面前过得去。却是凤生的脾气,这个委曲,是万万不肯受的。他希望兰哥毕业,便可以得凤生招呼。其实兰哥怎能够在凤生手底下当清客呢。所以兰哥常说还要同叔父到外国去。就是不愿意他父亲勉强来装这受人尊敬的架子。还想报了凤生的恩惠,叫凤生倒转欠他的债,他才愿意。

小犟说：

惟其如此，所以凤生更不放他去了。如果他同兰哥去，竖起独立生活的招牌来，凤生不是少了许多发挥他的施恩不望报的机会么？但是替你兰哥想也没有别的法子，只要你叔父肯拉下脸皮一讲，就行了。

柳意站了起来，提起日伞说：

你也同兰哥一样的傻，总想着世界上可以碰得好人。世界真有好人么？我们看着凤生总比看世界的人清楚了许多。看见凤生许多不好的地方，还找不到比凤生好的人。将来再见世界上许多不好的地方，难道还可以找得到凤生比他坏的人么？何必丢了凤生，去找外国的人来相与呢？况且施恩不望报，算是一种本领。受了恩不勉强去报，作成人家一个好人，不算是一种本领么？如果说我靠他才能够活，我也说，他靠我才有好人做。如果说有人应该丢了生命去做好人的，就没有应该受人的好处来使人家做好人的么？我们坐得久了，回去罢。

小犟一手牵着他说：

你且再坐一坐，我还问你。前天湘史有信来，说起你同凤生的亲事，你究竟怎么样呢？照你刚才说的，保存人家一个好人的地位，比保存人家的生命还强，你像是自信有这个本领是的。况且我看凤生的意思，也是非你不娶的。

柳意一面听，一面坐下来，看着小犟，半天才说：

湘史本来不懂世故的，你也看错了。我呢，是不愿意再去接近人，发见出人家的短处。这姑且不说，你以为凤生待得我好，就是愿意娶我么？凤生不是因为要“我”好，才待我好；却是因为总要得一个人受他的“待得好”，刚刚找着我便了。为什么要找我来待得好，就因为待得我好没有利益，就显得他待人好不是为利益。如果他一旦娶了我，那从前他待我好的种种地方,都算做自私自利,一点价值都没有了。难道他肯把一个好好的背景,硬改做他摆样的老婆么?凤生可不会做这种糊涂的事情。

小犫想了半晌,说:

这个道理,我不能驳你,但是我想不到。凤生既然喜欢人家负恩,不喜欢人家报恩,他又常批评人太软弱了,太不自立了。如果人人自立,那个来受你的恩,那个来负你的恩呢?

柳意说:

他何尝想不透,他要人家强是真的。他要人家比他弱更是真的。如果你比世界的人强,还要比他弱,还要受他的恩,还要负他的恩,他才算是比其余的人更强了。前一回你病的时候,不是他七天七夜没有睡么?他满脸上的忧愁,还包不住他心里一点点的高兴——有机会你受他的恩了,后来你病好了,他倒转是不耐烦了。他何尝怪了你,却是他已经没有机会了。越是强的人,他越是欢喜弄到你承认是弱,所以他决不会娶我的。将来他还或者有个手段,显出不得已容许我嫁别人,是我负他,不是他负我。但是我也很愿成全他,受他这个手段。至于他,要是不娶,要娶,一定找你。

小犫跳起来说:

找我?为什么他要找我?我能够爱他么?他以为我终久可以爱他么?

柳意说:

不找你找谁?如果你是自己承认能够爱他的,也不找你了。他天天同你吵,就是天天忘不了你。他要找一个人人相信他娶不到的人,来娶了,那他这支配欲就可以满足了。他不管你愿意不愿意,生出爱情,总是他能在你这情田的沙漠里,发出一枝萧洒摇曳的爱情的青苗来,他就心满意足了。

小犛说：

我这田里没有种子，他有什么方法种出来？他要亲近我，我就不到你家里来。他再要到我家里来，我便避到外国去。如果你的话是真，他是要失望的。不过早失望比迟失望好些。

柳意说：

你还是当局者迷，你以为没有爱的根苗么？你为什么要逃？为什么要叫他早点失望？并且你刚才说要他受你影响，你要人受你的影响，你能不受人的影响么？爱情有没有根苗，自家是不觉得的。你要嫁也止有嫁凤生，凤生娶也止能娶你，这是定了的。

小犛怔了半天说：

真是给你提醒了我，我究竟为什么要亲近凤生，要他受我的影响呢？可是我现在真受了他的影响了。你晓得就是你刚才所讲的支配欲，不是男人才有的，我就是这个支配欲所支配的一个人了，你想这个有什么法子。

柳意说：

这个有什么法子？而且还要什么法子？你不过要满足你的支配欲罢了。我告诉你，你能满足了凤生的支配欲，你就支配了凤生了。

说着两人站起来，柳意拿着日伞各自回家去了。

过了三年，小犛携着一个刚周岁的小孩，同柳意再坐在这公园的柳树下。却是七月底的天气，柳阴复满石凳上头。柳意还拿那把日伞，拄在柳树边尽在那里出神。小犛笑了一笑说：

你还记得三年前我们在这里议论婚事的时候么？你看风景还是相差不远，就是上头柳叶长大了，底下多了超儿罢了。日子真快呀！

柳意提起伞来,在地上一面画,一面说:

你还记得那天我说的话么?可是你得告诉我,究竟你是做了凤生的小犟呢?还是他做了小犟的凤生呢?

小犟眼看着超儿,口里说:

照他说,是他支配了我了。照你说,是我支配了他了。照我说,那不过同三年前一样罢了。但是我们两人都做了超儿所支配的小犟同凤生了。

世界是永久的!欲望是不会满足的!人还要生出人来!不知谁又支配超儿!(完)

此篇本拟翻萧伯讷《人与超人》一剧之案。在中国社会,受现代之感化成为彼剧中之安娜者,转在男子。故于性一方面,恰与萧氏剧相反,而转近《红楼梦》中人物,因假彼以为名。又以背景分幕不匀称,故又就删改作小说。未熟之作,知必有讥其僭妄者。惟欲于人生问题,稍引起读书界之兴味而已。

萧伯讷之剧,登场之人各就其地位而论,皆为正当者。离其地位,皆有不正当者。要之皆为宇宙意志之一发现,超人产出之一过程而已。故愿读者移之以观此小说,庶几免误也。前进　八月十日记。

原载于1919年9月1日《建设》第1卷第2号,署名前进。

中国文库·哲学社会科学类

（已出书目）

【第一辑】

马克思主义哲学纲要　韩树英主编……………………人民出版社
中国哲学史新编（上中下册）　冯友兰著……………人民出版社
中国哲学史大纲（卷上）　胡适著……………………东方出版社
科学与哲学　张东荪著……………………………………商务印书馆
知识论（上下册）　金岳霖著……………………………商务印书馆
法相唯识学（上下册）　太虚著…………………………商务印书馆
大众哲学　艾思奇著………………………………………人民出版社
中国伦理学史　蔡元培著…………………………………商务印书馆
中国近三百年学术史　梁启超著…………………………东方出版社
西方美学史（上下册）　朱光潜著…………………人民文学出版社
通货新论　马寅初著………………………………………商务印书馆
资本主义的起源　厉以宁著………………………………商务印书馆
改革：我们正在过大关
　　吴敬琏著…………………………生活·读书·新知三联书店
发展的道理　樊纲著………………生活·读书·新知三联书店
价值体系的历史选择　李从军著…………………………人民出版社
汉语史稿　王力著……………………………………………中华书局
音韵丛稿　何九盈著………………………………………商务印书馆
中国修辞学史　周振甫著…………………………………商务印书馆
中国翻译简史（五四以前部分）
　　马祖毅著…………………………………中国对外翻译出版公司

【第二辑】

马克思主义哲学史（修订本）（共九卷）
　　黄楠森等主编………………………………………北京出版社
文化与人生　贺麟著………………………………………商务印书馆
中国佛教哲学要义（上下卷）　方立天著……中国人民大学出版社
中国哲学史方法论发凡　张岱年著…………………………中华书局
基督教哲学年　赵敦华著…………………………………人民出版社

海德格尔哲学概论　陈嘉映著 ········ 生活·读书·新知三联书店
现象学及其效应——胡塞尔老生代德国哲学
　倪梁康著 ································ 生活·读书·新知三联书店
东西文化及其哲学　梁漱溟著 ································ 商务印书馆
形式逻辑　金岳霖主编 ································ 人民出版社
论逻辑经验主义　洪谦著 ································ 商务印书馆
德国古典美学　蒋孔阳著 ································ 商务印书馆
美学概论　王朝闻主编 ································ 人民出版社
两汉经学今古文平议　钱穆著 ································ 商务印书馆
汉代学术史略　顾颉刚著 ································ 东方出版社
中国资本主义发展史(全五册)
　许涤新　吴承明主编 ································ 人民出版社
中国官僚政治研究　王亚南著 ················ 中国社会科学出版社
江村经济——中国农民的生活　费孝通著 ··········· 商务印书馆
微观经济学纵横谈　梁小民著 ········ 生活·读书·新知三联书店
用辩证的眼光看市场经济
　董辅著 ································ 生活·读书·新知三联书店
刑法学原理(共三卷)　高铭暄等主编 ········ 中国人民大学出版社
物权法研究　王利明著 ································ 中国人民大学出版社
汉语语法史　王力著 ································ 商务印书馆
语法修辞讲话　吕叔湘　朱德熙著 ················ 辽宁教育出版社
汉语现象论丛　启功著 ································ 中华书局
启功讲学录　启功著 ································ 北京师范大学出版社
中国学术思想史随笔　曹聚仁著 ······ 生活·读书·新知三联书店
外国教育史(修订本)(上下册)
　王天一等编著 ································ 北京师范大学出版社
当代翻译理论　刘宓庆著 ················ 中国对外翻译出版公司
财政学与中国财政——理论与现实(上下册)
　马寅初著 ································ 商务印书馆
英语史　李赋宁著 ································ 商务印书馆

【第三辑】

毛泽东哲学著作五篇　毛泽东著 ································ 人民出版社
胡适选集　胡适著 ································ 吉林人民出版社
论道　金岳霖著 ································ 中国人民大学出版社
中国政治史　周谷城著 ································ 中华书局
中国近百年政治史(1840～1926)　李剑农著 ······ 复旦大学出版社

中国文化史(上中下册)　　柳诒徵著…………………东方出版中心
生育制度　　费孝通著………………………………商务印书馆
中国文化与中国的兵　　雷海宗著……………………商务印书馆
中国法律与中国社会　　瞿同祖著……………………中华书局
20世纪西方哲学东渐史(1－4)
　　汤一介主编…………………………………首都师范大学出版社
老庄新论　　陈鼓应著………………………………商务印书馆
通俗哲学　　韩树英主编…………………………中国青年出版社
晚清政治思想史论　　王尔敏著…………广西师范大学出版社
中国传统政治哲学　　周桂钿主编………………河北人民出版社
哲学通论　　孙正聿著……………………………复旦大学出版社
简帛古书与学术源流　　李零著………生活·读书·新知三联书店
中国反贪史(上下卷)　　王春瑜主编……………四川人民出版社
中国现代化历程(三卷)　　虞和平主编…………江苏人民出版社
竞争法论　　徐士英著…………………………世界图书出版公司
金翼　　林耀华著…………………………生活·读书·新知三联书店
马氏文通　　马建忠著………………………………商务印书馆
乾嘉学派研究　　陈祖武　朱彤窗著……………河北人民出版社
科学翻译学　　黄忠廉　李亚舒著………中国对外翻译出版公司
禅宗思想渊源　　吴言生著…………………………中华书局
丝绸之路宗教研究　　李进新著…………………新疆人民出版社

【第四辑】

中国伦理思想研究　　张岱年著…………………江苏教育出版社
中国古代哲学的逻辑发展　　冯契著……………东方出版中心
魏晋玄学论稿(增订版)
　　汤用彤著…………………………生活·读书·新知三联书店
易学哲学史　　朱伯崑著………………………………昆仑出版社
儒家辩证法研究　　庞朴著……………………………中华书局
唯物辩证法大纲　　李达主编…………………………人民出版社
郭象与魏晋哲学(增订本)　　汤一介著…………北京大学出版社
逻辑经验主义的认识论　当代西方科学哲学
　　江天骥著……………………………………武汉大学出版社
中国古代思想史论　中国近代思想史论　中国现代思想史论
　　李泽厚著…………………………生活·读书·新知三联书店
思·史·诗——现象学和存在哲学研究
　　叶秀山著……………………………………………人民出版社

中国思想史　葛兆光著 ………………………… 复旦大学出版社
有无之境　陈来著 …………………… 生活·读书·新知三联书店
中国社会主义经济问题研究　薛暮桥著 ……………… 人民出版社
社会主义经济论稿　孙冶方著 …………… 中国大百科全书出版社
中国经济体制改革的模式研究
　刘国光著 ……………………………… 中国社会科学出版社
农业与工业化　张培刚著 ……………………… 华中科技大学版社
财政信贷综合平衡导论　黄达著 ………… 中国人民大学出版社
非均衡的中国经济　厉以宁著 …………… 中国大百科全书出版社
论竞争性市场体制
　吴敬琏　刘吉瑞著 …………………… 中国大百科全书出版社
中国奇迹:回顾与展望　林毅夫主编 …………… 北京大学出版社
版权法(修订本)　郑成思著………………… 中国人民大学出版社
国际法　周鲠生著 ……………………………… 武汉大学出版社
国际私法新论　韩德培主编……………………… 武汉大学出版社
刑法哲学　陈兴良著 ………………………… 中国政法大学出版社
法理学(第二版)　沈宗灵　张文显主编………… 高等教育出版社
民法解释学　梁慧星著 ……………………………… 法律出版社
民俗学概论　钟敬文主编 ……………………… 上海文艺出版社
中国心理学史　高觉敷主编 …………………… 人民教育出版社
心理学简札　潘菽著 …………………………… 人民教育出版社
冷眼向洋　资中筠等著 ……………… 生活·读书·新知三联书店